青年学者文库

精英民主理论批判

林毅 著

天津出版传媒集团

天津人民出版社

图书在版编目（ＣＩＰ）数据

精英民主理论批判 / 林毅著. -- 天津：天津人民
出版社, 2018.9
　（青年学者文库）
　ISBN 978-7-201-14182-4

　Ⅰ.①精… Ⅱ.①林… Ⅲ.①民主—政治理论—研究
—西方国家 Ⅳ.①D082

中国版本图书馆 CIP 数据核字（2018）第 225717 号

精英民主理论批判
JINGYING MINZHU LILUN PIPAN

出　　版	天津人民出版社
出 版 人	黄　沛
地　　址	天津市和平区西康路35号康岳大厦
邮政编码	300051
邮购电话	（022）23332469
网　　址	http://www.tjrmcbs.com
电子信箱	tjrmcbs@126.com

策划编辑	王　康
责任编辑	郑　玥
特约编辑	安　洁
装帧设计	明轩文化·王烨

印　　刷	高教社（天津）印务有限公司
经　　销	新华书店
开　　本	787毫米×1092毫米 1/16
印　　张	18
插　　页	2
字　　数	200千字
版次印次	2018年9月第1版　2018年9月第1次印刷
定　　价	72.00元

目录
CONTENTS

导 论 / 1

第一章　精英民主理论概述 / 17

　第一节　精英民主理论的几个基本问题 / 17

　　一、基本概念的解释 / 17

　　二、精英民主理论的主要来源 / 18

　　三、精英民主理论的主要流派及其代表作 / 19

　　四、精英民主理论研究方法的特点 / 24

　第二节　精英民主理论兴起的历史背景 / 27

　　一、20 世纪初西方三种思潮的碰撞 / 28

　　二、大众政治的时代背景 / 40

　　三、对民主理论反思的压力 / 45

　第三节　精英民主理论演进的三个阶段及三种角色 / 51

　　一、自由民主的批评者 / 53

　　　　——离经叛道的早期精英主义理论

　　二、精英民主的建构者 / 70

　　　　——自立话语阶段的精英民主理论

　　三、西方民主现实的解释者 / 81

　　　　——多元化的当代精英民主理论

第二章　精英民主理论核心问题 / 93

　　第一节　精英民主理论的核心要素 / 93

　　　　一、理论前提 / 93

　　　　二、寡头政治铁律 / 108

　　　　三、作为前提的民主政治及其支点 / 115

　　第二节　精英民主理论对传统西方民主理论的修正 / 121

　　　　一、对古典民主理论的批判 / 121

　　　　二、对民主政治大众参与基础的解构 / 129

　　　　三、对政治现象的精英主义解读 / 134

第三章　对精英民主理论的批评及其回应 / 146

　　第一节　自由主义民主与精英民主理论 / 147

　　　　一、自由主义者的批评意见 / 147

　　　　二、自由主义民主与精英民主理论的内在联系 / 157

　　第二节　多元主义对精英民主理论的批评 / 165

　　　　一、对精英民主理论核心要件的质疑 / 167

　　　　二、对精英民主理论观点的批评 / 173

　　　　三、其他批评意见 / 177

　　　　四、多元主义与精英民主理论的内在联系 / 181

　　第三节　精英民主理论的回应 / 185

　　　　一、对竞争性民主理论的辩护 / 185

　　　　二、对实证研究科学性的辩护 / 192

第四章　对精英民主理论的再评价 / 200

　　第一节　修正对精英民主理论的误读 / 201

　　　　一、精英民主理论所谓"反民主本质"问题 / 201

　　　　二、精英民主理论与古典精英主义的分歧 / 207

三、精英民主理论与法西斯主义关系的辨析　/　212

第二节　精英民主理论演变规律的基本特征　/　217

一、整体政治立场的变化　/　218

二、理论特质的改变　/　220

三、研究范式的微调　/　221

第三节　精英民主理论的价值与缺陷　/　224

一、精英民主理论的主要价值　/　224

二、精英民主理论的主要缺陷　/　239

余　论　/　263

参考文献　/　269

导　论

　　自民主一词进入人类政治生活以来,民主是什么,民主的现实性与有效性程度如何,这些问题就成为进入民主理论研究领域的门槛。以西方理论界为例,单就民主的含义问题,我们就可以罗列诸如多元主义的定义[①]、偏向古

　　[①]　达尔分别从理想和现实两个层面来定义民主,在理想层面,他用五项标准限定了可以被称之为民主的过程:1.有效的参与。2.投票的平等。3.充分的知情。4.对议程的最终控制。5.成年人的公民资格。在现实层面,他也用同样的方法首先罗列出了大规模民主所需的基本政治制度:1.选举产生的官员。2.自由、公正、定期的选举。3.表达意见的自由。4.多种信息来源。5.社团的自治。6.包容广泛的公民身份。参见[美]罗伯特·达尔:《论民主》,李柏光、林猛译,冯克利校,商务印书馆,1999年,第93页。

典式的民主定义①、侧重参与的民主定义②等众多观点③。在这些观点的争鸣中，为获得在民主理论领域内的话语权，甚至是确立一家之言的体系与地位，都不能不系统地对上述问题作出明确的回答。长久以来，不同的民主理论家们也正是以各自给出的千差万别的答案为端点，展开对具体民主问题的思考，进而将思考的结果升华凝练成相对完整独立的体系。在当代百家争鸣的民主理论流派中，精英民主理论作为民主研究现代转型时期形成的理论成果，无疑具有十分重要且独特的理论价值。然而与这一价值不相称的是，在相当一段时期内，精英民主理论在理论界，尤其是在国内理论界所处的地位却显得十分尴尬，这既是现实政治的影响使然，也不排除部分研究者有意无意地在回避这一理论的因素。在许多研究者对当代民主理论的研究中，实际上往往绕不开精英民主理论提出的几个基本问题，也无法否认其提出的相应对策已在其他民主理论中打下了深深的烙印，可一旦涉及评价精英民主理论的具体观点时，尤其是需要对精英民主理论进行定性评价时，简单地加以批判否定的现象就显得非常突出。与之类似的是，另一部分对精英

---

① "1.由穷人和弱势者统治的制度。2.人民直接且不间断地进行自我统治的政府形态，无需职业政治人物和公职人员。3.以机会平等和个人功绩，而非等级和特权为基础的社会。4.以缩小社会不平等为目标的福利和再分配制度。5.以多数统治原则为决策基础的制度。6.制约多数权力以保证少数之权利和利益的制度。7.通过竞取民众选票来确定公职人员的手段。8.服务于人民利益的政府体制，而不管人民在政治生活中的参与怎样。"参见[英]安德鲁·海伍德：《政治学》（第二版），张立鹏译，欧阳景根校，中国人民大学出版社，2006年，第84页。

② 王绍光区分了原始形态的民主和被异化了的民主，在他看来，民主一词之前被加上各种修饰语，诸如"自由""宪政""代议""程序"等都不过是少数统治阶级为了维护自身的利益和统治特权而对民主进行阉割、驯化的产物。参见王绍光：《民主四讲》，生活·读书·新知三联书店，2008年，第一讲第二、三节。其中，在"民主的异化"一节中，王绍光还逐一针对上述民主形式对民主的具体异化内容进行了解析。他指出，"自由"和"宪政"限制了民主权威的适用范围，"代议"限制了民众直接参与决策的机会，"自由竞争性选举"限制了大多数人参政的机会等。自由主义的民主定义是："1.人民对政府的支持。2.政治竞争。3.权力交替。4.民众的代表。5.多数原则。6.持异议和不服从的权利。7.政治平等。8.征求人民的意见。9.新闻自由。"参见[美]迈克尔·罗斯金等：《政治学》（第六版），林震等译，宁骚校，华夏出版社，2002年，第51~54页。

③ 此外，当然还有协商民主、激进民主以及本书所论述的精英民主等相关定义。

民主理论有颇多溢美之词的人们，也未必就做到了对其理论体系和精义要旨熟稔于心。在民主政治的发展日益显现其多元化特征的大时代背景下，尤其是对拥有掌握马克思主义科学批判工具先天优势的中国民主问题研究者而言，要想成为一个严肃的民主理论批评者，就应该一方面耐心地梳理研究对象形成的时代背景、发展规律、理论体系等基础资料，力求准确还原和把握该理论的完整内容；另一方面，也应当尽量排除种种教条和偏见的干扰，避免作出过于感性的价值判断。笔者认为，对精英民主理论的研究正为在实践中培养研究者科学严谨的治学态度提供了一个良好的平台，以之为研究对象，不仅能更深入地了解其改造民主政治思路的核心内容，而且也能够为跳出具体理论的框架，从一个更宏观的视角上去审视西方民主理论的发展演变过程创造前提条件。因此，对精英民主理论的重新认识与评价也就自然成了引发笔者兴趣的研究动力所在。

民主理论发展史上的问题千头万绪，要想在讨论具体观点、评价特定学说时避免那种以偏概全、人云亦云的尴尬情况发生，理论工作者们就必须注重该理论的系统性、连贯性、复杂性、动态性以及具体观点的理论弹性。那种主观武断地节选某一理论在思想史完整脉络上的片段，希冀从一两本代表作，甚至是零散的只言片语中获取难得一现的灵光，继而自矜于窥斑见豹的"成就"的研究方法，无疑是不足取的。在以往国内对精英民主理论的评介中，对其理论框架完整性的认识、对其发展演变过程中所显示出的西方民主理论整体变迁的规律的把握都尚有欠缺之处，这也直接影响到了对这一在20世纪西方民主理论发展史上具有重要影响和地位的民主理论作出较为客观全面的评价。针对这一问题，本书希望通过对精英民主理论体系内容、发展演变及理论界对其主要的批评意见等理论素材的整理，描绘出其上承古典民主理论提出的基本问题，下启当代民主理论对民主现实形态的基本看法的角色形象，并以此抛砖引玉，引起更多研究者对精英民主理论的研究兴趣,以求在未来更广泛、更深入、更宽容、更客观的研究氛围中修正理论界以往对精英民主理论形成的一些有失偏颇的定见,同时提醒人们更加注意思想史研究的完整性、系统性和客观性问题,对西方民主理论研究中现存的有待充实的部分给予足够的重视。

就思想史层面的研究而言,解决好基础理论问题不仅是所有成功研究的必然起点,而且也将是其最终归宿。尤其是对于中国的民主理论研究者们而言,评析某一西方民主理论的最大价值并不在于从中直接汲取多少现成观点或是研究范式的营养,而是应该超越具体观点体系的层面,不仅知其然,且能准确把握规律性的内容,讲清所以然的问题。唯其如此,才可能避免陷入从文本到文本的研究而不能自拔的尴尬境地,进而在准确理解西方民主理论演变基本规律并对其进行恰当扬弃的基础上,进一步打破西方理论界对民主理论话语霸权的垄断,探索中国特色的民主理论,并为其在国际理论界争得与其实践成就相符的地位。

在此需要特别强调的是,本书的论述重点自然在于对特定理论的评价,但这并不代表笔者现实问题意识的缺失。本书之所以没有专门讨论中国政治发展或者中国民主政治建设,主要还是考虑到,将精英民主理论这样一种西方语境下生成的理论工具用以解释或者解决中国政治发展的实际问题,将面临难以想象的困难,这既非笔者的研究能力所能驾驭,也着实无甚必要。与此相较,将更多的精力聚焦于理论本身,排除价值判断的偏见与急功近利的期望对研究的干扰,倒有可能在行文的笔法中自然而然地体现出本书致力于廓清当代中国政治发展思路的问题意识。具体而言,相关研究的价值体现在:

首先,就民主理论自身的发展演变规律而言,19 世纪末至 20 世纪初,自然科学以及其他带有相当程度实证研究色彩的方法被大量引入对民主问题的讨论中,这绝不是一个偶然的现象。当然,与这种不易为大多数人察觉的研究范式上的转型不同，同一时期民主实践的转型更容易对民主政治的现存形态产生直接的影响。其实，当理论问题通过种种介质进入到影响人们思想意识的实际政治生活领域内时，那种纯粹意义上的个体原创性思想劳动就已经完成其历史使命了。20世纪的民主政治发展史之所以显得异彩纷呈而又一波三折，归根到底与民主实践的现实条件发生了重大变化有着密不可分的联系。在当代的民主实践中，对民主规范性价值和工具性价值认识的分歧、对民主要件重要性的排序、对民主功能的考量、对民主有效性和真实性的肯定与质疑、对民主失败危险性的重视等，都只是在当代活生生的民主实践的土壤中才可能滋生出的新问题。围绕着这些新问题，所有的民主理论都必须给出明确的答案。由此，侧重点各异的不同民主实践路径也便随之形成。在这些路径中，精英主义路径对当代西方民主实践的重塑作用是显而易见的，考察和评价这一路径，也将为拓展民主建设的思路提供有益的经验。

其次，中国民主政治的发展，无疑是当代最引人注目的民主实践之一。在这一实践中，除了必须坚持马克思主义理论的指导地位之外，处于对外开放状态的民主建设进程也有必要吸收借鉴不同国家不同历史时期民主政治发展的理论与实践成果。其中，西方民主理论与制度设计的参考价值显然是不言而喻的。在以往对西方相关经验的引介中，中国的研究者往往更多的是比照特定的西方民主制度及其背后的理念，如宪政民主、司法独立、分权制衡、竞争性选举等设定的标准来衡量中国民主政治的发展，个别学者甚至明确地提出了中国民主政治发展应该比照与上述指标要求的差距来逐一"补课"的意见。透过这类未免失之于妄自菲薄的习惯性思维的表象，其实不难发现在上述指标体系背后存在着的被人为掩盖的一条逻辑线索，即这些指标基本上都属于自由主义民主理论和实践的范畴。而为其所推崇的所谓居于主流地位的"自由主义民主理论"，也仅仅是某些西方国家精心设计并试图推广到广大后发现代化国家的所谓民主发展的"标准模板"而已。①但引入以上标准体系的研究者却显然认为不应该，或者没有必要将这条逻辑线索交待给广大受众。事实上，仅就当代西方民主的发展而言，自由主义完全垄断的时代早已结束，促使西方民主发展至今并仍在不断改进的动力也绝不仅仅是自由主义理念与制度的一己之功。在所谓民主化的第三波浪潮中，西方世界隆重推出的民主建设"标准模板"已经使许多轻信西方"善意"的后发现代化国家付出了惨重的代价，在将"民主化"等同于"西方化"的实践中，不仅是对上述民主制度的信心，而且包括了对民主价值的信仰本身，都成了西方私利推动下的"民主化"的牺牲品。

与此同时，但凡是不带有色眼镜的观察家们却都不得不承认，中国民主政治发展，尤其是改革开放以来民主政治发展所取得的巨大成就，其实于自由主义"模板"中所得甚少，更多也更明显的则是对某些自由主义标准的明确忽略甚或是拒斥所致。有鉴于此，继续在民主实践中顽固地坚持自由主义民主的标准体系，不但是一种逆历史潮流的不智之举，而且也与当代中国特色社会主义政治发展道路的实践格格不入。中国民主发展当前所面临的现实问题，其复杂性也已远远超出了西方世界开出的"民主化药方"所能解释和解决的范畴。真心希望解决这些问题的人们，完全有必要打破对自由主义民主，特别是对其推广形态的迷信，更审慎、全面地看待西方民主实践的经验体系，唯其如此，才可能真正有利于中国民主政治的实践发展。为此，关注直接针对自由主义民主的精英民主理论及其民主建设的思路，进而将更多有别于自由主义民主的其他民主建设模式引入民主研究者和实践者的视野，将有望营造出一个良好的民主实践环境，并在此基础上将对中国民主政治发展独特规律的认识进一步深入推进。

---

① 也就是说，西方所推广的主流民主形态与现实中西方理论与实践中的主流民主形态之间可能存在巨大的落差。

与自由主义不同，精英民主理论在历史上主要扮演了西方民主理论界内部的批评者、解释者和辩护者等角色，这也决定了精英民主并不主要表现为一种具体的政治实践模式，而当代的精英民主理论所提出的民主模式基本上也可以被看作是依附于主流自由主义民主的总体制度框架的。而且从某种程度上讲，精英民主理论作为一种建构工具和预测工具的表现，要远比其作为理解和解释民主现象工具的表现拙劣得多。因此，本书主要还是以文献研究方法作为基本切入点，其中，文献研究的对象主要包括两类：其一为精英民主理论的主要代表作；其二则为涉及对精英民主理论进行评价的相关文献。在对后一类文献的研究使用中，笔者力图引入一些比较研究的视角，以求突出精英民主理论观点与方法的独特性及探讨其与西方民主理论整体的某些逻辑关系。以此为基础，笔者更希望从浩繁的文献中归纳演绎出那些更具一般性的规律，以期解决我们到底需要一种什么样的民主观的问题。

通过系统梳理、论述精英理论，本书力图将散见于被国内学者们置于自由主义、保守主义等思想体系中的精英民主理论思想，挖掘、整合为一个较为完整的理论体系。通过对以往未被理论界引起足够兴趣的精英民主理论体系的提炼，勾勒精英民主理论发展演变的轨迹，阐述其主要观点和重要内容，将精英民主理论全景式地展现出来，以此作为重新认识和评价这一理论的基础。

同时，经由在动态过程中进行比较分析，本书将以归纳西方民主理论内部两个主要派别对精英民主理论的批评及后者的回应为切入点，力图证明精英民主理论本身是一个根据时代特征调整理论立足点、不断充实内容的理论体系。当代精英民主理论家正是在这种动态发展过程中，不断深化对自身理论特性的认识。与此同时，笔者也希图通过强调精英民主理论与其批评理论之间存在着的内在统一性，将西方民主理论作为一个具有内部张力空间的体系加以认识和把握。

此外,本书还将注重分析精英民主理论与其他相关理论的联系,进而超越具体理论本身展开思考。不仅比较精英民主理论与其他民主理论之间的异同,而且力图发现政治学学科领域内其他研究同精英民主理论的内在逻辑关联,进而说明精英民主理论对现当代民主理论研究产生的重大影响,揭示精英民主理论在民主理论发展史上的地位和价值。

章节安排及内容简介

本书着眼于通过初步整理精英民主理论体系的发展演变历程及主要规律,提炼出精英民主理论的核心问题,结合其他民主理论对其提出的批评意见,尝试对精英民主理论的价值及其在民主理论发展史上的应有地位作出重新评价,并希望以此为平台,启发对相关理论和实践问题的进一步思考。

导论:本章首先简要地介绍精英民主理论的基本内容、发展现状等。其次在对国内外学界在此问题领域内的研究现状进行综述的基础上,阐发笔者对于本书研究理论和实践意义的认识。最后,对本书的基本章节安排与逻辑结构、研究中采用的主要方法作出简单的说明。

第一章:精英民主理论概述。本章是全书的理论基础,包括三个部分。

首先,在"精英民主理论的几个基本问题"一节中,笔者对本书所使用的精英民主理论概念进行了简要说明,继而介绍了精英民主理论的起源、根据政治立场所划分的基本派别及其代表作,以及精英民主理论的研究方法特点等内容。

其次,在"精英民主理论兴起的历史背景"一节中,笔者列举了精英民主理论兴起的几个重要历史条件。其一为19世纪末20世纪初自由主义、社会主义和民族主义三种主要社会思潮及相应运动的碰撞。受其影响,精英民主理论不仅表现为一种应运而生的产物,而且也开辟出一条有别于传统自由主义和保守主义的全新的思考民主问题的道路。在此部分,笔者也特别强调了早期精英主义理论诞生地——意大利的自由主义民主及其一些特殊性对早期精英主义理论思想体系造成的影响。

其二为大众政治时代的影响。众所周知,在所谓"民主化的第一个长波"中,整个西方世界的经济结构、社会结构、政治制度等都发生了根本性的变化,由此也影响到各阶层社会成员的政治心理,重塑了该时代的政治文化。在此背景下,已经潜藏了一个人类政治生活中具有根本性意义的重大转变,即大多数人远离政治生活的时代一去不返,继之而起的则是大众政治时代。尽管大众政治时代毫无疑问的是在民主化的过程中产生的,但这并不意味着两者已经建立起了同命运、共进退的牢固羁绊,相反,在这波民主化浪潮的末端,在大众政治蓬勃发展的表象下已经开始酝酿着反民主的逆流。从理论上解释大众直接民主的乌托邦与现实民主政治之间出现巨大反差的迫切需要,正是精英民主理论产生的催化剂之一。

其三为对民主理论的反思。大众政治时代民主发展环境变迁的必然后果,就是在自由民主信奉者及所有关注民主问题的人们当中,普遍地滋生出了对以往作为民主政治基础的几个重要理论假设和制度设计的质疑。当诸如契约论、人民主权论、公意说、古典民主制度等都不足以培养出人们对民主政治足够的信心时,当代议制民主面临着"正名"与改革的双重压力时,扫除先前理论教条设置的障碍,在反思中重建民主政治的理论与制度基础就成了时代发展的必然要求。19世纪末至20世纪初,对民主问题的理论研究的重点已经发生了根本转变。与资产阶级运用民主工具从封建阶级手中夺取政权的时代不同,这一时期理论界的工作重心已由创制激进的民主理论(也可以更广义地称之为民主的理论建制)转向了对现行民主政治合法性和有效性问题的研究。与纯粹的政治哲学层面的探索与争鸣相比,解决民主政治运行过程中的各种现实问题显然更具紧迫性。

最后,在"精英民主理论演进的三个阶段及三种角色"一节中,笔者试图通过以精英民主理论扮演的三种角色——自由民主的批评者、精英民主的建构者、民主现实的解释者为线索,勾勒出精英民主理论在百年发展历程中发生演变的基本脉络。在此,笔者将精英民主理论的发展史大致分为三个主要阶段。

在最初的早期精英主义理论阶段,以莫斯卡、帕累托、米歇尔斯所谓的"马基雅维利三剑客"和勒庞、加塞特等群体政治心理学研究者为代表,精英主义发起了对当时被奉为正统的自由主义民主理论的挑战,并初步奠定了基本的理论基石、研究切入点和分析问题的方法。在种种主客观因素的影响下,这一时期精英主义学者们研究的颠覆性特征表现得尤为明显,其中一些矫枉过正的偏颇观点也成为后来精英民主理论一直为人们所诟病之处。

在自立话语体系的过渡时期精英民主理论阶段,以对完成精英民主理论转型过渡做出重大贡献的韦伯和熊彼特等人为代表,精英民主理论开始系统地构建自身的理论体系。韦伯对官僚制的研究和熊彼特对民主作为程序性选择工具意义的强调,明确了精英政治与民主政治共生互动的关系,也规划出了主要从实证领域开展研究的基本路径。在体系纷繁的当代精英民主理论阶段,精英民主理论体系内部多元性的色彩更加突出。如在基本民主理论方面,精英民主理论的主流开始全面转向对自由主义主流民主学说的回归,力推竞争性选举民主理论成为这一阶段精英民主理论家的首要任务;与此同时,也出现了一部分较其理论前辈更为激进、对精英民主政治的现实采取批评态度的理论家。在研究思路方面,受行为主义研究盛行的背景影响,一部分吸取了大量政治科学、行政学、政策科学、社会学、心理学等理论营养的研究者继续沿着实证研究的道路稳步推进;而另一部分关注民主政治规范研究的研究者则力图延续早期精英主义者未竟的事业，进一步巩固所谓"精英政治的历史规律"的地位，拓展其适用范围。又如在观点立场方面，这一时期精英民主理论内部左、中、右阵营的划分已经趋于明显，不同的派别观点构成了从反民主的精英主义到反精英的民主主义逻辑链条上一系列分散的理论节点。同时，这一时期的精英民主理论与其他新兴的民主理论（多元民主理论、协商民主理论等）之间不再表现为其早期形态与自由主义理论间那种泾渭分明的关系。总之，在表面上的体系纷繁、派别林立中，精英民主理论已悄然融入当代西方民主理论体系的主流之中。在此节中，笔者将比较不同时代、不同派别的精英主义学者们研究民主问题的视角与方法的差异，并注意将早期的精英主义与非民主前提下的精英统治观点区分开来。

第二章：精英民主理论核心问题。本章是在前一章基础上的进一步凝练提升，起到连接第二章与第四章内容的作用，包括三个部分。

首先，在"精英民主理论的核心要素"一节中，笔者通过对精英民主理论发展过程中主要代表人物及其观点的总结比较，概括出了支撑精英民主理论体系的三大核心要件。其一为精英民主理论的几个重要前提假设，包括政治主体两分假设、政治能力差异假设、大众民主的先天缺陷假设等。其二为精英民主理论提出的组织化政治时代里所谓精英（寡头）统治的历史规律。在精英民主理论的发展史上，这一规律的提出实际上反映出部分精英民主论者将整个人类历史（其实主要针对的还是民主发展史）纳入自己的理论体系解释范畴内的一种尝试，但也正是这一尝试，在精英民主理论的发展历程中日益显现出其双刃剑的影响特征。其三为精英统治的民主政治前提。这一要件在多数精英民主理论家那里其实是一个不言而喻的基本前提，因此在许多理论著作中并没有特别作出强调，但在研究和评价精英民主理论时，是否注意到这一基本前提却直接关系到对精英民主理论的定性问题。

其次,在"精英民主理论对传统西方民主理论的修正"一节中,笔者以不同时期精英民主理论对自由民主理论的批评意见为线索,归纳出其对传统民主理论作出的几个主要修正,具体包括:对人民主权学说、人民意志假设和大众直接统治原则的质疑,对代议制在民主政治中功能的重新认识,对民主政治中选举功能的重新解读,对民主的大众政治基础的解构,以及根据精英民主理论的视角对政治过程中一些现象的解读等。在进行这些修正的过程中,精英民主理论不仅完成了对传统自由民主理论进行批判进而超越其局限的工作,而且开始构建出迥异于自由主义的研讨民主政治的问题与前提平台。与民主理论建制时代的思想家们不同,精英民主理论研究者既无法回避也根本不打算回避民主政治在实践中遭遇到的理论逻辑结构以及理论与实践之间相互矛盾的问题,他们重建民主研讨平台的努力对于打破传统自由民主理论的局限,将对民主问题的研究推进到一个全新的系统实践领域无疑具有重大的意义。

第三章:对精英民主理论的批评及其回应。本章引出了全书理论层面的核心问题,为下一章的讨论提供了必要的理论铺垫。从整体逻辑上看,本章可以分为三个部分(与本书的章节安排不完全吻合,详见正文)。

首先,笔者概括了西方民主理论界两种主要理论对精英民主理论的批评意见。在"自由主义者的批评意见"部分中,笔者归纳简述了来自自由主义民主的几种主要的批评意见,具体包括:对古典民主理论的捍卫、对实质性民主的坚持、对精英民主理论实证研究科学性及其改进民主方案可行性的质疑等。在"多元主义对精英民主理论的批评"一节中,笔者也整理出了多元主义者提出的对精英民主理论核心要件、解析民主政治现象的具体观点以及民主观方面的批评意见,在对这些批评意见的整理中,笔者希望总结出这些来自不同方面的批评意见所针对的核心问题,并力图辨析出这些批评意见暗含的民主建设的不同思路,初步探讨上述这些民主理论同精英民主理论存在于斗争基础上的内在联系。

其次,笔者在整理上述两种理论批评意见的过程中,也注意到精英民主理论作为西方民主理论体系中的重要一环的地位,因而分别讨论了其与两种理论之间的内在联系。在 20 世纪西方民主理论的发展转型中,精英民主理论发挥的承上启下的作用决定了它在与其他西方民主理论,特别是自由主义主流学说之间存在一些具体认识上的分歧的同时,在基本民主观、基本政治主张和研究民主问题的具体方法等方面又是有着密切联系的。这就提醒我们在研究中,不应该将精英民主理论从西方民主理论的完整体系中割裂出来,既要充分认识其特性的内容,又不能忽略其与其他西方民主理论之间的同质性内容。

最后,在"精英民主理论的回应"一节中,笔者整理了当代精英民主理论家分别从捍卫竞争性民主理论和确证自身实证性研究的科学性两个角度出发对批评意见作出的回应。就精英民主理论本身的发展变革而言,这种在质疑声中更加明确自己的核心观点,同时又及时地修补理论体系缺陷的争鸣也是十分有意义的。

第四章:对精英民主理论的再评价。本章是对前文内容的进一步总结与升华,也是本书最主要的理论创新点所在。

首先,在"修正对精英民主理论的误读"一节中,笔者辨析了三种对精英民主理论的可能误读:其一为片面夸大精英理论所谓"反民主本质"的判断,其二为将精英民主理论与古典精英主义理论不加区分地相提并论的观点,其三为对精英理论所谓"为法西斯主义和极权主义张目"的误解。笔者认为,上述这些误解在相当程度上是由对精英民主理论发展史上某一特定阶段(特别是早期精英主义理论阶段)理论特征的片面夸大造成的,仅就其对某些学者及其具体观点的解析而言,也未免多有断章取义之嫌。此外,这些简单的评价还从一个侧面反映了其对精英民主理论体系复杂性、立场多元性的忽略,而这恰恰构成了给予精英民主理论一个客观公正评价的巨大障碍。

其次,在"精英民主理论演变规律的基本特征"一节中,笔者根据前文概述的精英民主理论的基本体系内容,总结出了精英民主理论由早期的自由主义民主批评者到后期的辩护者身份的转化过程中,政治立场、理论特质和研究范式等方面发生的变化,这既是对前文文献整理工作的一个总结,也明确提出了笔者将精英民主理论放在整个西方民主理论系统发展历程中加以评析的观点。

最后,在作为本章重点的"精英民主理论的价值与缺陷"一节中,笔者结合以上三章的内容,对精英民主理论在当代西方民主理论发展史上的作用和价值重新作出了以下几点评价:

一方面,笔者希望客观地对精英民主理论的价值作出肯定,正如上文所述,精英民主理论产生、发展和演变的历程正是民主理论研究的现代转型的一个缩影,无论是在体现政治哲学向政治科学研究路径与方法的转变的意义上,还是在挑战传统自由民主理论的垄断地位,启发对于民主多元化思考的意义上,精英民主理论作为一个新时代标志的地位和价值都是不容抹杀的。从整体上看,它在西方民主理论发展史上起到了不可替代的承前启后的作用,通过对精英民主理论与其他民主理论关系问题的探讨,不难发现,无论是遭到其强烈质疑与挑战的自由民主理论,还是后来新兴的其他民主理论,其时下的发展形态中都有意无意地隐含了对精英民主理论基本命题的正面或是负面回应的内容。对当下的民主问题研究者而言,精英民主理论所涉及的基本判断、所提出的基本问题恐怕也都是难以回避的。这就意味着,精英主义在构成对传统民主理论的挑战与冲击的同时,也为在一个新的基础上重建对民主价值的信心创造了条件。同时,自精英民主理论诞生以来,作为自由主义政治哲学支撑的选举民主的重要性下降,而政策民主的研究空间则得到了相应的拓展。具体表现在:它启发了对于政治学领域内一系列相关问题的研究,如行政管理与政策科学研究、政治文化研究、政治发展问题研究等,并产生了一系列接受其观点或方法论前提的具体理论成果(如威权主义理论等)。在进入这些问题领域之前,有必要认清其内含的一些基本理论前提。此外,对于直接跨入大众民主政治时代的广大发展中国家而言,由精英民主理论引发的对一系列理论问题的思考也不无价值,其中包括:民主的核心价值何在、民主失败的可能性、民主建设的复杂性、民主功能的局限性、民主实现的可能性以及超越民主问题领域之外的思考等。总而言之,上述这些问题的提出表明,精英民主理论的价值绝不仅限于其提出的理论体系和具体观点;启发研究者们带着一系列的问题去重新思考民主以及民主之外的政治问题,才是其更高层次的价值体现,而这也正是对精英民主理论现实作用认识的进一步升华。

另一方面,在讨论精英民主理论的缺陷部分,笔者通过结合上一章中对以往批评意见的整理分析,概括出了精英民主理论的几个主要缺陷。其一为政治立场的偏差。从本质上看,精英民主理论作为一种代表了西方资产阶级既得利益统治精英的民主理论,其政治立场的某些保守和反动特质不仅使其经常站在大众的对立面上发表意见,而且也在相当程度上影响到其研究范式的科学性。其二为其基本民主理论的缺陷。根据当代精英民主理论的主流观点,民主在相当程度上被化约为民众定期选择统治者的一种程序工具,除此之外,对民主的其他价值的传统评价则大多受到了质疑,甚至是无情地否定,这种矫枉过正之举事实上是将对民主的认识推向了另一个简单机械的极端,就其时下影响而言,难免为一部分人虚化民主作为一种政治价值的意义、夸大民主实现困难的言行提供了理论依据;而考虑到其长期后果,精英民主理论培养起来的对新教条的盲目崇拜也将为民主理论与实践的进一步发展设置新的障碍。其三为改进民主方案的缺陷。与精英民主理论在解构自由民主和大众民主时游刃有余的作为相比,它所提出的改进西方民主的方案在可行性和创造性方面都存在着严重问题。其四为研究范式的缺陷。总而言之，笔者希望得出这样的结论，即精英民主理论的首要功能在于建立对民主政治现实的特定解释体系，而对民主政治的发展提出改进策略和作出预测则非其力所能及。因此，对其功能的过高期待往往也伴随着一种将精英民主理论庸俗化、普适化的失败尝试。此外，精英史观的局限性、对精英统治可能面临的挑战力量的低估，以及潜藏的被反民主主义所利用的可能性等，也都是精英民主理论在实践运用中无法回避的问题。要对精英民主理论作出一个相对客观公正的评价，对上述缺陷视而不见，甚至是文过饰非的举措与那种简单否定的做法一样，都是不足取的。

余论：简单重申了笔者对精英民主理论的基本认识及评价，并试图提出一些超越精英民主理论的对民主基本问题的思考。

第一章
精英民主理论概述

第一节 精英民主理论的几个基本问题

一、基本概念的解释

关于精英民主理论的定义,国内外学者已经基本形成了较为一致的看法,在英文文献中,Democratic Elitist Theory、Elitist Democratic Theory 及 Demo-elite perspective[①]等几个名词的指涉对象大致是重合的，而本书中使用的精英民主理论与国内学界通常使用的精英主义理论、精英主义政治学(政治理论)等,在作为一种宏观的政治学理论体系时所指涉的对象也是基本一致的,允许在一定范围内通用。但与此同时,上述三个概念的具体指向还是存在一定的差异。如精英民主理论用以泛指从 19 世纪末发展至今的,包含了

---

① 关于精英民主理论一词的语意辨析,可参见郎友兴:《精英与民主——西方精英民主理论述评》,《浙江学刊》2003 年第 6 期中部分内容。

各种以推崇或重视精英在民主政治中作用的政治理论；精英主义理论是指精英民主理论发展过程中的第一阶段——即早期精英主义阶段形成的相关理论；而精英主义政治学(政治理论)在此主要是指一种倾向于强调宏观视野的方法论和研究模式意义上的理论体系。①这三者之间存在着可以提炼出某些共性原则的交集。因此，在使用过程中既要注意其在具体语境下的差异，更应该在异中求同，使对具体概念的使用服务于把握精英民主理论整体发展规律的需要。

二、精英民主理论的主要来源

精英民主理论中包含了继承自传统的自由主义民主理论的大量成分，无论是其根本的政治价值、讨论的主要问题，还是提出的政策建议，都体现出了自由主义民主传统的深刻影响。与此同时，精英民主理论还有另一个重要理论来源，那就是传统保守主义理论，不难看到，诸如社会结构两分法、对实现民主政治可能性的质疑、对大众政治的不信任，特别是那种难以掩饰的对"良好有序"的贵族政治的好感，都出自传统的保守主义政治传统。在后来的发展中，这种二元的理论来源一方面使精英民主理论内部依据其价值取向而被划分出了不同流派，另一方面也使得整个精英民主理论在发展过程中，始终无法回避两种根本对立的思想传统之间的冲突与矛盾。处理好这种冲突与矛盾，在自由主义和保守主义传统中找到一个平衡的支点，也就由此成了精英民主理论研究的永恒主题之一。

---

① 有学者就认为，精英主义是"一种理解社会和历史的方法……在政治思想中，精英主义是指一些特定的、较为技术性的解释方式"。参见[英]戴维·米勒、韦农·波格丹诺编：《布莱克维尔政治学百科全书》，中国问题研究所、南亚发展研究中心、中国农村发展信托投资公司组织翻译，中国政法大学出版社,1992年,第223页。

三、精英民主理论的主要流派①及其代表作

在精英民主理论的政治研究中，根据其对民主政治的态度和实现可能性的判断，可以划分出三种主要的意识潮流。其中偏向保守主义②的精英民主理论主要源自加塔诺·莫斯卡、罗伯特·米歇尔斯和维尔弗雷多·帕累托这些经典精英理论家的著作（其代表作包括莫斯卡的《政治科学要义》、米歇尔斯的《寡头统治铁律》、帕累托的《精英的兴衰》《普通社会学纲要》等），也包括古斯塔夫·勒庞、加塞特等的政治心理学派理论分支等（其代表作包括勒庞的《乌合之众》《革命心理学》、加塞特的《大众的反叛》等）。马克斯·韦伯、熊彼特、萨托利和雷蒙·阿隆则是偏向自由主义宪政的精英民主理论的代表人物（其代表作包括韦伯的《经济与社会》、熊彼特的《资本主义、社会主义与民主》、萨托利的《民主新论》等）。具有激进主义倾向的观点以 C.怀特·米尔斯、哈罗德·D.拉斯韦尔、托马斯·戴伊等为典型代表（其代表作包括米尔斯的《权力精英》、拉斯韦尔的《政治学》、戴伊的《自上而下的政策制定》《谁掌管美国》等）。在这三种基本立场的基础上，各类精英民主理论家分别为精英民主理论充实了不同的内容。

偏向保守主义的精英理论主要基于两个相关联的假设：

其一为精英具有天生的优越性，且在社会与政治的稳定秩序中具有不可或缺性。保守主义的精英理论认为，精英的产生是政治过程中"丛林法则"的自然结果，而通过这种优胜劣汰被筛选出来的精英必然具有更强的获得、运用资源的愿望和能力，拥有更大的从事政治活动的热情和更高的保持稳定与

---

① 此处所进行的分类主要依据的是其基本政治立场，与下文以精英民主理论自身发展演变规律划分三个阶段的标准有所不同。

② 此处的偏向保守主义指的是具有某些客观反民主的倾向。

秩序的政治理性,他们处于政治活动的中心不仅是现实的,而且是合理的。

其二为非精英具有天然缺陷,在政治活动中处于盲从和盲动的状态。保守主义的精英理论认为,相对于精英而言,大众不仅在能力上是不可信任的,在政治态度上是摇摆不定的,而且从根本上说是一个对政治普遍冷漠同时也缺乏必要理性的群体。勒庞和莫斯科维奇所阐发的所谓"乌合之众"和"政治群氓"的群体心理研究理论,就认为大众是在被精英"催眠"的群体无意识的状态下展开行动的。在这种状态下,对于个人的一系列道德和行为约束机制都不可能再发挥作用,因而大众民主政治就像是失去控制的洪水猛兽,其破坏性远大于建设性。

基于上述两个基本假设,作为保守主义精英理论代表的帕累托和莫斯卡还研究了精英的循环或流动问题。所谓精英循环也就是一类精英被另一类精英代替的政治现象。他们归纳的精英循环主要有两种模式:一种是精英—精英流动,这一模式强调个体精英之间的循环;另一种模式是社会底层群众—精英层流动,强调的是阶层性流动。而社会变革的过程就是政治精英的无限循环过程。在他们看来,从确保精英的优越性角度出发,精英的循环不仅无可厚非,而且是完全必要的。

其三为精英统治的必然性。除了莫斯卡和帕累托所论证的精英统治为人类政治历史的一条普遍规律之外,另一位具有保守主义气质的精英民主理论代表人物罗伯特·米歇尔斯在考察政治组织的经典形态——政党组织的过程中,剖析了领袖产生的主客观原因、民主政党领袖寡头化的必然趋势,从而系统地阐述了著名的"寡头统治铁律"。这条"铁律"指出,极少数政治精英对绝大多数群众的统治是通过组织实现的,组织尤其是大型组织出于维持自身正常运转和追求既定目标的需要,必然在内部建立起等级制的官僚体系,而官僚制所具有的中心化趋势又必然导致大型组织的寡头政治倾向。作为工具性研究的成果,米歇尔斯定义了大型组织中导致寡头政治倾向的变量,具体包括:①组织在技术和管理上的特征。即在任何政治组织中都必须有自己的政治代表和技术专家,而这两部分人一旦(事实上也经常)合二为一,就会产生寡头。②大众对领导者的心理依赖。由于绝大多数的组织成员在政治上是冷漠的、盲从的,离开了领袖人物的领导和控制,组织就无法达到预定目标。③领导者出色的能力。由于先天禀赋和后天条件的差异,总有少数人以其超群才能脱颖而出,最终形成寡头。有鉴于此,人类的一切党派组织,进而一切政治系统和社会系统,都必须也只能由少数寡头统治,这是万古不变的"历史铁律"。在此结论下,米氏流露出了对民主政治未来的悲观态度。但需要强调的是,与莫斯卡和帕累托略有不同的是,写作《寡头统治铁律》一书时的米歇尔斯还未把寡头政治(精英政治)看作完全不可改变的形态,在指出组织内部寡头化趋势的同时,他也看到了组织内部与之对抗的非集权化(民主化)的趋势,这就为后来精英主义与多元主义结合预留了一定的空间。

　　相对于具有保守主义气质一派的精英民主理论家,偏向自由主义宪政原则的精英民主理论家们对民主政治的看法则没有前者那么悲观。比如,马克斯·韦伯在系统研究官僚制的过程中,就不仅认为价值中立的官僚制可以成为保证政治稳定的安全阀,更将其公式化为一个理想模型,提出了一系列官僚科层制的具体管理原则,从而进一步将对精英政治的研究技术化了。①继韦伯之后,经熊彼特之手发展起来的竞争性选举民主理论给出了当代精英民主理论对民主本质的经典定义,即民主方法就是那种为作出政治决定而实行的制度安排,在这种安排中,某些人通过争取人民选票取得作决定的权力。从这一定义当中不难发现,将研究重点转向为西方现实民主制度解释和辩护的精英民主理论,已经在自由主义民主理论与为批判上述竞争选举

---

　　①　当然,韦伯也同时指出,官僚制所代表的理性主义的过度发展本身也可能会严重损害民主的实质。详见下文。

型民主观而兴起的新兴民主理论(参与民主、协商民主等)之间的论战中完全站在了前者的立场上,而经由萨托利、雷蒙·阿隆等人之手,当代主流的精英民主理论与西方主流自由主义民主理论之间建立起了远较其他类型精英民主理论更为紧密的关系。

同保守主义和中庸主义一样,激进主义的精英民主理论也看到了精英的内在的非民主化和寡头趋向,但却并不完全认同精英统治的必然性和合理性,也不认为大众是不一致、无能力和不值得信任的。如米尔斯和戴伊等通过大量实证研究,对美国社会和政府及美国民主政治形态进行了一定程度的批评。米尔斯认为,权力精英并非一个反美国的阴谋集团,而是统治美国社会的三个主要部分:政府、军队和经济界的家族群体。整个社会等级金字塔的最高点就是由军队、政府和经济界人物的顶层群体所构成的精英,他们决定着社会中的大部分重要决策。第二等级是由特定利益群体组成的一个多样化群体,代表权力的中间水平,执行权力精英的命令。第三等级是大众社会,是无权力、无组织的,由受上层控制的微粒般的个体组成。这三个部分之间的等级序列不是也不可能是固定不变的。

又如分析了美国民主政治现实的戴伊等人对单纯强调选举的民主观的批判,表明一部分精英民主理论家们已经开始注意到并试图纠正中庸主义精英理论民主观的缺陷(当然,戴伊等人在研究政策过程时又发现了新的反民主因素)。

再如以运用了精英主义研究视角的《来自上层的革命》一书为例,大卫·科兹等也认为,苏联体制的主要缺陷在于:①与成为一个工人国家的要求相反,苏联是由一个特权精英阶层统治的;②通过精英统治的国家是一个专制国家,否定公民权和人民的自由;③政治和经济机构都是中央集权化、等级化的官僚体系,精英与大众之间更多的是指挥与被动服从的关系。苏联体制的瓦解则首先是因为精英作出了资本主义将为他们带来更大、更安全的特权的判断。但这些缺陷并不意味着苏联体制的建立从一开始就是传统意义上精英兴衰的简单重复，而苏联体制的失败也并不意味着社会主义的民主政治对精英政治挑战的结束。

此外，还有一些并不以直接论述民主问题为主要研究方向的当代精英民主理论家，则更加注重探讨精英政治与民主政治原则的协调。比如在结合民主"第三波"展开的对一系列后发现代化国家民主政治建设进程的分析中（如亨廷顿、派伊等人对政治发展的研究），后来的精英民主理论学者们，已经不拘泥于前辈们关于寡头趋势不可避免的观点，而是开始引入更多的实证分析，更加具体地考察不同社会、政治条件下精英政治与民主政治既斗争又妥协的关系，避免了过于简单教条的理解对拓展研究现实空间的束缚。同时，在明显地受到了精英主义结论和研究方法影响的多元主义民主理论中，一些学者已经开始注意到，精英民主理论与反精英或非精英的民主理论间并不存在绝对的鸿沟。

诚如上文所述，精英民主理论在很大程度上脱胎于自由主义民主理论，并不应该把它视为西方民主思想史上的一个绝对异类，在精英民主理论业已出现并且产生现实影响的条件下，盲目地排斥并不是可取的态度，更具建构性的行动应该是努力地去调和精英民主理论与其他民主理论之间的矛盾或对立。他们提出的理由具体包括：①选民能够在参与竞争的精英中作出选择，就此意义而言，大众还是能够有效地介入政治的。②精英不能阻碍，或至少不能完全阻碍非精英的社会成员进入精英圈，换而言之，从非精英进入精英的渠道可能是畅通的。③精英本身是多元的，在大多数情况下，看不到存在由一个精英群体或是各种精英群体（如商业精英、经济精英、政治精英、文化精英等各领域的精英）组成的精英联盟直接进行统治的现象（此即所谓的多元精英民主理论）。在这些结论的基础上，当代精英民主理论研究开始朝向两个方向转向：其一是转向偏实证型的研究，即具体地考察每一个政治体系中精英的构成情况和统治方法；其二是回归自由主义民主传统的转向，即力图寓精英民主理论的研究思路于其他民主理论研究当中。

需要注意的是，当代政治科学中的某些民主理论虽然并不强调，甚至根本否认自己受到了精英民主理论的影响（如以达尔为代表的多元民主理论者就多竭力撇清其思想同精英主义的承继关系），但严谨的研究者仍然能够通过认真的分析发现精英民主理论对这些理论不同程度的影响。而这也不失为从精英民主理论之外的视角加深对其理解的一条有益途径。

四、精英民主理论研究方法的特点

从本质上看，精英民主理论研究范式是一种具备了科学化和现实主义取向的研究范式。精英民主理论家们对组织问题的特别兴趣、结合社会经济条件思考历史问题和政治问题的思路，包括其部分具体结论，如早期精英主义理论家们对三权分立理论的实证批判，以及权力的彼此制约必须以现实的政治力量之间的彼此制约为基础等，都是建立在对相应的政治、社会条件进行解析的基础上的。

这种注重现实社会政治条件的研究方法，也自然地反映在了精英民主理论家们对精英统治阶级存在合理性的论证中。如他们普遍认为，统治阶级（此为莫斯卡采用的概念）所奉行的统治方法，必须建立在符合同时代的主流政治价值取向的前提下。在精英民主理论产生的时代，这一取向就是民主制度的普遍扩张。这也就意味着，无论一个政治体内寡头政治倾向的严重程度如何，其统治阶级都不能公开地对抗民主价值观，赤裸裸地将实践中的统治原则大白于天下；并且从更客观一些的角度看，不管这种对民主的拥护是出自真心还是假意，它都意味着统治阶级在统治方法上或多或少地吸收了民主的原则。从这个意义上讲，精英民主理论对反民主原则的拒斥是自有其理论依据的。

在社会科学研究范式发生重大变革的时期，[1]早期的精英主义理论家们顺应历史潮流，明确提出了要依靠历史学、统计学和经济学等材料来实证地研究政治现象。这在很大程度上符合了 19 世纪末 20 世纪初以社会学兴起为代表的社会科学科学化、系统化的发展方向。在从传统的偏重政治哲学的研究向重视政治科学的研究的转向中，以莫斯卡、帕累托、米歇尔斯等为代表的精英主义政治学者们做出了应有的贡献。但同时需要注意的是，他们所重视的现实条件往往偏重于政治组织方面的条件，相对而言，经济因素在影响政治变迁的因素重要性序列中并不居于靠前的位置。大部分早期的精英民主理论家，都或多或少地带有对马克思主义强调经济动因的逆反情绪，相应的，这种态度也就决定了其理论在解释历史的完整性方面存在着巨大的缺憾。当然，后来的精英民主理论家们已经开始逐渐发现并试图修正这一弊端，于是以米尔斯对美国权力精英的研究为标志，继之兴起的更加注重经济因素的实证研究也开始逐渐地弥补早期精英主义学者们留下的在研究方法方面的缺憾。

具体而言，精英民主理论在研究方法方面的特征主要表现为其研究中体现出的一些社会学的基本思路和观点。如更注重社会环境对个人的影响的看法。在个人与环境的关系中，社会学的一个基本原则就是更多地强调个人被环境影响、塑造、同化的一面。只有根据这一理论前提，才可能得出人类政治史具有普遍规律的结论；也只有根据这一理论前提，精英民主理论研究才得以启发了后来者们对于政治文化问题的思考（政治文化研究的一个前提就是个体所处的政治文化环境对塑造其政治心理和政治行为模式产生重

---

① 　需要强调的是，在讨论 20 世纪政治学研究范式的重大转变历程中，往往不能不提到行为主义革命和后行为主义发展的影响，但考虑到这与笔者所关注的精英民主理论自身发展演变规律直接关联不大，因此在本书中也就不再赘述。

要影响）。

从本质上看，精英民主理论研究所受的社会学研究思路影响，使其开创出了有别于传统政治哲学领域从个人主义的政治哲学出发重视个体的自主能动选择，强调个性自由、个体权利的研究方法。又如合理地利用进化论和心理学的研究方法和观点。在对上述两者的应用中，成熟的精英民主理论家们往往都强调不可过于执着某些理论和研究方法，对心理学理论的运用也必须慎之又慎，不能完全脱离现实的普遍性政治社会条件而另辟蹊径进行研究。这种观点反映了政治社会学逐渐发展成熟阶段中更趋理性的研究范式，即在系统的研究方法中，无论是进化论还是心理学都具有一定的价值，但任一理论或研究范式都不具有绝对的真理性，也不应该强占其他理论和研究范式的应用空间。就吸收了许多社会学发展成果的政治科学保持自身活力的意义而言，这种留意特定科学化研究方法应用边界的思路无疑是难能可贵的。

再如，这种社会学的影响还体现在研究者们对自身价值立场问题的认识上。以韦伯为典型代表，大多数精英民主理论研究者都认为，每一个政治科学的研究者都应该做到尽量客观地解读历史，最大限度地降低研究者的个人因素（尤其是情感因素）对解读过程的误导。他们主张，从根本上说，与政治科学配套的应该是一种告别了传统道德感和鲜明价值取向的政治哲学，这从一个侧面也反映了政治学研究由纯粹"思想家的思想"向政治观察家和研究者模式的转变。从一个更宏观的视角看，但凡属于精英民主理论阵营者普遍都持一种现实主义的民主观，他们从根本上反对采用传统政治哲学那种先凭空构建、再分析论证理想国的研究方式，如萨托利所言，"威胁着民主的不是理想主义，而是劣等的理想主义，是至善论"。从这个角度分析，持上述民主观的精英民主理论研究者们对实证研究范式的青睐也就是理所当然的了。

第二节　精英民主理论兴起的历史背景

任何一种在政治思想史上占据一席之地的理论都不可能是个别思想家在封闭的书斋中灵光一现的产物。"不是意识决定生活，而是生活决定意识。"①位于上层建筑结构中的精英民主理论显然也不能不受到这条通则的制约。事实上，无论是出于赞同、推崇还是批评、贬抑的动机，将精英民主理论的出现和勃兴归结于少数现实的或是保守的杰出思想家的个人创造，都不免失之偏颇。恰恰相反，作为一种始终对现实政治发展保持着浓厚兴趣和高度关注的民主理论流派，就其源起而言，精英民主理论的产生首先应该被追溯到 19 世纪末至 20 世纪初民主政治发展嬗变的转折点上所带来的一系列变革与反思力量的推动，而从本质上说，它又是欧美等国在百余年间民主政治发展的时代条件和相应社会经济基础在意识形态领域里的自然投射。不同民主模式的实践都是特定社会发展的有机组成部分，为其提供理论指导的民主理论也概莫能外。

在绝大多数情况下，精英民主理论家们对那些与现实政治社会发展紧密相关事务的兴趣，都远大于其投身于更为曲高和寡的政治哲学领域中的热情。莫斯卡在其《统治阶级（〈政治科学原理〉）》一书中曾开宗明义地指出："一门科学总是建立在系统观察的基础上。人们采用适当的方法观察特定的现象秩序，这些观察进行得如此协调，从而可以揭示凡人通常的观察无法发现的确定真理。"②在他看来，20 世纪政治学发展的重要趋势之一就是使之进

① 《马克思恩格斯选集》（第一卷），人民出版社，1995 年，第 73 页。
② ［意］加塔诺·莫斯卡：《统治阶级（〈政治科学原理〉）》，贾鹤鹏译，译林出版社，2002 年，第42 页。

入政治科学的范畴。更明确的表述还见之于拉斯韦尔的笔端："政治学①的任务在于阐明情况，而政治哲学则要为政治选择提供辩护。"②从精英民主理论发展史的整体脉络上看，这种对建立一套严谨的现实政治现象观察解释体系保持高度重视的特点也确实贯穿于其发展演变历程的各个阶段。这其实也从一个侧面印证了思想史研究中一条颠扑不破的真理，即离开了孕育、催生和推动某一思想发展的特定时代土壤，我们就不可能对其作出真正客观全面的分析和评价。回到精英民主理论研究的具体领域，也唯有通过考察精英民主理论形成和发展的理论和现实条件，才可能澄清一些从纯粹思想家的思想史的视角出发所导致的误读，甚至是无解的问题。正是基于上述认识，在系统地整理概括精英民主理论的发展演变脉络之前，笔者将把概述 19 世纪末 20 世纪初精英民主理论兴起的理论和现实背景作为进入更深层次研究的必要前提性准备。

一、20世纪初西方三种思潮的碰撞

19 世纪末 20 世纪初西方世界政治生活的巨大变迁，不在于此前形成的均势国际格局在欧洲列强力量此消彼长的过程中逐步瓦解，也并不在于一系列"民主政权"如雨后春笋般大量涌现，③而是集中反映在以自由主义、社会主义和民族主义三种迥异的政治思潮为契机推动的政治实践活动的激烈碰撞。

---

① 在此，拉斯韦尔指的应为与政治哲学相区别的政治科学。

② [美]哈罗德·D.拉斯韦尔：《政治学——谁得到什么？何时和如何得到？》，杨昌裕译，商务印书馆，1992 年，第 3 页。

③ 借用亨廷顿"三波民主化浪潮"的划分，在作为第一波民主化长波的后期阶段的这一时期里，欧洲大陆事实上只有英国和法国两个国家算得上是较典型的西方民主国家，这与始于二战中的第二波民主化短波中发生的情况存在很大差异。

（一）自由主义——成功与困境

从某种意义上讲，尽管还未能收获民主政权在更广的疆域内扎根的硕果，但这一时期西方的自由主义者仍然有充足的理由宣称这是一个属于他们的时代。通过18世纪末以来近百年不断的流血斗争，欧洲大陆上反自由民主的保守势力已在内外交困中日益式微，退居守势，而同时期欧洲各国在不同动力推动下进行的宪政创制和行政、社会体制变革也开始体现出明显的趋同性。总体而言，按照传统的自由民主理论搭建的代议制民主架构成了各国民主政治的基础模本，而自由主义所倡导的个人自由、政治平等、宪政法治等理念也已深入人心，其具体表现之一就在于这一时期议会制的普遍化与选举权的逐步扩大。至20世纪20年代，主要欧美资本主义国家都已确立起议会制政体①，且伴随着选举资格的不断改革调整，普选权的放开也已成为大势所趋。同时，与此前一个时期相比，规模日益扩大、组织更趋严密的各类政党也纷纷登上政治舞台。通过这些涵盖政治制度、社会结构、政治活动模式和政治文化等诸多领域的深刻变革，自由主义民主奠定了在这一时期民主理论界的绝对优势地位。

简而言之，自由民主的发展与实践的成就主要反映在促进社会力量的增长，改变了寡头政治格局和培育各类组织特别是政党组织作为政治生活的主体性力量。然而祸福相倚，自由民主的危机也正是在其亲手推动的政治变革中开始悄然酝酿。"现代民主完全是建立在政党上的……认为没有政治

---

① 当然，根据具体国情的不同，议会制自身的稳定性及所发挥的实际作用是存在着很大差异的。如在此时的德国，强势的君主立宪制下的议会对行政机关的制约和监督作用十分有限，同样的现象也存在于沙皇俄国，而在意大利和大多数中南欧国家里，议会政治在多数情况下充其量也只不过是对极少数政治精英分子贵族统治的一种粉饰。

党派也能够实现民主,那不是幻想就是虚伪。"①从前民主时代到现代民主的过渡时期,政治参与的激增及大规模政治组织的发展在为自由民主制度建立做出贡献的同时,也催生出两个重大问题:应如何设置大众直接参与的民主和代议制民主的彼此边界;如何防止政党组织成为滋生新的寡头政治的温床。通过考察这一时期欧洲的政治史,我们几乎可以肯定地认为,当时的欧洲自由主义者们并没能很好地通过上述两大难题的考验。

传统的自由主义民主是在同集权主义的封建专制政权的斗争中赢得并巩固其主导地位的,这就决定了对个人自由的推崇与对政治权力尤其是行政权力的警惕是其政治蓝图中不可或缺的两个重要组成部分。基于功利主义原理的自由主义民主将自由视为权利的基础和最高政治理想:"共同体的利益是什么呢? 是组成共同体的若干成员的利益总和。"②同时,它也将理想政府定义为一个"守夜人"的形象。但 19 世纪末至 20 世纪初政治生活的巨大变迁让这两条原则开始面临严峻挑战。一方面,普选权的扩大和自治社会的成长使公民参与政治生活的热情和机会都空前增加了,而政党政治和利益集团③政治的蓬勃发展更是为之创造了必要的组织条件;另一方面,在进入垄断资本主义和帝国主义阶段的西方国家,行政权力的集中和扩大④已成为自由主义者难以回避的事实。在此情况下,满足和受制于传统自由民主理想和原则的欧洲各国代议制民主都普遍陷入了疲于应付参与压力和公共服

---

① 王长江:《现代政党执政规律研究》,人民出版社,2002 年,第 40 页。

② [英]边沁:《道德与立法原理导论》,时殷弘译,商务印书馆,2000 年,第 58 页。

③ 值得注意的是,"利益集团"一词也正是在这一时期开始逐渐摆脱原先的贬义色彩,成为政治学和行政学研究的一个关键名词。

④ 这种行政权扩张在理论领域里最显著的反映莫过于古德诺政治与行政两分法的提出,在同时代的许多政治与行政学者那里,现代民主国家中行政事务的纷繁复杂程度早已超出了立法权统治"时期。对此,人们所要做的,并不是继续沿用分权制衡的思路打压行政权,而是应该合理地划定行政权的运行范围。参见[美]F.J.古德诺:《政治与行政》,王元译,华夏出版社,1987 年;[美]伍德罗·威尔逊:《行政学研究》,《国外政治学》,1987 年第 6 期。

务职能激增的困境当中。对此,一些自由主义阵营中的有识之士终于尝试突破那些传统理论的桎梏,探索使自由主义与现代民主政治条件更好衔接的修正自新之道,这种努力的最大成果就是 20 世纪初重新定位个人与国家、社会关系的新自由主义民主理论的产生。不过,从事后效果来看,自由主义的调整不仅不够及时,且具体成效甚微。随着一战和嗣后的世界经济大萧条这两大自由主义危机的集中爆发,各种保守主义势力和社会主义思潮开始逐渐填补传统自由主义的"思想空间",自由主义民主在理论和现实领域中一统天下的局面一去不返了。

但是作为 19 世纪末 20 世纪初西方民主政治发展变革的起点和基础,传统自由主义民主毕竟在一个时代里扮演了不可替代的角色,即使是对于它的批评者和挑战者来说,自由主义也不是一个可以被轻视甚至是无视的对手,自然,精英民主理论也不例外。①

(二)民族主义和社会主义——破解困局的迥异路径

以一战的到来为标志,对于那些曾经坚信根据自由主义理念建立起来的代议制民主已经足够完美的人们而言,巨大的冲击波过后,一个怀疑与颠覆时代也随之揭开了序幕。然而彷徨与混乱终究是短暂的,当"一切坚固的东西都烟消云散"的时候,对新的政治解决方案的需求也愈发迫切起来。正是在这样的时代背景下,社会主义与民族主义这两种针锋相对的思潮,开始在 20 世纪初的欧洲政治舞台上演一幕幕斗争的活剧。

对于 19 世纪末至 20 世纪初的欧洲资本主义社会而言,社会主义这一字眼已经逐渐褪去了神秘和恐怖的色彩,甚至开始变成一个连保守主义者

---

① 一战后,国内外许多学者都已指出,精英民主理论事实上并不构成对自由民主的根本否定和替代,而只是表现为一种偏向保守主义的对自由民主进行修正的方案。笔者将在后文中对此问题进一步加以探讨。

都乐于采用的时髦名词。[①]在探讨民主政治的现实问题时不涉及社会主义的影响，在当时也是完全无法想象的。无论秉持什么样的意识形态和价值立场，任何研究 19 世纪至 20 世纪欧洲民主政治发展史的学者，都无法回避这一时期社会主义运动的发展对民主理论创新产生的重大影响。对于这一时期那些波澜壮阔的社会主义工人运动史，已经有许多专门的著作可供参阅，[②]笔者不再一一赘述了。

在此仅简单概括一下社会主义运动对当时欧洲政治变迁的影响：首先，社会主义运动直接导致了资产阶级政权调整和改革其统治制度和方式，诸如选举权的扩大和宪政的发展背后都有社会主义者积极活动的身影。其次，社会主义运动为普通大众，特别是构成各国主要阶级力量的工人阶级的政治参与开辟了前所未有的广阔空间，并通过其为大众争取更多经济社会权利的斗争客观上创造了更多的参与可能。如果说大众政治时代的大门是由反封建专制的自由主义之手打开的话，那么社会主义则在自由主义者开始变得保守退缩之际毅然接过了推动这股浪潮继续发展的大旗。再次，社会主义运动的广受支持在令资产阶级恐惧之余，也迫使后者必须接受一些社会主义者在社会管理、公共服务等方面的需求和主张，这种影响也反映在了后来的新自由主义等资产阶级民主思想当中。又次，社会主义运动的发展也为这一时期政治学家们研究探索大众政治时代组织心理和行为的特点和规律提供了丰富的一手素材，许多政治社会学者，当然也包括作为精英民主理论的代表人物之一的米歇尔斯，都曾受到社会主义思想的影响并以社会主义

---

① 英国的一位保守党政治家就曾说过："现在我们都是社会主义者了。"转引自顾肃、张凤阳：《西方现代社会思潮史》，山东教育出版社，2004 年，第 282 页。当然，此处的旨意主要是指政府应当吸收社会主义者在扩大社会福利，改善经济社会权利保障方面的主张，并不意味着正统的社会主义已经见容于当时信奉自由民主的西方资产阶级政权。

② 如[英]唐纳德·萨松：《欧洲社会主义百年史》，姜辉、于海青、庞晓明译，社会科学文献出版社，2008 年。[美]卡尔·兰道尔：《欧洲社会主义思想与运动史》，刘山译，商务印书馆，1994 年等。

政治组织及其活动为研究对象。最后，也是最重要的一点就是，各国资产阶级统治集团对于防止社会主义政党合法夺权虽抱有自信，但社会主义与资本主义间难以弥合的对立仍然无时不令其感到如芒在背，这在一定程度上可以作为资产阶级呼唤包括精英民主理论在内的新的合法性论证工具①，并组成了欧洲反社会主义"神圣联盟"的直接诱因。

在此需要指出的是，以往的学者似乎更多地强调了精英民主理论，特别是早期精英主义理论与主流的自由主义民主理论之间的分歧和对立，从而导致无意中传达了这样一个信息，即精英民主理论一开始就是为与自由民主理论进行针锋相对的斗争而生的，事实上这种得自最引人注目的表象的认识与历史的真实往往相去甚远。20世纪的精英主义者与其说是要彻底颠覆西方民主政治的大厦，不如说是希望用他们奉为"铁律"的现实主义政治科学基石替换掉残存的理想主义结构，使这幢大厦的样式变得更符合自己的"审美情趣"。因此，在某种意义上，精英民主与自由主义在面对那些试图冲击西方代议制民主的"公敌"时，是很容易达成建立统一战线的共识的。

众所周知，在20世纪初的岁月里，位列"公敌"名单榜首的自然是马克思主义理论及其社会主义运动。巴特摩尔就曾指出，精英民主理论"真正的对手实际上是社会主义特别是马克思的社会主义"②。一方面，精英民主理论主张的精英循环使社会不可能出现如马克思所说的稳定而封闭的统治阶级。另一方面，精英民主理论主张的少数人统治不可避免的铁律，又使马克思所说的无阶级社会成为不可能实现的乌托邦。正是在这样的论证基础上，精英民主理论构成了对来自马克思主义挑战的反击。在对精英民主理论的

① 从这个角度理解，帕累托在其精英循环理论中对当权的资产阶级精英伪善而懦弱的"人道主义感情"不遗余力的批判其实就是针对社会主义运动的有感而发。事实上，他从来也不惮于将社会主义指斥为对社会秩序的威胁，并且极力鼓动资产阶级政府去实践用暴力维持秩序的目标。参见[意]维尔弗雷多·帕累托：《精英的兴衰》，刘北成译，上海人民出版社，2001年，第三、四部分内容。

② 参见[英]巴特摩尔：《平等还是精英》，尤卫军译，斐池校，辽宁教育出版社，1998年，第12页。

起源的考察中，精英主义是西方理论界在社会主义思潮的影响和冲击下应运而生之物这一点，无论如何都是不应被忽视的。

与此同时，这一时期兴起的民族主义也为摆脱自由主义民主陷入的瘫痪状态提供了一套同社会主义截然对立的解决方案。完全不同于以往的君主专制或者贵族共和思想，20世纪初的反民主主义者将"民族"这一能够冲破各种阶级阶层身份藩篱的概念引入其思想体系当中，希望以"同文同种"的强烈刺激唤起更广泛的政治共识。在反民主主义的发展史上，正是民族主义迈出了这关键的一步。

欧洲民族主义（在此特别强调使用"欧洲民族主义"的特指，也是为了将其与同时代广大亚非拉国家争取独立解放的民族主义区分开来，与前者不同，后者更多的是在积极意义上发挥影响。民族主义从来不是一个抽象的概念，只有同其产生和作用的环境结合起来分析才有意义，这是所有讨论民族主义问题的人们都不应忽视的一条原则。）在产生之初其实是与自由民主的理想紧密结合在一起的，"在欧洲，民族国家和民族主义本身就是民主革命（或改革）和民主主义的产物"[①]。但在帝国主义时代，随着西方列强以民族主义为旗号肆行扩张主义和殖民主义之实，欧洲民族主义与自由主义就已经开始渐行渐远。正如约翰·密尔所写到的那样："民族情绪远远超过对自由的热爱，人们都愿意怂恿统治者去粉碎那些非我族类、语言有异的任何民族的自由和独立。"[②]一战前后的岁月里，欧洲大陆上无论是战胜国还是战败国的普通民众，都被笼罩在一种由经济社会全面危机带来的极度悲观的氛围中，而各国的资产阶级统治集团也在政治巨变的冲击下深感以代议制民主为制

---

① 何家栋：《中国问题语境下的主义之争——就"中国民族主义"与王小东商榷》，《战略与管理》，2000年第6期。

② 转引自[英]厄内斯特·盖尔纳：《民族与民族主义》，韩红译，中央编译出版社，2002年，序言第19页。

度基础的自由主义已经不能充分满足整合和统治政治共同体的需要。恰在此时，由各国垄断资产阶级以"爱国主义"之名放出樊笼的狭隘民族主义，发现并及时利用了自由民主彷徨的时机，进而将全社会的失望点燃为一种指向"每时每日都受到各国现实谴责的"①民主学说的愤怒情绪。这种情绪不仅在社会各阶层当中广泛传播，而且也得到了许多国家资产阶级统治精英的认可。当议会民主制在其低效、腐败、虚伪和软弱的现实表现面前受到合法性质疑时，民族主义成为一种新的建立统合性理性的尝试也就成为顺理成章之事了。战争时期赢得的权威使这一时期的欧洲民族主义者已经有资本公开宣称其与自由主义的决裂了："民主的思想体系从定义上就是失败的思想体系，民主的思想方式是懦弱的、虚伪的，软弱无力、崇尚空谈的民主主义是无政府状态的先导……民主制度为民族的衰弱准备了土壤。"②他们认为，除一个强有力的民族国家共同体之外，不应再信任任何政党、组织和阶级群体，也质疑普选到底能为政治环境的改善产生多大积极影响，相对的，他们也提出了一个建立在传统等级制精英主义思想基础上的"最有能力的人的政府"的思想。

"不是社会主义就是民族主义"③，阶级意识与民族情感的分裂对立导致此时的民族主义者开始试图开辟出一条有别于社会主义的拯救"西方文明没落"的新道路。他们从社会主义那里借用了强有力的政党组织形式、大众运动的手段、集体利益的理想以及对资产阶级代议制民主虚伪性的揭露批

---

① ［意］萨尔沃·马斯泰罗内：《欧洲民主史——从孟德斯鸠到凯尔森》，黄华光译，社会科学文献出版社，1998 年，第 325 页。

② 转引自［意］萨尔沃·马斯泰罗内：《欧洲民主史——从孟德斯鸠到凯尔森》，黄华光译，社会科学文献出版社，1998 年，第 328~329 页。原文出自法国的民族主义者阿尔弗莱德·罗科和弗朗切斯科·科博拉主编的《政治学》杂志的宣言（1918 年 12 月 15 日）。

③ ［意］萨尔沃·马斯泰罗内：《欧洲民主史——从孟德斯鸠到凯尔森》，黄华光译，社会科学文献出版社，1998 年，第 326 页。

判工具，同时摸准了垄断资产阶级会在民族主义和社会主义当中两害相衡取其轻的脉搏，①公然声称自己比后者更为"激进"，更能为全社会带来秩序与福利的福音。这个在欧洲自由民主陷入瘫痪背景下打开的魔瓶，不久以后就掀起了一场波及世界的政治灾难，从而深刻地改变了西方民主理论和实践发展演变的轨迹。

对于这一时期开始形成的早期精英主义理论而言，欧洲民族主义思潮和实践对其的冲击也是显而易见的。一方面，生活在具体的政治和民族共同体中的精英民主理论家们不可避免地受到了一些民族主义观点和原则的影响。这一方面的典型代表就是帕累托，与民族主义者类似，他谴责自由民主制度下资产阶级政权的软弱无能，"简言之，在某个社会阶级所拥有的权力和它所支配的捍卫这一权力的力量之间必须实现某种平衡"②。而在他看来，当时现有的按自由民主理念建立起来的资产阶级政权已经在逐渐丧失维持上述平衡的能力，那么当与传统自由主义决裂的"革命"时代到来时，社会主义和民族主义两类精英获取统治权的可能也就出现了。更为重要的是，帕累托出于自身的偏右立场，有意地向焦头烂额的资产阶级政权提出了利用一种"能同社会主义对抗"的思潮和运动来巩固西方文明秩序的主张。另一方面，正如前文所谈到的那样，从根本上说，精英民主理论同自由民主理论之间并非势同水火的对立关系，绝大多数精英民主主义者并不希望建立完全否定和取代自由民主的极端民族主义政权。同时，精英民主理论所极力倡导的政治科学的研究方法使其对包括民族主义在内的一切"统合性学说"③神

---

① 如墨索里尼的法西斯主义登台之初，就曾被欧洲的许多人们看作是将意大利从"共产主义威胁"和"议会民主危机"中解救出来的救星和希望。参见[意]萨尔沃·马斯泰罗内：《欧洲民主史——从孟德斯鸠到凯尔森》，黄华光译，社会科学文献出版社，1998年，第348~349页。

② [意]维尔弗雷多·帕累托：《精英的兴衰》，刘北成译，上海人民出版社，2001年，第43页。

③ 莫斯卡在其《统治阶级（〈政治科学原理〉）》一书中使用了这一概念。

话保持怀疑,因为后者的学说同精英民主理论的根本逻辑存在分歧:如果说现有的议会中的精英不能代表民众,那么打着民族主义旗号的新精英又有什么理由宣称自己能做得比前者更好一些呢? 在精英民主理论家冷峻的目光中,只要剥离民族主义身上笼罩的神话光环,[①]就不难发现其下潜藏的一定是人类历史上亘古不易的精英统治的"铁律"。

　　无论如何,在精英民主理论最初的成长阶段,自由主义、社会主义与民族主义这几种彼此对立竞争的思潮和运动都在精英民主理论体系中留下了特定的历史痕迹,在下文的研究中,我们还将不断发现它们对精英民主理论发展演变产生的深刻影响。

　　在此,笔者认为还有必要顺带交代这一时期意大利的政治状况,毕竟精英民主理论在这一时期的主要代表人物——被伯纳姆称之为"马基雅维利三剑客"中的两位——帕累托和莫斯卡都来自意大利,[②]并且其思想也的确深受当时意大利政治现实的影响。

(三)早期精英主义理论策源地——意大利特色自由主义民主的特点

　　自中世纪以来,意大利就长期陷入分裂状态,对统一和秩序的渴望伴随着近代民族主义思想的兴起而愈发强烈。与此同时,自由主义在意大利也走过了一条特殊的历史发展轨迹。在意大利,与自由主义的正式登场相伴随的是拿破仑法国占领军的刺刀, 这一方面使意大利的自由主义在诞生之初就

---

　　① 莫斯卡就曾系统地批判了一切有悖于政治科学科学性、客观性准则的理论,这其中自然也包括民族主义者所倚重的种族主义理论。参见[意]加塔诺·莫斯卡:《统治阶级(〈政治科学原理〉)》,贾鹤鹏译,译林出版社,2002年,第45~71页。

　　② 当然,另一位"剑客"——德国的米歇尔斯后来也加入了意大利国籍,并成为意大利法西斯的御用政治学家,但其最具影响力的著作和思想则同当时意大利的特殊国情关系不大。

已同"民族统一的主题交织在一起"①;另一方面又有利于意大利得以亲身体验法国式民主的种种利弊,从而有可能在拿破仑帝国土崩瓦解的废墟上,开始一场具有鲜明"意大利特色"的自由民主发展试验。总的来看,这一时期的意大利自由民主发展表现出了以下特点:

其一是与民族主义相伴始终。有别于法国和英国,决定自由主义政治思想能否在 19 世纪意大利稳固立足并成为主流意识形态的首要节点,不在于其是否满足了资产阶级和市民阶层的权利需要,而在于其是否能有效地解决国家统一和民族独立问题。即使在上述任务完成之后,意大利的自由主义也必然会在相当长一个时期内与蜕变中的欧洲民族主义保持紧密联系,对后者的攻击性行为绥靖退让,甚至在某种情况下将自己的主导地位拱手让渡给后者。

其二是对秩序的诉求高于对个人权利保障和政治参与的诉求。意大利的民主政治一直以来都表现为一种难以引发多数人参与兴趣的不稳定的少数派政治。而在长期困扰意大利的政治危机与经济危机的双重打击下,意大利"农村的(中小)有产阶级与城市的(中小)有产阶级之间、地主与工厂老板之间、银行存款者与雇佣劳动者之间形成了利益的一致"②。从 19 世纪 70 年代至 1882 年选举制度改革间,来自各阶层的人们已经普遍对意大利混乱的政党和议会政治感到厌倦,在通过代议制民主保障权利的希望破灭的前提下,许多意大利人逐渐倾向于选择一种更强有力的政体形式来重整社会秩序,减少混乱的政治对经济发展和福利分配的冲击。为此,即使牺牲掉一些本来就徒具形式的自由权利也没有什么可惜的。

① [意]圭多·德·拉吉罗:《欧洲自由主义史》,[英]R.G.科林伍德英译,杨军译,张晓辉校,吉林人民出版社,2001 年,第 269 页。

② 转引自[意]萨尔沃·马斯泰罗内:《欧洲民主史——从孟德斯鸠到凯尔森》,黄华光译,社会科学文献出版社,1998 年,第 347 页。

其三是宪政的针对性明显偏向抑制多数人的政治参与。意大利的宪政带有明显的贵族政治色彩。在相当一段时期内,意大利的统治阶级都通过控制选举资格等手段限制大众的政治参与, 这样做的恶果是既让极端民族主义者找到了攻击代议制民主虚伪性的口实, 又无形中培养出一种消极的政治文化。[①]

其四是温和而又无所作为的自由主义政府既难以满足君主立宪政体下传统政治精英的需求,又不能与汹涌而来的大众政治浪潮保持同步。软弱无为的议会和政府在大众参与、公共舆论和公共服务需求激增的多重内部压力面前,陷入了代议制瘫痪的窘境。

与此同时,19 世纪末至 20 世纪初意大利在世界政治舞台上的一系列拙劣表演,[②]更加剧了社会各阶级对现实政治的不满。在自由主义政治陷入内外交困的境地时, 意大利的政治事实上已经不自觉地走到了一个历史的十字路口处,从抽象政治价值的排序取舍,到具体政治制度的设计实践,根基不稳的自由主义和议会民主在未及充分享受鲜花和掌声之时, 就已经开始遭遇来自精英和大众两方面日甚一日的质疑。正如马斯泰罗内所指出的那样:"传统的多数规则已不适于解决战后的重大经济和社会问题。必须把彼此极不协调的三项原则,即'秩序''自由'和'平等'合为一体。然而,每个强大的政治派别都认为,只要使这三项原则之一占上风,就能够解决与其他两项原则相关联的问题。在民族主义者看来,必须在国内重建'秩序';在保守主义者看来,必须回复个人'自由';而在进步分子看来,则必须取消特权、实

---

① 这种政治文化的意大利特色在二战后的政治发展中一直保持至今,在阿尔蒙德等人调查的结论中,"意大利人倾向于把政府和政治看作是不可预测的和危险的力量,而不是把它们看作有义务接受他们影响的社会机构"。参见[美]加布里埃尔·A.阿尔蒙德、西德尼·维巴:《公民文化——五个国家的政治态度和民主制》,徐湘林等译,东方出版社,2008 年,第 359~369 页。

② 这方面的典型表现主要包括意大利在东非扩张的受挫,特别是 1896 年在阿比西尼亚的惨败,以及在巴尔干遭遇的窘境,而最集中的反映则是对意大利而言虽胜犹辱的第一次世界大战。

现'平等'。"①

　　至 20 世纪初,自由主义、民族主义(其进一步发展形态就是极端的国家主义乃至于法西斯主义)和社会主义这几幅目标迥异的意大利政治发展路线图的轮廓也越来越清晰起来,在未来的数十年内,这种在全面反思中酝酿的思想巨变不仅深刻地影响了意大利政治的走向与命运,而且也开启了西方民主政治发展史上的一个新纪元。在这个新时期当中,发端自意大利的精英民主理论开始打破自由主义的独唱,而在历史地考察这一理论流派的观点体系时,意大利始终没有充分发展起典型意义上的自由民主也应该是一个重要原因。从某种意义上讲,正是这种极不完善的自由民主形态才奠定了精英民主理论作为一种批判性实证理论的地位。

二、大众政治的时代背景

　　经过了自 18 世纪末以来近百年的逐步酝酿,1870 年至一战前,②西方主要资本主义国家的民主政治的发展开始进入一个新的时代。对于西方世界的人们而言,这无疑是一个以空前繁荣为基石、充满各种光怪陆离的新生事物的时代。然而透过那些炫目的表象,这一时代在西方政治发展史上承前启后的过渡性特征却更多地凸显在与之相伴始终的经济、社会、政治、文化等领域内难以破解的迷局与矛盾当中。在经济领域内,借助产业革命的东风,主要资本主义列强前一阶段原始积累的产出效果开始集中体现出来, 这带来了本国人民总体经济生活水平的提高。但与此同时,随着向垄断资本主义的过

---

　　① ［意］萨尔沃·马斯泰罗内:《欧洲民主史——从孟德斯鸠到凯尔森》,黄华光译,社会科学文献出版社,1998 年,第 343 页。
　　② 此处使用的时间分段系转引自吴春华主编:《西方政治思想史——19 世纪至二战》(第四卷),天津人民出版社,2005 年,第十一章中引用的社会学的界定。

渡，自由资本主义激发社会活力的因素也逐渐消退，不平等、不合理的社会结构的固化又在很大程度上抵消了经济增长的积极后果。在文化领域里，以社会主义和资本主义为旗帜的意识形态两翼分化，激烈斗争的态势日益明朗，以知识分子阶层为骨干所主导的世俗化与文化重塑过程，始终没有放弃尝试创造一种与传统政治文化保持一定距离的新政治文化。此外，在国际政治领域，巴黎公社运动后，西方世界的国际政治秩序开始进入一个内战与革命退潮的相对稳定时期，但各国垄断资本主义集团的争权夺利和主要列强国家实力的消长变化又推动着颠覆现有秩序格局的暗流涌动。

当然，在这些变化与矛盾中对政治生活影响最为深远的，还是以勃兴的大众组织、积极的政治参与为主要标志的大众政治①对传统政治格局的冲击，而本书所论述的精英民主理论，特别是早期精英主义理论的主要理论体系也正是在这些冲击下应运而生的。

大众在英语中的对应词是"mass"，对其具体含义，不同政治学家和社会学家都曾作过不同的定义，丹尼尔·贝尔就曾经将这些纷繁的定义进行了一个归类：第一，是一群异质的无明显特征的受众。第二，大众是无能和平庸的代名词。②第三，大众是现代社会中机械化的团体。第四，大众是一种过度组织化的群体。第五，大众是一种易被少数人操纵利用的无意识群氓。③这几种关于大众的概念其实都包含着部分真理，但却也同时回避了对一个重要事实作出积极评价，即大众政治时代的到来第一次超出精英阶层的范围，使普通民众切身感受和参与到民主政治的发展进程中。

如果不局限于近代西方民主政治发展演变的范畴，而是将目光拓展到

---

① 有学者就将"大众政治和大范围的组织"视为这一时期政治生活的两大特点。参见 Geraint Parry，*Political Elites*，p.20.

② 在主要的精英民主理论家那里，大众都是以与精英相比的"失败者"的形象出现的。

③ ［美］丹尼尔·贝尔：《意识形态的终结》，张国清译，江苏人民出版社，2001 年，第 5~9 页。

一个更长周期内的人类政治史的范畴,人们就会发现,事实上近代以前,政治作为少数具备特定资格参与者的"专利事务"在相当一段时间内都被视为一条不容置疑的"公理"。在人类历史长河中,大众作为一股自觉独立的力量登上前台的机会是十分有限的。[①]即使是最标榜公共生活平等参与权的古希腊民主政治,依据政治共同体成员参与数量这一标准,也很难被划入大众政治的范围内。但自文艺复兴以来,人类政治生活总体格局却开始逐渐发生改变,伴随着倡导自由平等的政治哲学的广泛传播和传统寡头政治的式微,至19世纪末20世纪初,西方政治思想的主流已经认为人类社会平等的政治参与和政治权力分配不仅是可欲的、应然的,而且也是难以抗拒的历史潮流。

当时的一些保守主义思想家就敏锐地感受到了这种潮流在政治生活的现实领域中的反映:"民众的各个阶层进入政治生活,现实地说,就是他们日益成为一个统治阶层,这是我们这个过渡时期最引人注目的特点。"[②]与政治事务为少数群体垄断的时代形成鲜明对比,"民众不再像从前那样仅仅只是一个被动的观众。在过去的几个世纪里,他们开始具备自我意识并有了自信,大量的民众积极地关心并实际地参与政治进程……20世纪的政治是群众行动的政治"[③]。几乎所有对民主政治持现实主义态度的人们都不得不承认,既然这种大众政治的潮流已经不可逆转,那么无论理论家们情愿与否,20世纪西方民主政治也只能是建立在大众政治的平台基础上。因此,人们有必要认真审视大众政治时代带来的变革。

大众政治时代首先就表现为社会各阶层普通成员大量进入公共生活领

---

① 笔者并不认同那种在前现代史研究中完全无视大众作用的方法。事实上,恰如后文强调的那样,在大多数情况下,精英政治(英雄创造历史)和大众政治(群众创造历史)并不是截然分离对立的,而是表现为一种紧密依存、互为表里的关系。

② [法]古斯塔夫·勒庞:《乌合之众——大众心理研究》,冯克利译,中央编译出版社,2005年,第3页。

③ [美]莱斯利·里普森:《政治学的重大问题——政治学导论》(第10版),刘晓等译,华夏出版社,2001年,第181页。

域,①它是一个参与激增,也是一个各种诉求激增和碰撞的时代。在民主政治的大前提下,这种参与和诉求激增的压力可能以两种迥异的形态表现出来,其一是普通大众大规模直接涌入表达诉求、参与政治管理和各种政治过程的领域。与这种压力形态相伴的往往是对现有体制的强烈冲击和对既有秩序规则的颠覆破坏。其二是普通大众倾向于依靠具有代表性的代议制度、政党、利益集团和社会组织来反映有限的政治诉求,同时又将解决更多更实际的经济社会权益诉求的希望寄托在政治手段之外的较为平和的博弈和协商方式上。决定出现这两种形态中的哪一种的根本因素在于民主制度是否能为大众提供可靠的体制内的温和参与渠道,并且保证让大众看到参与的实效。如果答案是否定的,那么前一种参与压力形态的出现就是不可避免的。20世纪初欧洲的大多数自由民主政权失败的一个重要原因,就在于它们无法及时有效地将大众参与的力量引导向温和的反映渠道。

　　当然,在大多数情况下,大众政治时代的到来也并不意味着大众的意愿就能够直接得到实现,与广泛而积极的参与意愿紧密联系,大众时代的民主政治还需要有别于前现代政治的参与媒介②,这就是大众组织,尤其是大众性政党组织:"毋庸赘言,没有组织的民主是无法想象的。对于任何阶级来说,一旦当它在社会上公开提出某种明确的要求,并渴望实现与本阶级经济地位相一致的一整套理想目标,它就需要建立组织……组织看来是形成集体意志的唯一途径……它是弱者对抗强者的武器。"③ 20世纪的民主政治从某种意义上说也可以被视为一种组织政治,或者更具体地说就是政党政治。

---

　　① 有人将大众民主的核心特征概括为:政治体制的民主化、政治参与的普遍化和政治身份的平等化。参见宋思涛:《近代大众民主的兴起及其面临的困境》,中国政法大学2009年硕士论文。而在笔者看来,在现实领域当中,上述三个特征里其实只有参与的普遍化这一点是可以确定的。

　　② 在前现代的政治参与中,西方世界的参与媒介除了正式的国家机构之外,也包括了一些为资本主义民主政治作准备的自治组织,相对而言,东方世界的合法组织参与途径则确实要狭窄得多。

　　③ [德]罗伯特·米歇尔斯:《寡头统治铁律——现代民主制度中的政党社会学》,任军锋等译,天津人民出版社,2003年,第18页。

无论是为了对抗来自政府的专制权力，还是为了争取更多的民主权利和经济社会权益，大众都主要是依靠组织而不是个体。这种组织化的大众政治固然有其主体明确和意见集中的优点，但由此也酝酿出一些可能的弊端，其中最突出的就是组织官僚化和寡头化的问题，从政治社会学视角出发的理论家们首先注意到了这一问题。包括勒庞、米歇尔斯、帕累托、韦伯等在内的学者，纷纷提出了对大众组织内部民主化程度的质疑，而这种质疑在产生阶段的精英民主理论体系中得到了进一步的提炼，上升到了组织铁律的高度，扮演了不可替代的角色。对大众民主政治规律的研究也由此成为精英民主理论最重要的理论成果之一。①

大众政治时代带来的改变当然远不止于此。之所以说大众政治时代的到来构成了对传统自由民主政治的一个现实挑战，一个根本原因还在于当时的自由主义对大众的允诺与现实之间存在巨大的反差。毋庸置疑，自由主义者成功的一个重要原因就在于他们正确地发现和利用了大众的力量，然而19世纪欧洲民主政治的现实状况表明，自由主义对大众的关心也仅仅是利用而已，在绝大多数政治经济社会领域内，自由主义者根本无意于兑现对大众的承诺，而感到被愚弄的大众必然要重新选择一种新的理论和政治形式来实现自身的利益诉求，即使这种理论和政治形式是赤裸裸地反对民主政治原则的。

在大众政治的宏观历史背景下，几乎所有意欲在现实政治舞台上发挥影响的意识形态和组织、运动都必须标榜自己站在大众的一边，而不是对立面上。值得注意的是，这一时期欧洲的社会主义和民族主义者几乎同时强调自身具有"人民性"也就是大众性。尤其是对于作为一种右翼的保守主义思潮的后者而言，与"人民性"联系在一起乍看起来似乎令人不无惊讶，但联系

---

① 在下文中还将具体讨论精英民主理论对于大众民主和大众政治的看法。

前文所提到的欧洲民族主义兴起时弥散在全社会范围内的对自由民主的失望和愤怒情绪,这一点其实也就不难理解了。从本质意义上说,这一时期欧洲民族主义与大众政治的"联姻"不过是一种权宜之计,就价值目标体系、政治权力分配结构等无法弥合的分歧来看,两者最终分道扬镳的结局其实是完全可以预料到的。但就当时而言,这种"联姻"不仅使民族主义在一定范围内挫败了社会主义和自由主义,①而且更使大众政治长久地蒙受与极权主义和暴民政治等贬义词联系起来的屈辱,对于后者而言,这显然是得不偿失的。当然,精英民主理论家们也恰是从这种左右翼势力争相举起大众政治旗号的乱象中,确认了精英统治原则不仅可以存在于前民主时代,而且也完全可能在大众民主政治时代里超越意识形态之争,成为人类政治史的一条恒常法则。

三、对民主理论反思的压力

精英民主理论在历史舞台上的亮相,首先是与 19 世纪末 20 世纪初西方民主理论界的重大转变联系在一起的。如前文所述,18 世纪以来,自由主义民主理论凭借一系列政治哲学和制度层面的建构成为西方世界的主流民主理论。这一时期的西方民主政治发展,在彻底将封建主义余孽清除出历史前台的条件下,基本确立起了在西方主流意识形态话语中的主导地位,甚至那些对贵族政治不无留恋的人们,也不得不承认民主政治的大势已经无可逆转。然而,就是在民主政治发展前景看似一片光明的情况下,西方民主内生的困境与危机伴随着民主化的进程不断积聚起来,并开始对支撑当时民

---

① 马斯泰罗内就曾指出:"法西斯主义利用了左翼进行的反对自由制度的斗争,从而在天真的人们的眼中变成了一种反自由主义的进步运动。另一方面,由于左翼反对派没有提出取代民主制度的明确方案,法西斯主义在人们眼中便成为民主的直接对手。"参见[意]萨尔沃·马斯泰罗内:《欧洲民主史——从孟德斯鸠到凯尔森》,黄华光译,社会科学文献出版社,1998 年,第 346 页。

主政治的代议民主制度构成了直接威胁。终于,在 19 世纪末至 20 世纪初的短短数十年间,自由主义的垄断性地位开始受到前所未有的重大挑战。同时,自由民主理论"在左右两翼的夹攻下,面临风雨飘摇的命运,动摇了十九世纪自由主义者对民主未来的乐观心理"[①]。

现实政治中的困局,往往还是要回到理论领域里去寻找治本的解决方案。"在西方,民主一旦登上了历史的前台,就往往被视作普遍的、完美的、历经千辛万苦方被发现的神圣法则,这常会导致对社会现实和不断完善民主的需求的忽视。"[②]这种自由主义与生俱来的致命自负其实并不能掩盖传统的自由民主理论与生俱来的诸多缺陷,对于当时的西方理论家而言,要把西方民主从危机中拯救出来,就不能再采取自欺欺人的"鸵鸟政策",而是要正视民主理论的缺陷,以便于及时对其进行调整改造。

在需要反思的问题中,具有首要意义和根本意义的其实就是对民主政治是什么的理解。简而言之,对于 19 世纪末 20 世纪初的绝大多数西方理论家而言,民主政治的直接对应物是这样一套体系:在政治哲学层面,它相信人的理性和自由市场,秉持个人主义的自由观,推崇自由、正义和法治的价值,信奉多数决定,同时保护少数人权利的原则;在政治制度层面,它是与选举政治、分权制衡的代议制政府、竞争性政党制度等紧密联系在一起的。[③]表面上看来,根据这套标准体系,人们已经能够形成一个清晰准确的民主政治的定义了。其实这套对民主的"常识性观念"远称不上完美,从某种程度上说,由于"人们倾向于把民主的特点归于自由主义,或者把自由主义的特征

---

① 彭怀恩:《精英民主理论评介》,正中书局,1989 年,第 23 页。

② 程赟、钱捷:《从人民统治到人民选择统治者——西方精英民主理论的发展与困境》,《南京林业大学学报》(人文社会科学版),2003 年第 1 期。

③ 当然,传统自由主义对应的具体观念还远不止这些,但其中一些原则,比如对平等价值的重视、对民主政治的多元性和宽容的精神特征的强调等在这一时期的自由民主理论体系中的地位,与后来相比还存在着很大的差距,而这些缺憾也直接导致了自由民主理论必须进行自我革新。

赋予民主"①，从而造成传统自由主义的某些天然缺陷影响到人们对于民主政治的正确理解。

其一，这种民主观并没有很好地区分古典民主与现代民主这两种"同名不同系"的民主。②这就导致其无法在民主政治究竟应该表现为一种直接民主形式还是间接民主形式的问题上自圆其说。众所周知，欧洲资产阶级是喊着"人民主权"的响亮口号从封建专制主义手中夺取政权的，然而胜利后建立起来的代议制政治制度无论如何都与卢梭式的民主观念存在巨大的差距。而这一时期大多数自由主义者却并没有意识到这种反差可能带来的严重后果。事实上，大众政治洪流的到来在客观上已经使自由民主主义者无法回避一个两难的选择："如果接受经典民主理论，把它当作衡量民主与否的标准，那么就得承认，西方社会现在没有，甚至将来也可能永远不会有民主制度存在；如果断定西方现存制度是民主制度，那么就得宣布经典民主理论不能提供区分是否民主制度的标准。"③不可逆转的历史潮流已经迫使自由主义者们不得不马上回答这样一个问题，即民主是否意味着人民的直接统治，如果不是，那么又有什么样的原则可以作为民主政治的基石。值得注意的是，从 1871 年开始，欧洲各国朝向普选制的改革已经开始成为"代议制的前提……一个政府如果没有民主的选举制度，就不能被确认为民主政府"④。而这种为民主寻找新基点的尝试显然在相当程度上启发了后来的精英民主理论家们。

其二，作为前一个问题的必然后果，一种含混不清的民主旨义自然带来

---

① 萨托利的观点。参见[意]萨尔沃·马斯泰罗内：《欧洲民主史——从孟德斯鸠到凯尔森》，黄华光译，社会科学文献出版社，1998 年，第 202 页。

② 借用萨托利语。参见[美]乔·萨托利：《民主新论》，冯克利、阎克文译，东方出版社，1998 年，第 312 页。

③ 应克复、金太军、胡传胜：《西方民主史》，中国社会科学出版社，1997 年，第 482~483 页。

④ [意]萨尔沃·马斯泰罗内：《欧洲民主史——从孟德斯鸠到凯尔森》，黄华光译，社会科学文献出版社，1998 年，第 200 页。

了民主政治的合法性基础问题。具体而言,这一问题还可以被进一步分解为两个层面,即首先要判断民主政治是否具有相较其他政治形式的优越性,进而再解决合法的民主政治是否在现代大众政治时代里获得充分合法性支持的问题。对前一个问题,20 世纪以前的西方民主理论家似乎已经有颇多论述,但这些论述在一个剧烈变革中的政治时代显然也不足以证明民主政治相对于其他政治形式的优越性。正如前文所指出的那样,这一时期对抗自由主义的主要意识形态——如社会主义和民族主义等,都无一例外地与大众政治的原则建立了密不可分的联系,而自由主义者在大众参与的压力面前则显得更畏首畏尾、患得患失,在兑现对大众的权利承诺方面态度暧昧。由此看来,如果把民主政治的优越性定义在参与主体的广泛性上,那么这时的自由主义者就将不可避免地陷入一种尴尬当中,即现在的"民主的拥护者"要比"民主的反对者"害怕更多的民主;而如果把民主政治的优越性确定在对个人权利的保障和实行良好治理方面,问题也依然存在。①

在回答民主政治是否能够在大众政治时代获得足够合法性支持的问题时,自由主义者同样无法保持足够的自信。正如莫斯卡在批评人民主权学说的古典民主理论时所指出的那样:"当卢梭试图显示,合法政府的唯一形式是根基于大多数公民明确同意的政府时,他给自己制定了一个无法实现的目标。"②也就是说,自由民主得以立足的合法性基础实际上并不具有现实意义。退一步说,即使接受卢梭的原则,由于其事实上对大众普选权和其他参与形式的限制,也很难说这一时期表现得明显言行不一的西方自由民主政府能够得到多少来自群众的信任和支持,无论这种支持是反映在对选举的热情中,还是在对政府政策的支持上。总之,不解决好民主的内涵和现实社

---

① 参见以下两点论述。

② [意]加塔诺·莫斯卡:《统治阶级(〈政治科学原理〉)》,贾鹤鹏译,译林出版社,2002 年,第554 页。

会基础问题,自由民主从理论到实践都将陷入严重的合法性危机当中。

其三,民主政治中价值序列的问题。在探究 20 世纪初欧洲自由民主失败的原因时,我们发现,一个潜藏于自由民主理论内部的关键因素就在于传统的自由主义政治价值序列中自由与平等的位置。在古典民主理论家那里,这不成问题,因为在人民主权学说的基础上,两者完全是彼此交融的关系。然而到了 19 世纪,一些偏向保守、主张将民主政治的核心价值定位在自由上的自由主义者①认为,在许多情况下,自由与平等的价值是彼此冲突的,面对这种冲突,他们倾向于首先选择自由而不是平等。这种以捍卫自由的名义打压平等要求的理论恰恰构成了该时代勃兴的大众政治浪潮的一股逆流。

众所周知,民主政治在从 19 世纪向 20 世纪的转型中表现出的重要特征之一,就是民主的政治哲学体系中平等权重的显著上升。换而言之,在大众政治的时代里,纯粹的自由权利在诠释民主价值、吸引民主信众方面日显技穷;而在平等主义的感召下,广泛涵盖政治、经济、社会、文化权利领域的平等要求却已在不断冲击着19 世纪自由主义构建起的政治法律秩序边界。可以认为,19 世纪中自由民主在处理平等问题上的表现是令人失望的:"自由主义在其全部实践中费时良久才接受了政治平等（例如平等普选权）,而且无条件地承认公民权也并非十分情愿……关于社会平等,毫无疑问,自由主义（历史上的自由主义）更加关心的是政治自由,而不是阶级和身份的问题。"②能不能决然抛弃贵族政治的虚伪自负,认真讨论而不是回避自由主义的政治理想与不平等的现实之间的矛盾和冲突,成为决定西方民主理论能否继续与现实政治的发展保持协调同步的关键所在。从某种意义上看,精英民主理论、新自由主义和多元主义民主理论的相继出现,也可以视为 20 世

---

①　这其中最著名的代表人物就是托克维尔,他对自由和平等关系的认识参见其《旧制度与大革命》《论美国的民主》等著作。

②　[美]乔·萨托利:《民主新论》,冯克利、阎克文译,东方出版社,1998 年,第386~387 页。

纪的西方民主理论界开始正视上述问题的表现。

其四,民主政治的功用和前途问题。虽然在纯粹的理论层面上,自由主义者可以不无骄傲地声称:"民主之所以具有吸引力,一定程度上在于原则上除了由'人民'本身产生的政治利益之外,它拒绝接受任何关于政治利益的思想。"①但在民主立足的现实政治领域中,问题则似乎不那么简单。大众政治时代的民主政治要想确立稳固的合法性基础,单凭天花乱坠地奢谈民主政治的优点显然是难以换取普通大众的支持的,后者更需要看到的还是民主政治能为他们的现实生活带来的积极改变。遗憾的是,与陷入瘫痪中的社会经济灾难相比,当时的欧洲自由主义民主在改造、发展社会经济方面实在堪称乏善可陈。在这种情况下,自由主义者固然仍可以大言不惭地宣扬自己在尊重和保障某些政治自由权利方面成绩斐然,但在当时的大多数民众眼里,当所谓的自由并不能转化成面包和黄油,不能转化成更多更好的社会福利和经济社会权利保障条件(这些对于他们来说才是最为至关重要的)时,那它就不啻一个天大的谎言和笑话。很难想象一个时常饥肠辘辘、生活在困窘和无奈中的普通人会有多余的精力和兴趣去行使和享受那些看似无比美妙的政治自由权利,换而言之,正如当时自由主义的批评者所揭露的那样,对大多数人来说,客观上只能为极少数人享有的自由民主不啻为一种当权者伪善的奢侈品。发展至此时的欧洲自由民主理论过于强调了民主政治对保护一种近乎抽象的自由的作用,而忽略了在经济领域发展民主,并带来相应的发展的功能,当然就更不用提此时在行政事务和社会管理中发挥民主的优越性了。

站在今人的角度上,我们也许可以很客观理性地为民主辩护,认为这一时期欧洲政治出现的许多现实问题不过是一种不完善、不充分的民主政治

---

① [英]戴维·赫尔德:《民主的模式》,燕继荣等译,王浦劬校,中央编译出版社,2004年,第376页。

的后果,但就当时而言,当自由民主主义者描绘的民主政治的美好蓝图以一种混乱的现实政治形态表现出来时, 人们很自然地会把质疑的矛头直指民主政治本身而不是具体的民主政府:"代表制民主成了头号被告, 被指责为不能解决社会和政治问题,民主加强了官僚机器,民主阻碍了国家的道德革新。"①当然,无论正确与否,不仅是民主政治的真正敌人——极端民族主义和法西斯主义,而且包括精英民主理论在内的许多修正自由民主理论的尝试也正是以这种事后看来并不客观的对民主政治的反思开始的。

归根到底,所有的问题都集中在什么是真正的民主政治,以及人们到底需要一种什么样的民主政治的问题上,而一劳永逸地解决上述问题的方案就是彻底地变革和超越充满了无数内在逻辑矛盾的传统自由民主理论。为达此目的,自由主义者、精英主义者、社会主义者甚至是无政府主义者等都给出了彼此迥异的药方。正是在这种激烈的反思与争鸣中,传统自由民主垄断主流意识形态的时代一去不返了。从此,西方民主理论开始进入一个更加多元,当然也表现出前所未有的混乱的新时期。在这个被不无夸张地称之为西方"逐渐失去了民主的主流理论"②的年代里,精英民主理论开始脱颖而出,运用其政治科学的工具打破僵化的自由民主理论坚冰,开辟出一条全新的理解和改造西方民主政治的道路。

第三节　精英民主理论演进的三个阶段及三种角色

自精英民主理论登上历史舞台的百余年来, 它所赖以生存和分析的现

---

① 〔意〕萨尔沃·马斯泰罗内:《欧洲民主史——从孟德斯鸠到凯尔森》,黄华光译,社会科学文献出版社,1998 年,第 298 页。

② 〔美〕乔·萨托利:《民主新论》,冯克利、阎克文译,东方出版社,1998 年,第 4 页。

实政治土壤一直都处于变化当中。在此背景下,精英民主理论作为一个力图保持其影响力的思想体系,不断地改造着自身的存在形态。而使用精英民主理论视角来观察和分析民主政治的理论家们,也因其理论、学术背景、政治立场和兴趣方面的差异而使精英民主理论的体系变得更为丰富多彩。因此,要对作为一个完整理论体系的精英民主理论进行客观准确的评价,首先就必须掌握其思想发展演变的基本脉络。在此,笔者将精英民主理论的发展史大致分为三个主要阶段。

第一个阶段为早期精英主义理论阶段,它产生于19世纪末20世纪初西方代议制自由民主的危机中,以莫斯卡、帕累托、米歇尔斯这三位所谓“精英主义三杰”和勒庞、加塞特等群体政治心理学研究者为代表,精英主义发起了对当时被奉为正统的自由主义民主理论的挑战,并初步奠定了基本的理论基石、研究切入点和分析问题的方法。总体而言,在种种主客观因素的影响下,这一时期精英主义学者们研究的颠覆性特征表现得尤为明显,其中一些矫枉过正的偏颇观点也成为后来精英民主理论一直为人们所诟病之处。

第二个阶段是自立话语体系的过渡时期精英民主理论阶段,其主要理论成果形成于二战前后。在这一时期,以为完成精英民主理论转型做出重大贡献的韦伯和熊彼特等人为代表,精英民主理论开始系统地构建自身的理论体系。韦伯对官僚制的研究和熊彼特对民主作为程序性选择工具意义的强调,明确了精英政治与民主政治共生互动的关系,也规划出了主要从实证领域开展研究的基本路径。

在战后至今的第三个阶段中,精英民主理论的体系更为充实,其体系内部多元性的色彩也更加突出。如在研究思路方面,受行为主义研究盛行的背景影响,一部分吸取了大量政治科学、行政学、政策科学、社会学、心理学等理论营养的研究者继续沿着实证研究的道路稳步推进;而另一部分关注民主政治规范研究的研究者则力图延续早期精英主义者未竟的事业,进一步巩固所谓"精英政治的历史规律"的地位,拓展其适用范围。又如在观点立场方面,这一时期精英民主理论内部左、中、右阵营的划分已经趋于明显,不同的派别观点构成了从反民主的精英主义到反精英的民主主义逻辑链条上一系列分散的理论节点。其中,回归主流自由民主传统的精英民主理论派别成了这一时期西方民主理论界的宠儿,而它占据当代精英民主理论研究的主流,也标志着精英民主理论与自由民主理论的合流。另外,这一时期的精英民主理论与其他新兴的民主理论(多元民主理论、协商民主理论等)之间也不再表现为其早期形态与自由主义理论间那种泾渭分明的关系。在此节中,笔者将具体比较不同时代、不同派别的精英主义学者们研究民主问题的视角与方法的差异。

一、自由民主的批评者——离经叛道的早期精英主义理论

(一)早期精英主义理论概述

早期精英主义的研究,以有所谓"马基雅维利三剑客"之称的莫斯卡、帕累托和米歇尔斯为各自的代表,形成了三种典型的研究思路。

1.莫斯卡的统治阶级理论,或称"政治公式"理论[①]

莫斯卡的统治阶级理论的特征是以宏观视野的历史研究为基础,主要采用归纳和演绎的方法推导出政治社会的一般规律。

在早期精英主义理论体系中,莫斯卡的理论给人留下最深印象之处就在于他采用了一套有别于当时主流传统自由主义的视角来观察人类政治史的发展演变。他注意到,作为一条政治规律,政治权力始终集中在少数统治

[①]　金太军:《政治精英理论》,中国人民大学复印报刊资料,1990 年第 10 期。

阶级手中,是一条超越了人类具体文明类型和政治组织形式的科学规律,且这条规律的适用性并未因为民主政治的出现而发生本质上的变化。①作为一种对传统自由主义民主理论的实证反动,莫斯卡在构建其理论框架的过程中,紧紧把握住了组织这一关键问题。他关于不同政治体系根本差异的观点、少数人统治不可避免的结论,以及对民主实践基础的认识等,无一不基于对组织问题的研究把握。在他看来,组织的规模的扩大,结构和事务的复杂化、专业化倾向成了滋生统治阶级,并训练其开发出系统统治方法的土壤,在精英与大众能力落差巨大的情况下,少数统治阶级带有寡头倾向的统治不仅被固定下来,且其合法性也得到长期维持。

在对民主政治的具体理解上,莫斯卡根据统治阶级内部权威的流向提出了"独裁原则"和"自由原则"这两种政治原则,②同时,他又根据统治阶级的招募方式,区分了贵族制和民主制两种倾向,③由此形成四种政治组织模式。他明确地指出,无论在哪种政治模式中,精英统治的原则都是居于实质上的主导地位的,而且无论统治阶级的来源如何,"所有的统治阶级如果不是在法律上、也都试图在事实上变成世袭的"④。即使在实现了选举民主的情况下也是如此:"选举权基础广泛的民主选择原则初看起来与追求稳定性有冲突,而根据我们的理论,统治阶级中就显示出这种追求稳定性的倾向。但

---

① 莫斯卡这样写道:"在现实中,有组织的少数人服从单一的指令支配大多数无组织的人是不可避免的。这种少数人的权力对于多数人中的个体是不可抗拒的,这些个体单枪匹马地处在有组织的少数人群体面前。同时,少数人正因为他们人数少才组织起来。一百个人协调一致地统一行动、互相理解,将胜过不一致的一千个人,因为这些人将被一个个地对付。"与之相比,他认为人类政治历史演变的关键点在于"社会类型"和"政治模式"的演变:"衰落中的社会变老是因为他们社会结构的变化。"[意]加塔诺·莫斯卡:《统治阶级(〈政治科学原理〉)》,贾鹤鹏译,译林出版社,2002年,第80页。

② 参见[意]加塔诺·莫斯卡:《统治阶级(〈政治科学原理〉)》,贾鹤鹏译,译林出版社,2002年,第十五章内容。

③ 同上,第十三章内容。

④ [意]加塔诺·莫斯卡:《统治阶级(〈政治科学原理〉)》,贾鹤鹏译,译林出版社,2002年,第109页。

是必须注意,民主选举中成功的候选人几乎都有难以计数的政治力量,这些经常是可以继承的。"①同时,"有组织的少数"还倾向于将其意志强加于"无组织的多数",并在夺取政权的过程中盗用多数的名义。莫斯卡进一步明确指出:绝大多数在意识形态名义下进行的争斗的实质,不过是人好斗和逐利本性的一种被矫饰了的表现形式,揭开意识形态壁垒的迷雾,仍然可以清晰地看见斗争的核心在于具有不同利益需求的政治组织及其上层精英之间的博弈。

在"政治公式"理论的基础上,莫斯卡将批评的矛头直指当时沉醉于选举合法性迷梦中的"纯议会制政府"。从本质上看,他并不认为选举制度的发展就能够完全制衡统治阶级或实现统治集团的更新,更不承认选举民主就能够解决一切政治问题。因为在他眼里,无论什么形式的选举,其本身是否实现了,或者是否有可能实现民主原则都是大可存疑的。因此,莫斯卡的主张就反映为要让大众民主向后退一步,实现"从议会制向立宪制"的回归。而其理想立宪制的核心就是以贵族(精英)制约寡头:"……在一个人数众多,掌握一个国家几乎所有知识和道德能量的阶级中,可以形成一个新的基础广泛的贵族阶层,它是对官僚的、金融的和选举的寡头政治最有用的制衡手段。"②因此,他十分强调依靠"较好"的统治阶级(具有必要素质能力,同时又实行开放性原则的贵族制)来维持民主制度的正常运行,抵抗对宪政的各种威胁的必要性(相应的,"不好"的统治阶级是指那种不具有统治阶级应然素质,或者在能力结构上存在缺陷的统治阶级成员,一个显著的例子就是所谓的政客)。从整体上看,莫斯卡对于代议制未来的思考是"建立在司法—立宪

---

① [意]加塔诺·莫斯卡:《统治阶级(〈政治科学原理〉)》,贾鹤鹏译,译林出版社,2002 年,第109 页。

② 同上,第 337 页。

和历史—政治的思考之上"①的。在"复兴代议制"的蓝图中,他主张控制新闻自由、集会和结社自由,并且明确反对给予民众普选权的实践。②他指责那些"工人团体的领导者"时刻准备利用代议制政府的管理失误来挑动群众进行"选举战"和"街垒战",并认为应该建立起"一种以新的普遍原则为基础的、按新的实践准则实行的新的政治组织"。从统治阶级的角度来说,这意味着要有足够的开放性来实现统治阶级的平稳更替,而从政府组织形态的具体建议上看,就是要建立起一种使参众两院相互制衡,确保国王和参议院"真正成为实际的、独立的政治价值中心"。③

2.帕累托的精英循环理论

帕累托的精英循环理论以承认人类政治历史具有一般性规律为前提,帕累托主要依托其社会学理论工具,试图总结出精英统治的动态规律。

帕累托对人类政治变革实质的分析同上述莫斯卡的观点并无二致,他指出,所有政治革命和变革的实质不过是:"新的精英力图取代旧的精英,或仅仅想分享后者的权力和荣耀。但是,他们并不公开坦诚地承认这种意图。相反,他们充当一切被压迫者的领袖,宣称他们所追求的不是自己的私利,而是许多人的利益;他们所为之战斗的不是一个有限阶级的权利,而是绝大多数公民的权利。"④因此,在他看来,从政治科学的意义上分析政治的过程,应当首先排除那些纷繁复杂和蛊惑人心的意识形态的干扰,把问题的核心直接聚焦到对精英集团的关注上。在他看来,精英集团是任何政治组织和共

---

① 转引自[意]萨尔沃·马斯泰罗内:《欧洲民主史——从孟德斯鸠到凯尔森》,黄华光译,社会科学文献出版社,1998年,第283页。原文出自 D.费奥罗特的《帕累托的政治现实主义》,米兰,1969年。

② 参见[意]加塔诺·莫斯卡:《统治阶级(〈政治科学原理〉)》,贾鹤鹏译,译林出版社,2002年,第570~571页。

③ 转引自[意]萨尔沃·马斯泰罗内:《欧洲民主史——从孟德斯鸠到凯尔森》,黄华光译,社会科学文献出版社,1998年,第241页。原文出自莫斯卡的《论政府理论》,此书国内尚无中文版本发行。

④ [意]维尔弗雷多·帕累托:《精英的兴衰》,刘北成译,上海人民出版社,2001年,第14页。

同体的一致精神所在,它代表了一种具备智识、能力和道德优越性的,与群氓大众颇为不同的政治原则,统治精英不仅支配着绝大部分的政治权力,而且也是决定政治变革和历史发展的关键所在。在帕累托的政治社会学体系中,对精英的兴衰规律的研究毋庸置疑地居于最重要的位置,因为"人类的历史乃是某些精英不断更替的历史:某些人上升了,另一些人则衰落了。真相便是如此,虽然它常常可能表现为另一种形式"①。

在民主观方面,帕累托主要是站在捍卫经济自由主义的立场上反对当时的代议制民主。他认为,用民主的方法来解决当时代议制的政治危机无异于缘木求鱼,只可能导向政府中央集权的结果,从而损害经济自由,而当时的资产阶级政府在捍卫财产私有权利方面向民主势力的让步正在"帮助邪恶者、无能者和堕落者的组织雨后春笋般地涌现"②。他猛烈地抨击当时的资产阶级代议制政府在加重压迫的同时却逐渐丧失了维持这一压迫的实力,"这两种情况导致了毁灭这个精英阶层的大灾难"③。而挽救资产阶级和西方文明的唯一希望就是建立一种强有力的统治来恢复精英与大众之间、统治的需要与统治实力之间的平衡。

在帕累托的思想中,鲜明地体现了一种如萨托利所概括的那种"大联合"之前的自由主义与民主主义相互分离的倾向和立场。当然,与后来精英民主理论中回归 19 世纪自由主义传统的流派相比,帕累托思想的不同点仅在于民主政治本身在他那里是政治制度的选项之一, 而后者则不可能选择民主之外的另一种制度来实现自由主义的理想。④比如,在对待代议制民主

① ［意］维尔弗雷多·帕累托:《精英的兴衰》,刘北成译,上海人民出版社,2001 年,第 14 页。

② 同上,第 74 页。

③ 同上,第 42 页。

④ 有学者就指出:与莫斯卡以司法—立宪和历史—政治为基础的思考不同,帕累托基于其独特的社会学背景的精英主义理论所反映的是对民主本身的批评和同议会制的势不两立。参见［意］萨尔沃·马斯泰罗内:《欧洲民主史——从孟德斯鸠到凯尔森》,黄华光译,社会科学文献出版社,1998 年,第 283 页。原文出自 D.费奥罗特的《帕累托的政治现实主义》,米兰,1969 年。

的态度上,帕累托无疑就比莫斯卡走得更远,他从根本上希望当时的资产阶级能够建立一个抵制民主对资产阶级权益侵害危险的新制度和新统治集团,并且列举可能被反体制精英利用的手段(反体制的组织、批判维系欧洲文明的意识形态、利用媒体渲染反体制情绪、对抗秩序的运动、借用合法手段争取更多的支持者,乃至于直接诉诸暴力方式等)[①]提醒当时的统治阶级:有必要在限制政治自由和大众权力的领域内采取更为强硬的立场。

3.米歇尔斯的寡头统治铁律理论

米歇尔斯的寡头统治铁律理论的主要特征是运用实证的个案分析方法,通过使精英统治的规律细化、具体化到现代政治社会的典型政治组织——政党(尤其是在米氏的时代被视为最具民主特征的社会主义政党)当中来使其更具说服力。

在考察了被当时的人们认为从本质上最接近于民主的大众参与理想的社会主义政党后,米歇尔斯提出了其著名的寡头政治铁律:"正是组织使当选者获得了对于选民、受委托者对于委托者、代表对于被代表者的统治地位。组织处处意味着寡头统治!"[②]这就暗示了,对于强烈依赖组织,特别是大规模的组织来实现民主的现代民主政治而言,反民主的内生张力将是一个与生俱来、无法摆脱的魔咒。[③]

具体而言,米歇尔斯关于民主和寡头政治的思想包括了以下两方面内容:

一方面,他肯定了民主同纯粹的寡头政治是不同的,并且指出在 19 世纪至 20 世纪,民主政治至少从表面上看已经取得了对寡头政治的绝对优势:

---

① 参见[意]维尔弗雷多·帕累托:《精英的兴衰》,刘北成译,上海人民出版社,2001 年,第四章内容。

② [德]罗伯特·米歇尔斯:《寡头统治铁律——现代民主制度中的政党社会学》,任军锋等译,天津人民出版社,2003 年,第 351 页。

③ 在下文对精英民主论核心观点的总结中,笔者还将具体讨论寡头统治铁律的内容,在此就不多加赘述。

"在我们所生活的时代,至少在宪政得以发展的一些重要地区,严格的古典意义上的贵族制已被彻底摧毁。即便那些保守派政府也时常给自己披上民主的外衣。"①然而大众虽然依靠着奉行多数和大众原则的政党取得了对专制主义的胜利,却不可能依靠同样的形式来确保自身直接统治理想的实现。米歇尔斯以德国社会民主党为例,描绘了这样一幅民主政党蜕化成寡头统治组织的图景:本来社会主义政党组织的建立是其成员为了推翻寡头专制统治、实现民主的一个手段,民主也正是社会民主党之所以建立的动因和目标,但政党组织的现实发展决定了技术上需要领袖的出现。随着组织的专业分工和职能细化,以及大众的天然缺陷和心理需要,催生了专职高素质领袖的出现,而"职业化领袖的出现即意味着民主走向末路的开端"②。当组织领袖的寡头化倾向被不断暴露出来时,组织就将不可避免地沦为领袖维持领导地位的手段和工具,这时,对于民主的寡头们而言,"民主只是一种组织形式,而当它与组织难以协调的时候,只有舍弃民主"③。在米歇尔斯眼中,这就是大众政治时代里,民主政治的现实存在形态中一种难以克服的内在矛盾。

另一方面,早期的米歇尔斯也并不认为寡头统治原则将完全吞噬民主。这是因为,尽管随着组织规模的逐渐扩大,组织的寡头倾向越来越明显,领袖所占有的权力也会随之增长,他们有时抛开大众和组织规则于不顾,完全按照自己的意志行事,某种程度上完全享有了对大众的支配地位,但他们也并非时刻掌握着不受限制的权力。在理论上,领袖受到大众意志的左右,只要大众作出暗示,领袖就必须服从,因为领袖在任何时候都可能被解职和取代。而在实践中,由于组织活动的复杂性和领袖逐渐养成的专权倾向,领袖

---

① [德]罗伯特·米歇尔斯:《寡头统治铁律——现代民主制度中的政党社会学》,任军锋等译,天津人民出版社,2003年,第2页。

② 同上,第31页。

③ 同上,第30页。

享有相当程度的独立性。当然,领袖们为了维持自己的领导地位,至少在表面上还得服从、尊重大众,同时他们还会鼓吹民主,宣扬让大众行使手中的权利,起码在形式上让大众看不出具有任何寡头的特征。这虽然都是为了巩固领袖们已占有的权力,但在客观上也增强了人民的权利意识,整个社会的民主意识也随之得到了提高。此外,政治精英集团内部的竞争为那些处于权威结构之外的人们提供了接近政治权力的通道。领袖之间的斗争在客观上促进了民主的发展,①因此可以说,"在某些狭窄的范围内,即使民主政党处在寡头统治之下,它也能够在民主的意义上对国家产生影响。即便是领袖们都是善于蛊惑人心的煽动家,普通民众的影响力也会得到加强。……在理论上,这种新情况的出现表明,在公众权力方面已取得了不可估量的进步,它更加接近社会公正原则"②。

在某种程度上,早期的米歇尔斯并没有完全倒向民主的对立面,他在《寡头统治铁律》一书的结尾部分这样写道:"民主的历史潮流滚滚向前。它总是在同一浅滩中断,但总能得到更新。"③可以说,这段话充分反映了米歇尔斯对民主政治和寡头政治的矛盾心理。

(二)三种研究思路的比较分析

以上简单概述了早期精英主义阶段最主要的三种研究思路,很显然,这些研究思路之间既存在共通之处,也不乏内在的差异性。三者的共同点表现在:

其一,都承认人类政治社会存在并且始终存在精英统治的共性规律。其

---

① 参见[德]罗伯特·米歇尔斯:《寡头统治铁律——现代民主制度中的政党社会学》,任军锋等译,天津人民出版社,2003年,第二章第六节内容。

② [德]罗伯特·米歇尔斯:《寡头统治铁律——现代民主制度中的政党社会学》,任军锋等译,天津人民出版社,2003年,第30页。

③ 同上,第358页。

二,其政治学研究的关键词都是精英,即有意无意地确立起政治的核心就是政治精英的前提假设。而且三种研究思路都采取了类似的逻辑推演和历史实证分析的方法证实了精英兴衰规律的存在。其三,对当时的代议制民主都持一种不满甚至是怀疑的态度,同时又都对用暴力推翻现存制度的实践持否定态度。

与此同时,三者之间的差异也是显而易见的。造成这些差异的原因很多,大致可以概括为这样两方面:一方面,三者的学科背景及其运用的理论工具不同。相较而言,莫斯卡的历史学功底深厚,帕累托具有工科学术背景,而米歇尔斯则在长期的社会主义政党运动实践中获得了大量一手资料和思维训练。另一方面,三者的政治立场有所差异,这种意识形态方面的立场不可避免地会在其各自思想中有所投射。有这样几个要点值得我们注意:①莫斯卡是沿着一条典型的意大利精英学仕相彰的成功之路踏上学术巅峰的。美国学者阿瑟·列文斯顿将莫斯卡“平静的传记”中显示出的政治倾向称之为“西西里式”的①,并暗示这种特征对莫斯卡思想体系的影响。②帕累托在政治学领域中做出突出贡献之前,具有长期的工科背景,同时具有在大型现代企业中任职的经历。③同前两位学者不同,中产阶级出身的米歇尔斯早年参与过德国的社会主义政治组织和运动,并因为激进的观点遭到当局和社会主义势力的双重打压,后期则转向法西斯主义,并成为构建“法西斯主义政治学”的骨干人物。在其一生中,与自由主义、社会主义和法西斯主义意识形态之

---

① 所谓“西西里式”的,是相对于当时意大利北方喧嚣的街头政治、选举政治等政治参与形式的一种平稳的、贵族式的政治生活经历。参见[意]加塔诺·莫斯卡:《统治阶级(〈政治科学原理〉)》,贾鹤鹏译,译林出版社,2002年,第7~8页,英译本前沿部分第一节。列文斯顿在此对两种介入政治生活的方式有着一段形象有趣的比较文字。

间都保持着一种微妙的关系。①不可否认,上述这几条人生履历的差异造成的影响必定以一定的方式在其思想体系中反映出来,而这种差异的具体表现之一就在三者对于精英政治的对立面——大众政治的看法上。尽管莫斯卡、帕累托和米歇尔斯在大众理性缺陷、政治能力不足等方面的确有着异曲同工的论述,但从一些具体论断的字里行间,我们仍然可以体会到微妙的差别。具体而言,三种研究思路的差异表现在:

其一,从政治学研究的层次上看,它们大致上代表了早期精英主义政治学中宏观(莫斯卡)、中观(帕累托)和微观(米歇尔斯)三个层次的理论。比如,用莫斯卡的话来说,他最关注的是那些"体现于民族生活中的主要心理法则"之类的事物,相较而言,米歇尔斯的研究具体实证的色彩十分浓厚。

其二,对精英统治理论关注的侧重点不同。莫斯卡主要关注统治阶级维持统治的一般性规律;帕累托将统治阶级视为一个流动的系统,研究其得以长期维持的原因;米歇尔斯关注的则是精英统治规律对现代政治组织民主特征的侵蚀。

其三,对促进民主的态度和民主发展前景的预测存在差异,进而导致三者的政治主张大相径庭。在此,三种研究思路事实上也代表了精英民主理论内部对待民主政治的三种基本态度。

在上述比较的基础上,可以进一步用一种分解组合的视角来观察早期精英主义理论的内部体系。根据在几个基本问题上的观点和态度,我们可以将其分为以下两对组合:

其一,在对待代议制民主的问题上(莫斯卡对米歇尔斯和帕累托)。就莫斯卡而言,他一方面看到了代议制民主的危机,并极力主张用取自贵族共和制的原则来修正代议制民主,但另一方面,他又不认为西方代议制民主已经

———————

① 米歇尔斯于1913年加入意大利国籍,并在墨索里尼掌权后加入法西斯党,成为钦定官方政治学家。

走到了尽头。就其改革方案来看,他也似乎根本没有彻底抛弃代议制民主和自由主义基本理念的意图。相较于帕累托和米歇尔斯所表现出的失望情绪,莫斯卡对于建立在自由主义基石上的代议制民主尽管也颇多微词,但在比较了代议制民主与其他一系列相关政治组织形式后,他仍然确信:"在所有的组织形式中,代议制显示出能够把最多的社会单元包容在高度的文明中;并且,与今天其它与之竞争的制度相比,代议制提供了承诺,允许更多数量的社会力量最自由地活动,并且更容易促成社会循环……"①相对的,"对现在代议制遇到的危机最可能的三种激进解决方案②,将会导致欧洲国家采取一种比现在更不完美,而且可以说更原始的政治制度"③。因此,他宁愿选择继续坚持代议制民主这种"必要却不完美"的民主形式,而不是设法寻求一种颠覆它的替代方案。这种修补而不是重建西方民主的思想,在莫斯卡对政治权力结构的看法上也有所反映。

20世纪初的这三位精英主义理论家几乎同时注意到了正席卷西方各国的集权主义(特别是行政权力的扩张)趋势,但莫斯卡却站在捍卫传统自由民主权力制衡结构的立场上反对这种集权主义的进一步发展。④而在帕累托和米歇尔斯看来,当时的西方代议制民主已经彻底陷入瘫痪,如果不及时地抛弃这种形式,不仅无助于挽救西方民主,更可能从根本上威胁西方文明的存续。因此,在这一问题上,莫斯卡与自由民主主流的关系要比后两者紧密

---

① 参见[意]加塔诺·莫斯卡:《统治阶级(〈政治科学原理〉)》,贾鹤鹏译,译林出版社,2002年,第31页。英译本前言部分为阿瑟·列文斯顿的总结。

② 指无产阶级专政以及相应的共产主义实验,旧式的官僚专制主义、工团主义。莫斯卡对它们的具体批评意见参见[意]加塔诺·莫斯卡:《统治阶级(〈政治科学原理〉)》,贾鹤鹏译,译林出版社,2002年,第563~569页。

③ [意]加塔诺·莫斯卡:《统治阶级(〈政治科学原理〉)》,贾鹤鹏译,译林出版社,2002年,第569页。

④ 同上,第十七章内容。

得多。①

其二,在对待大众民主及其社会主义代表的问题上(米歇尔斯对莫斯卡和帕累托)。值得注意的是,与早期的米歇尔斯不同,基于一种对大众政治时代政治冲突的恐惧和厌恶心理,莫斯卡和帕累托不仅都强烈地抨击了马克思主义的阶级理论和阶级斗争学说,指出社会主义是西方民主制和西方文明的大敌,②而且都在不同程度上暗示和渲染了对当时"软弱的议会制"政府的不满情绪,并且呼吁资产阶级统治集团采用一种更强有力的统治方式来维护自身的利益。如莫斯卡声称:"各种社会阶级间社会类型的差异,以及各个阶级相互隔绝的最危险后果,是上层社会活力的衰退,而这种阶级隔绝是社会类型不同的必然结果……思维失去了阳刚气。感伤的和被夸大的人道主义理论凸现出来,这种理论坚称人类具有内在的善,特别是当他们没有被文明污染时;这种理论或者坚持温和的和有说服性的方式,在治理国家中比严厉的独裁手段好得多。"③"一个统治阶级越是倾向于陷入这种错误,它就越对从下层阶级中兴起的成分封闭,即使它不合法……鲜血和人格尊严是与社会灾难的程度成比例的。"④帕累托则这样写道:在那些激进的社会主义居于优势地位的国家里,它们的"统治阶级已经被多愁善感的和人道主义的潮流压垮了"⑤。

---

① 如萨托利就曾注意到了这种早期精英民主理论家对待自由民主存在形式方面的根本态度差异,他以不无赞许的口吻称赞莫斯卡"没有因为自己的现实主义而感到有必要赞成反自由主义的制度"。参见[美]乔·萨托利:《民主新论》,冯克利、阎克文译,东方出版社,1998年,第54页。

② 莫斯卡写道:"这种情况(无产阶级对资产阶级专政的冲击)已经出现,并且会更容易发生,这是由于资产阶级在某种意义上已经成为不仅是其民主原则,而且是其自由原则的囚徒。"参见[意]加塔诺·莫斯卡:《统治阶级(〈政治科学原理〉)》,贾鹤鹏译,译林出版社,2002年,第468页。

③ [意]加塔诺·莫斯卡:《统治阶级(〈政治科学原理〉)》,贾鹤鹏译,译林出版社,2002年,第172~173页。

④ 同上,第173~174页。

⑤ [意]维尔弗雷多·帕累托:《精英的兴衰》,刘北成译,上海人民出版社,2001年,第45页。

当然,两者的具体理由是不尽相同的。莫斯卡认为,强力统治的目的是为"帮助恢复和提供了使得代议制能够在不远的将来正常运转的条件"①。而帕累托用更为耸人听闻的笔调描绘着"资产阶级的黄昏":"工人已经继承了以往贵族的特权。他们实际上凌驾于法律之上,甚至有自己的特殊法庭。这种仲裁法庭绝对指控'老板'和'资产阶级分子',即便后者完全有理。"②从而将自己对社会主义攻击的目的直接地表述为捍卫欧洲文明的秩序与价值。因此,尽管在后来对待其理想载体——法西斯主义的具体态度上存在分歧,但这丝毫不能减轻其中任何一位理论家为反民主的制度辩护的责任。相较而言,米歇尔斯多多少少还对社会主义运动抱有一定的感情,他尽管不否认社会主义政党可能不可避免地走向寡头统治,但还是肯定了社会主义政党的领袖和组织可能具有更多的自觉不自觉的民主因素,至少这使得加入社会主义阵营的精英比衰败的资产阶级精英更具有道德和能力方面的优越性。③

由此可见,不加区分地认为早期精英主义者对民主政治普遍怀有敌意④未免显得有些武断了。如同所有的政治理论一样,精英主义理论并不是由少数志同道合的思想家凭空设计的纯粹"思想家的思想"。事实上,正如前文所述,早期精英主义的产生既有决定其个性因素的典型土壤——如 19 世纪末至 20 世纪初的意大利,又是同时期西方世界(主要是欧洲大陆)大众政治风

---

①　[意]加塔诺·莫斯卡:《统治阶级(〈政治科学原理〉)》,贾鹤鹏译,译林出版社,2002 年,第 571 页。

②　[意]维尔弗雷多·帕累托:《精英的兴衰》,刘北成译,上海人民出版社,2001 年,第 46~47 页。

③　参见[德]罗伯特·米歇尔斯:《寡头统治铁律——现代民主制度中的政党社会学》,任军锋等译,天津人民出版社,2003 年,第二章及第四章内容。

④　如吴春华主编:《西方政治思想史——19 世纪至二战》(第四卷),天津人民出版社,2005 年,第十章内容。意大利精英主义中的某些概括就值得商榷:"他们(莫斯卡、米歇尔斯)认为,民众有一种天生做奴隶的劣根性,这使得他们经常依赖别人的领导。民众是无知的,他们智力低下又天生怯懦,根本无可救药。"实际上,一方面两位思想家对民众理性和能力的看法并没有达到如此极端的程度,另一方面米歇尔斯(写作《寡头统治铁律》一书时)也并不认为有大众参与的民主政治就一无是处、毫无希望。

起云涌，以自由主义理念为基础的代议制民主面临着理论和现实的双重危机下的必然产物。明确了后者，我们就有可能在不带着先入之见的情况下对早期精英主义的思想体系进行一番更细致的考察，得出一个更客观准确的评价。这也就意味着不仅有必要概括出该流派思想家的某些共性观点和思想特征，也有必要充分注意到其思想体系内部的派别分歧、观点争锋等相异方面的问题，因为后者很可能正是导致该思想体系发生转型或滋生新支脉的关键节点，也可能是其同其他流派思想体系相互连接的逻辑桥梁。

面对大众政治时代的到来，加塞特曾发出这样的惊呼："不管是好是坏，当代欧洲的公共生活凸现出这样一个极端重要的事实，那就是大众开始占据最高的社会权力。就'大众'一词的含义而言，大众既不应该亦无能力把握他们自己的个人生活，更不用说统治整个社会了。因此，这一崭新的现象实际上就意味着欧洲正面临着巨大的危机，这一危机将导致生灵涂炭，国运衰微，乃至文明没落。这样的危机在历史上屡见不鲜，它的轮廓、特征及其后果早已为人所熟知，我们可以把这一现象称之为'大众的反叛'。"①

在西方，对多数、群体、大众这些少数人统治对立方的恐惧与攻击向来史不绝书，但直到19世纪末20世纪初，随着实证研究的方法开始被引进社会科学研究当中，对大众及其大众民主形式的质疑与批判才上升到一个似乎在"用事实说话"，且理论体系完备的新高度。在20世纪初的精英民主理论学派中，群体心理学的代表人物主要包括勒庞和加塞特等人。他们反对大众民主的理由大致如下：

其一，普通公民一旦参与群体行动，其心理状况就会发生许多消极的改变。最明显的表现在丧失独立人格，在心理和行为习惯上出现趋同的特征。勒庞指出：个体的独立性和异质性在群体行为中"将被群体的无意识人格所

---

① ［西］奥尔特加·加塞特：《大众的反叛》，刘训练、佟德志译，吉林人民出版社，2004年，第3页。

淹没,它完全受一些无意识所控制,并且服从一种独特的集体逻辑"①。"有意识人格的消失,无意识人格的得势……是组成群体的个人所表现出来的主要特点。他不再是他自己,他变成了一个不再受自己意志支配的玩偶。"②在这种群体无意识的前提下,群体将不可避免地挣脱社会道德法律等约束的枷锁,变成热衷于暴力的盲目力量。③同时,大众的情感是易于剧烈波动的,它易受一些简单的口号式的象征刺激,容易被一些暗示感染和影响,在革命运动中,群体的心理状态往往呈现为开始缓慢上升,继而剧烈攀升,最后又直线下降的曲线。

其二,大众心理存在着内在矛盾且转换无常的两面性。勒庞指出,在群体中,个性的被压抑与对个体社会约束的实效是一个同时发生的过程,当群体中的每个个体都切身感受到他们不必为自己的暴行负责的时候,群体的暴力就如同脱缰野马一样不受任何阻碍地摧毁文明与秩序。但是当这种具有无政府主义破坏性特征的力量遭遇到"一个强有力的权威的镇压,这些冲动而残忍的大众就会立即变得俯首帖耳。其暴虐程度越高,其奴性就越强"④。这无疑就暗示了,由于其不具备健全理性且反复无常,群体并不是实践民主原则的理想主体,一旦他们掌握了民主的话语权,后者便只能沦落为其压迫少数人的合法工具。

其三,大众对领袖存在天然的依赖性。与米歇尔斯在论证组织中领袖的必要性时所阐发的观点一致,群体心理学派的精英主义理论家也对大众参与政治事务的能力深表怀疑,在他们看来:"大多数人尤其是群众中大多数

---

① ［法］古斯塔夫·勒庞:《乌合之众——大众心理研究》,冯克利译,广西师范大学出版社,2007年,第48页。

② 同上,第22页。

③ 同上,第一卷第三、四部分。

④ ［法］古斯塔夫·勒庞:《革命心理学》,刘训练、佟德志译,吉林人民出版社,2004年,第47页。

人,除了自己的行业之外,对任何问题都没有清楚而合理的想法。"①因此,当他们参与到一个自己茫然无知的领域当中时,就需要一个引路人,这种自下而上产生的对领袖的渴求与领袖们自上而下的造神愿望和树立对某种共同理念信仰的力量一旦结合,就将引发盲目而顽固的自发崇拜,从而为某些精英人物借大众之名行独裁之实铺平道路。②

简而言之,群体心理学派的核心逻辑可以用一句话概括——必须打破大众民主的神话。为了达到这个目的,群体心理学派的精英主义理论家们在大量实证材料的支撑下,为我们设计出一幅破除群体理性崇拜的路线图。在民主观混乱的年代,这一学派的观点曾经兴盛一时,然而随着法西斯极权主义的兴衰和民主政治自身的不断发展,群体心理学的研究成果很快地被民主理论界的主流边缘化了。③这种结果归根到底还是由于群体心理学派的精英主义者们的研究带有过多的先入价值偏见,从而由其无意中背离了政治科学研究的基本客观性和全面性原则所致。

然而对于那些并不打算全盘接受其思想体系的人们而言,那些掺杂了过多感性谬误的具体观点的价值,其实远远比不上群体心理学派思想家们所提供的这套思想方法本身。现代大众民主的反对者们与前现代的保守主义者最大的不同就在于,他们是站在摧毁一切权威神圣庙宇的废墟上发出重建秩序宣言的,与早期精英主义者的直系前辈——马基雅维利一样,他们有意无意地在两个重大问题上教育了民主的信仰者:其一,巩固民主政治的

---

① [法]古斯塔夫·勒庞:《乌合之众——大众心理研究》,冯克利译,广西师范大学出版社,2007年,第127页。

② 值得注意的是,群体心理学派的精英民主论家似乎没有给我们留下多少改造西方民主政治的具体建议。从这个意义上说,群体心理学作为悲观的保守主义批判工具的价值更为突出,但这并不能弥补其理论体系完整性方面的缺憾。

③ 当然这并不意味着其他学派就完全否定了其理论价值,比如熊彼特就曾对勒庞颠覆对民主主体理性的认识颇为赞赏,他称赞勒庞的学说"给予作为古典民主神话基础的任性画面沉重一击"。参见[美]约瑟夫·熊彼特:《资本主义、社会主义与民主》,吴良健译,商务印书馆,1999年,第380页。

过程不是一条可以希图一劳永逸的坦途。其二,民主的敌人可能利用大众的某些弱点从内部瓦解民主堡垒,而这正是民主的信仰者们需要特别警惕的问题。当然,后者还完全可以沿着精英主义者的思路"以彼之道还施彼身"来打破精英理性的神话。因此,尽管大多数群体心理学派的精英主义者们对于大众民主表现出的更多是恐惧与厌恶的情绪,教育大众也固然不是其初衷所在,但事实上他们的理论成果仍然在客观上支持了以大众参与为重要内容的民主政治的发展完善。在精英民主理论对 20 世纪民主政治发展所贡献的积极理论成果中,这同样是一份不可多得的思想财富。

与此同时,我们对群体心理学派的缺陷还应该作出一个更客观的分析和评价。根据群体心理学派的基本理论进行的对诸如革命、群体性暴力政治等问题的解释之所以难以被广泛接受,当然首先是因为其对大众理性缺陷的过分歪曲使其具有了过多刻意而为的保守主义色彩,但更重要的则是其过于推崇和夸大了精英在群体政治中的影响,以至于除了调控精英①之外,几乎不可能提出更多的抑制群体政治消极影响的建设性意见。总之,过于单一、僵化的理论结论严重降低了其在实证研究中的解释力。与之形成对比的是,一些更系统、更全面、更科学地引用政治社会学范式的群体政治研究,②因为对群体政治本身并未抱有成见,因而很快就取代了兴盛一时的群体心理学范式的地位。

所谓的绝对真理与偏执的谬误之间往往只有一步之遥,精英主义理论

---

① 这里所指的调控意义较为宽泛,它不仅包括选拔那些"好的""有能力的"精英,更重要的是整个社会内部不同精英群体的认同与整合。

② 此类研究可参见查尔斯·蒂利的集体暴力政治研究等。以蒂利为例,在他的研究中,集体暴力中的精英(政治大亨和暴力专家)只是问题的一个有机组成部分,相对于勒庞等人,他在横向观察方面的视野显然要开阔得多,国家、政府能力、民主发展程度等都被作为了重要的研究参照系。当然,蒂利也有意无意地使其对民主与群体暴力程度必然联系的认识成为一个"民主的神话",这又是另一个需要打破的教条了。

中群体心理学的发展正是这项理论发展规则的一个真实写照。当这部分学者沉醉于自己对"群氓时代"独醒式的批判中而无法自拔时，[①]他们其实已经在无意中与精英民主理论创立的初衷和理论主流渐行渐远。但是就对整个精英民主理论的发展而言，群体心理学在亮明对大众政治不信任的基本观点，并引发人们对大众民主过热的反思方面的贡献仍然是不可抹杀的，也是无需抹杀的。而它最大的错误与悲哀就在于，它在打倒一尊偶像（大众或群众崇拜）的同时又竖起了一尊新偶像（精英崇拜）。一种将颠覆性的意见推到极致的理论，在极致的尽头不得不"重建权威"，从而使自身也难逃被颠覆的命运。群体心理学从兴起到淡出精英民主理论主流的短暂时光不过是再次印证了任何真理都存在边界这个通则罢了。因此，从这个意义上讲，群体心理学分支的发展既有其应运而生、因时而用的必然性，也早在咄咄逼人的话锋中埋下了最终被理论界边缘化的隐忧。

二、精英民主的建构者——自立话语阶段的精英民主理论

早期的精英民主理论的发展在迎来 20 世纪初一段极为短暂的辉煌后，就受到了现实政治巨变的强烈冲击。20 世纪 20 年代后，法西斯主义在欧洲正式成为一种国家层面的意识形态，并随之给欧洲和整个世界带来了一场空前浩劫。而早期精英主义理论不仅为前者提供了某些理论武器，而且还直接向其提供了人才支持。受此影响，在二战前后相当一段时期内，精英主义

---

① 同样的现象在当代的中国学界表现得尤为突出，出于对中国近代以来建立现代国家和民主政治发展的曲折经历的一种非理性的解读，部分学者往往一味夸大了大众政治时代的消极政治现象，那些被偏见和身为精英的傲慢所遮蔽的眼睛或许根本不愿，也不能从人类历史发展进步的更高层次上来认识大众政治时代到来的历史性意义，这种偏执使他们沾沾自喜于拾到几块在西方学界早已被边缘化的理论碎片，甚至连通过寻找种族、宗教与文化这些方面的劣根性来论证非盎格鲁-撒克逊世界大众革命的"原罪"这样的"意识形态怪论"（罗伯特·墨顿语）都被奉为至宝。

这一名词往往被与法西斯主义联系在一起，因此精英民主理论在西方理论界也理所当然地处于被边缘化的境地。在此情况下，标志着精英民主理论得以一副崭新面貌重新登上历史前台的，是以熊彼特为代表的过渡时期的建构性精英民主理论家们。

(一)马克斯·韦伯的精英民主观

在正常情况下，将韦伯这样一位西方思想史上的巨匠贴上精英主义者的标签似乎显得有失草率，而联系到韦伯所处的时代，将他列入过渡时期的精英民主理论家则更显不妥。然而笔者在此更为注重的是韦伯政治思想中与精英民主理论的观点体系和理论发展规律的一致性，是其精英民主观中蕴含着创造精英民主理论同西方自由主义主流民主学说融合的可能性的元素。尤其是从后一个方面看，新一代的精英民主理论家们正是沿着韦伯的某些思路继续推进，才使精英民主理论的发展走出了战后的尴尬困境。

当今的理论家一般将韦伯归入自由主义者之列，然而人们也注意到，同当时许多欧洲大陆自由主义者一样，韦伯的自由主义归根到底是一种不纯粹的自由主义，其理论体系中固然有自由主义的某些价值和制度内容，但同时也时时闪现出某些与自由主义民主不尽相合的理论魅影。

其一，在韦伯的民主理论中，民族、国家、权力是作为关键词汇出现的。韦伯从来也不否认他的政治经济学是为特定的民族和国家利益服务的："在德国经济政策的一切问题上，包括国家是否以及在多大程度上应当干预经济生活，要否以及何时开放国家的经济自由化并在经济发展过程中拆除关税保护，最终的决定性因素要看它们是否有利于我们民族的担纲者——德国民族国家。"[①]这种对民族国家及其权力的推崇表面上冲淡了韦伯民主思

---

① ［德］马克斯·韦伯：《民族国家与经济政策》，甘阳译，生活·读书·新知三联书店，1997年，第91页。

想的自由主义色彩，实际上却是与其有别于正统自由主义的精英民主的理念保持一致的。在韦伯的社会理论体系中，民主政治从来都是与国家权力、统治甚至是暴力这样的不和谐字眼相伴而生的，而其政治蓝图中有关建立强有力的议会政治和恺撒式民主制的理想也再清楚不过地表明，韦伯的民主观尽管也有支持宪政这样的自由主义内容，但它本质上同经典意义上的自由主义代议制民主理想之间却有着相当的出入。相对的，精英民主理论家也同样从不避讳在其民主理论中提高民族、国家、权力的地位，不回避统治阶级在某些情况下采取强有力的统治来维护秩序的必要性。这就证明，同样看到了 20 世纪初西方代议制民主危机的韦伯等人，在民主观方面也存在着某种内在的共通之处。

其二，韦伯总结的官僚政治体制是现代精英民主理论的基本存在形态。毫无疑问，韦伯是根本不同意将民主的实质理解为大众的直接统治的，他直言当时代议制民主困境的根源在于没有在大众直接统治的要求和民主运行的现实需要之间作出正确取舍，并认为盲目追求"民治"的理想可能在根本上威胁民主："任何形式的直接由人民选举权力的最高体现者，除此之外，任何建立在群众——而不是议会——信任的事实之上的政治权力地位，包括军人的人民英雄的权力地位，都处在通往独裁专制式的欢呼喝彩的'纯洁的形式'之道路上。"[①]简而言之，在韦伯的民主观中，尽管也承认大众民主的进步意义，[②]但同时却又不认为它足以支撑起现实民主的稳定运行和发展。

作为一种替代物，韦伯将目光转向了现代官僚制。作为 20 世纪政治学研究科学化的代表人物之一，韦伯对伴随着大众政治时代到来的政治现代

---

① ［德］马克斯·韦伯：《经济与社会》，林荣远译，商务印书馆，1998 年，第 810~811 页。

② 具体如防止封闭精英统治集团的产生，降低统治暴力色彩，扩展公共舆论影响范围等。参见［德］马克斯·韦伯：《韦伯文集》，韩水法编，中国广播电视出版社，2000 年，第四编中"新教伦理与资本主义精神中现代资本主义的兴起"一篇。

性特征也保持了充分的重视。他认为,随着工业资本主义渗透到社会经济政治文化生活领域的方方面面,一种对理性化的极度渴求也自然成为时代的趋势,这种趋势的进一步延伸就是提出科层官僚制的必要性:"正如自从中世纪以来,所谓的迈向资本主义的进步是经济现代化唯一的尺度一样,迈向官僚体制的官员制度的进步是国家现代化的同样是明白无误的尺度。"①这种官僚制包含着一系列严格的组织原则和制度规定,②而这些都保证了它可以弥补大众民主的天然缺陷,成为现代民主的合法性和可行性来源,这种对现代官僚制的肯定不能不让人们联想到同时代的莫斯卡对所谓现代政治模式特点的概括。③

　　当然,韦伯又并不认为这种官僚制就是毫无问题的。他指出,在承担了民主政府大多数行政职能的同时,这种官僚政治又意味着极端发展的理性主义对个性的扼杀、人格的矮化和官僚专制,当每个个体都习惯于充当一部大机器上螺丝钉的角色,当技术官僚开始超越政治家支配民主政治时,民主政治究竟还在多大程度上发挥作用就成为问题了。因此,建立在现代官僚制基础上的民主充其量只能是一种不充分的民主。面对现代性给民主政治提出的两难挑战,韦伯也提出了这样一个问题:"面对这里令我们感兴趣的国家官员的日益不可或缺和由此所制约的日益上升的权力地位,如何能够提供某种保障能有一些权力来限制这个日益重要的阶层的巨大优势并有效地监督它,如何才可能使民主哪怕仅仅在这个有限的意义上变为可能。"④而这正反映出韦伯与那些完全沉浸于对现实民主悲观失望的早期精英主义理论

---

① ［德］马克斯·韦伯:《经济与社会》,林荣远译,商务印书馆,1998 年,第 736 页。

② 同上,第 242~251 页。

③ 参见［意］加塔诺·莫斯卡:《统治阶级(〈政治科学原理〉)》,贾鹤鹏译,译林出版社,2002 年,第三章内容。

④ ［德］马克斯·韦伯:《经济与社会》,林荣远译,商务印书馆,1998 年,第 756 页。

家的某些微妙差别。①

其三，韦伯在某些关涉民主的重要问题上与精英主义者的观点存在相似之处。比如，韦伯同大多数偏向保守的精英民主理论家一样，都认定大众在理性方面的天然缺陷决定了其难以承担起组织和参与民主政治的重任："群众民主在国家政治方面的危险，最首当其冲的是感情的因素在政治中占强大优势的可能性。'群众'本身(不管在具体情况下，由哪些社会的阶层组成群众是无关紧要的)'只想到后天'：因为正如种种经验告诉我们一样，群众总是处于现实的纯粹感情的和非理性的影响之下。"②作为这种认识的自然逻辑结果，韦伯也根本不会认同民主的所谓"民治"理想。在此，他比早期精英主义理论家更进一步之处在于，他根本就不认为有所谓的"理想主义的民主"存在。③在他那里，民主政治只是一种纯粹的现实之物，所有改进和发展民主政治的可行性方案所依据的也仅仅应当是民主政治的现实条件，而不是某种虚妄的理想。

又如，韦伯对当时西方民主代议制的批评，及通过强有力的统治来挽救西方政治危机的思想，也与早期的精英主义理论家如出一辙。此外，韦伯关于统治精英类型的划分理论也可以被视为是对精英统治类型的一种概括。众所周知，韦伯根据不同的权威基础将人类社会的合法统治分为三种类型：法理型统治、传统型统治和人格魅力型统治。④在莫斯卡等人描述的人类精

---

① 韦伯对抗官僚制对民主侵害的思想是与其经济思想紧密相关的。在他看来，私人资本主义、议会制度和竞争性政党制度一起构成了对"单独统治的官僚制"的障碍。参见[英]戴维·赫尔德：《民主的模式》，燕继荣等译，王浦劬校，中央编译出版社，2004年，第二部分第五章。因此，从本质上看，韦伯解决官僚制下民主困局的思想同社会主义者们是根本不同的。

② [德]马克斯·韦伯：《经济与社会》，林荣远译，商务印书馆，1998年，第810~811页。

③ 参见郭为桂：《现代性与大众民主的逻辑——马克斯·韦伯的政治社会学分析》，《东南学术》，2007年第3期。

④ 参见[德]马克斯·韦伯：《韦伯文集》，韩水法译，中国广播电视出版社，2000年，第三编中"法律、经济与社会中共同体的经济关系(经济与社会)"一篇。

英政治发展史中,我们同样可以见到类似的论述。①此外,韦伯认为他的社会科学研究本质上是价值中立的,"不涉及终极关怀"②。这与倡导对民主进行现实的实证研究的精英民主理论家不谋而合,也深刻影响到韦伯身后一批继续沿着科学化的政治学思路讨论民主问题的精英民主理论家。

当然,在看到这些类似之处的同时,我们又不应该忘记,韦伯毕竟不主张废弃代议制民主和背离自由主义的原则,而是主张用改进议会制和发展自由主义宪政民主的方法来抑制官僚制的弊端,如他这样写道:"那些实行民主政治的国家,尽管它们的官员无疑有些腐败,但比起我们高度道德化的官僚政治来说,显然是更为成功地屹立在了这个世界上。"③在韦伯改进现实民主的理想中,议会制和政党竞争都应该是有所作为的,因为它们至少为大众提供了一种恰当的政治领袖选择方式:"作为强制行政公开、确定财政预算以及最后咨询和通过立法草案的审级机构——在这些职能上,议会在任何民主制中实际上都是无可替代的。"④"冷静地观察可以得出,在政党的蛊惑煽动之下的挑选,从长远看和从大处着眼,比起官僚体制的关起门来进行幕后选择,绝非更具更加不可利用的特征。"⑤从本质上来说,韦伯的改造方案同早期精英主义理论家们(无论是莫斯卡派还是米歇尔斯派)存在巨大分歧,他所想做的实际上就是在去价值化的研究中寻找民主政治建筑于现实体制的新支点。而韦伯也意识到,在代议制和自由主义宪政框架内,这个支点只可能是选举"民主的精英",最终"他把民主描述为可能的领袖人物的检

---

① 参见[意]加塔诺·莫斯卡:《统治阶级(〈政治科学原理〉)》,贾鹤鹏译,译林出版社,2002年,第二章至第四章内容。

② [德]马克斯·韦伯:《学术与政治》,冯克利译,生活·读书·新知三联书店,1998年,第34页。

③ [德]玛丽安妮·韦伯:《马克斯·韦伯传》,阎克文等译,江苏人民出版社,2002年,第472~473页。

④ [德]马克斯·韦伯:《经济与社会》,林荣远译,商务印书馆,1998年,第804页。

⑤ 同上,第800页。

验场所。民主有如'市场',有如一种制度化的机制,它淘汰竞争选票和权力斗争中的最弱者,确认最强者"[1]。正是受到了韦伯这一思想的影响,熊彼特将民主等于"选主"的思想进一步理论化和系统化了,这对于精英民主理论进入一个自立话语体系的过渡阶段而言意义十分重大。

在现实世界中,韦伯对现代性中民主的悖论的分析在20世纪二三十年代终于不幸言中。在德意法西斯主义的统治下,那种为韦伯所担心的全社会的官僚化成为一种血淋淋的现实,"普通的法西斯"以服从官僚系统的名义高效地实施恶行,却自认为无须承担任何个体的责任。[2]对这种十分普遍的现象究竟应该作何解释,学界大致形成了两种思路:其一是延续勒庞等人群体心理学的思路,认定这是大众以群体形式参与政治的必然后果;其二则是延续韦伯的思路,将其视为官僚系统内部的反民主趋势。从这两种思路出发得出的结论是完全不一致的:根据前者的结论,大众民主显然毫无希望可言,那么最终的政治主张就只能是不该把民主交到大众手中;而从后者的理论出发可能得出的结论则要相对复杂得多。从这个意义上说,韦伯同早期精英主义理论家存在分歧,而同下文所提到的"回归"时期的精英民主理论家们则是遥相呼应的。由此可见,韦伯的理论在精英民主理论的演进谱系中恰恰处在一个承上启下的重要位置上。

(二)熊彼特对精英民主理论的重大发展

在过渡时期的精英民主理论发展阶段,熊彼特关于古典民主与现代民主的区分无疑成了精英民主理论转向一种建构性学说的重要标志。如前所述,早期精英主义理论家们已经注意到了卢梭式大众参与的民主理想同西方民主代议制现实之间的巨大反差,但他们还只是模糊地提出应该抛弃卢

---

① 应克复、金太军、胡传胜:《西方民主史》,中国社会科学出版社,1997年,第485页。
② 一个最典型的案例就是艾希曼案中所谓"平庸的恶"。

梭式的民主理想，至于将这种反差上升为两种民主理论之间的根本分歧的工作，则是由熊彼特完成的，而这也恰是熊彼特对精英民主理论作出的最重要贡献。[①]在熊彼特看来，人类政治史上曾经出现过两种民主理论——卢梭式的古典民主理论和现代民主理论。从为现代民主实践提供一个科学定义的角度上看，古典民主理论存在着重大缺陷，它曲解了民主，并潜藏着把民主理想化、全能化的乌托邦危险。在他概括的古典民主理论的几个重要缺陷中，至少有以下两点是确实足以构成对古典民主理论的挑战的：

其一是古典民主理论的基本理论前提和核心概念难以成立。根据沃拉姆、勒庞、帕累托、米歇尔斯、莫斯卡、莫斯科维奇以及弗洛伊德等人的一致观点，个人理性是有限的，并不像理性主义宣扬的那样无所不能。他们一再探讨的群众心理问题证明了个人在集体行动中的盲从，尤其是在重大社会历史变革过程中，大众心理和行为并不鲜明地体现出古典民主理论设想的理性主义和功利主义特征。对此，熊彼特曾经作出一个著名的论断，即"典型的公民一旦进入政治领域，他的精神状态就跌落到较低水平上"[②]。在此前提下，所谓的理性的人民意志显然是根本不可能存在的。同时，理性经济人的假设在市场经济的现实过程尤其是在面临经济危机的情况下往往也是靠不住的。相应的另一个重大问题表现为，人民的概念始终是模糊不清的，在不同国家、不同时期，不同阶级和法律中对其定义都各不相同。并且这个概念本身也经常存在着被不同政治集团利用来聚集政治力量、与异己势力作斗争的危险。进一步说，既然人民这个概念是某些集团或个人出于某种政治目的虚构出来的集合体，那么"共同福利"是否存在也大可怀疑了。显然，作为

---

① 在下文对精英民主理论核心观点的讨论中还将涉及熊彼特的一些具体观点，在此仅作简单概述。

② ［美］约瑟夫·熊彼特：《资本主义、社会主义与民主》，吴良健译，商务印书馆，1999 年，第386 页。

一个统一概念使用的"人民"内部存在着利益差别和身份认同的问题，而且这些问题都是持久性的。

其二是古典民主理论存在技术性问题。具体地说就是古典民主理论在界定民主的时候，忽视了民主实施的空间范围和人口规模的限制。受它产生的时代的局限，其立论基础不可避免地是建立在诸如古希腊的城邦民主以及中世纪城市民主这类范围很小、人口有限而且集中的地方实行人民的直接决策和管理的民主的实践经验，甚至是纯粹的想象基础上的。然而进入现代以后，信息传递、决策和管理成本、政策实施中的损耗都成倍增长，超出了古典民主模式所能容纳的容量。从这个纯技术性的层面上讲，古典民主理论不过是一种产生于前现代的理论，要用它来解释和解决现代甚至是后现代的问题显然是超出了其能力范围。也正是有了这样的自信，熊彼特才敢于发出这样的质问："'人民'怎么有技术上的可能性去进行统治？"①

在彻底地否定了古典民主理论在现代民主制中的适用性后，熊彼特开始提出了他的重构民主理论的理想，具体地说就是要把古典民主理论中"民治"和"民选"的重要性位置调换一下，用人民对统治者的选择代替选民对政治问题的直接决定作为判断民主是否存在的首要标准，②让民主成为"那种为作出政治决定而实行的制度安排，在这种安排中，某些人通过争取人民选票取得作决定的权力"③。

同时，熊彼特又是以一种自上而下地实践民主的思路来完善他的民主理论体系的。这里的核心就是在强调选举民主的程序性价值之外，注重精英

---

① [美]约瑟夫·熊彼特：《资本主义、社会主义与民主》，吴良健译，商务印书馆，1999年，第364页。

② 值得注意的是，在完成这一倒转后，熊彼特对退居第二位的选民对政治问题的直接决定就再没有任何论述了，也就是说，"民治"实际上不是被放在了第二的位置，而是作为一个被替代物彻底地消失了。

③ [美]约瑟夫·熊彼特：《资本主义、社会主义与民主》，吴良健译，商务印书馆，1999年，第395~396页。

竞争的必要性。具体而言,熊彼特对以选举民主为核心的精英民主合法性的建构包含着这样两个逻辑要点:

第一,作为选举民主的基础,选民的意见实际上是被"塑造"出来的。熊彼特指出:"选民的选择——在意识形态上被尊称为人民的召唤——不是出于选民的主动,而是被塑造出来的,对选择的塑造是民主过程的本质部分。"①在他看来,选民并不具备在政治领域内作出实质性判断的能力,相应的,他们对选举权的使用也是受到彼此竞争的政治家们精心设计的种种象征、宣传等手段强烈影响的。因此,以选举民主为判断标准本身并不是解决了一个代议制民主能否代替人民行使权力,以及这种行使权力的过程是否符合多数人的利益的问题,而仅仅提供了一个让精英竞争权力的现实与民主政治体制得以两全的合法性平台。而在熊彼特看来,将民主具体地窄化为这样一种形式合法性授权的程序也已经是现代民主所能追求的最好结果了。

第二,现代民主的基本特征在于精英对选民的操纵与职业化的政治精英间的彼此竞争同时存在。与莫斯卡和帕累托等人所处的时代不同,在熊彼特所处的时代里是否应该给予大众普选权已经不成其为现实问题,但这并不妨碍他将精英民主的现实移植进合法的民主政治的进程中。熊彼特认为,大众的理性缺陷使大众选举权所支撑的民主政治成为一种类似于市场竞争的行为,②从本质上讲,竞争中的政治精英并不需要满足人民的实际需要,他们的任务仅在于争取尽可能多的选民支持,而这种支持的获得更多的是靠揣摩并操纵选民的心理来实现的。就此而言,现代民主竞争制的实质同市场经济中商业竞争的实质并无二致。与此同时,精英统治的事实古已有之,其

---

①　[美]约瑟夫·熊彼特:《资本主义、社会主义与民主》,吴良健译,商务印书馆,1999年,第412页。

②　"政党和机器一般的政客是由于选民群众只会一窝蜂似的随大流之外不会行动才变成这个样子的。"参见[美]约瑟夫·熊彼特:《资本主义、社会主义与民主》,吴良健译,商务印书馆,1999年,第413页。

理由正如熊彼特认定的那样,政治事务是一种职业化的活动,而职业化必然使精英个人性活动的色彩大大增强;①但不同政治制度下精英的性质还是存在区别的,对于民主制度下的精英而言,他们并不能像传统的寡头那样毫无忌惮地进行专断统治,而是必须承受定期的选举竞争的压力。当然,熊彼特在此的本意是,一部分精英无法专断统治的根本原因在于,存在另一部分同它类似的精英可以通过民主的合法程序取而代之,而不是说选民可以诉诸定期选举的压力表达自身的意愿(根据熊彼特的逻辑,这种群体意愿的表达不可能是一种符合理性的真实反映)并制约前者。②再进一步说,所谓"民主的精英"与"专制的精英"间最大的区别仅仅在于前者定期面临着同类的竞争压力而已。结合熊彼特关于选民在保持对他们选出的政治家信任方面的义务的观点,笔者不得不得出这样一个结论,即熊彼特的合法的精英民主体系中并没有给大众的参与预留除定期授权之外的任何空间。

至此,熊彼特改造现实民主政治的方案中已经完全抽去了民主政治中蕴含的任何理想主义因素,如同他的社会主义改造方案一样,③他希望用一些尽量"客观"、可量化、可观察的纯技术性标准来重塑西方民主。在他的民主政治体系中,被引为核心的,也可能是唯一有用的标准就是选举民主的程序性标准。作为一个整体,熊彼特的精英民主理论始于对民治理想的否定,

---

① 参见[美]约瑟夫·熊彼特:《资本主义、社会主义与民主》,吴良健译,商务印书馆,1999 年,第二十三章第一节内容。

② 熊彼特思想的研究者中不乏注意到熊氏程序性民主论真实逻辑起点者,如国内就有学者指出,在熊彼特的现代民主体系中是根本不可能出现所谓"竞争与预期反馈原理"的。在此问题上,萨托利完全是误读了熊彼特的观点。参见王增益:《熊彼特精英民主理论研究》,华南师范大学 2007 年硕士论文。

③ 熊彼特对"社会主义"的理解同正统的马克思主义者是完全不同的,前者的核心是一种中央计划式的经济管理模式,而且熊彼特尽管认为向这种社会的过渡势所难免,但他本人对此的态度却显然不是欢欣鼓舞的。参见[美]约瑟夫·熊彼特:《资本主义、社会主义与民主》,吴良健译,商务印书馆,1999 年,第三篇。

立足于对民选程序的唯一性肯定，而终于对现实精英统治合法性的初步论证。从客观上说，这自然迎合了那部分已经通过选举民主获得了合法性的资产阶级统治精英的需要，但另一方面，这种完全否定民主的理想主义要素，拒斥除参与外的民主实践的做法既与大众民主时代的趋势格格不入，同时也与自由民主的理念不完全合拍，其结果就是熊彼特的精英民主理论除了被既得利益精英时不时用来粉饰合法性和作为反体制精英攻击现体制的武器之外，更多的还是成为了侧重参与民主的西方民主理论和社会主义民主理论诟病夹攻的对象。

剥离民主的价值内容、剥离民主与大众的政治参与以及剥离民主与特定的民主理论的必然联系，[①]这是过渡时期的精英民主理论所要完成的基本工作。也正是以上述具有跨时代意义的三项剥离工作为节点，精英主义理论全面地转向一种自成体系的民主理论。从此，精英民主理论不再泛泛地讨论精英统治规律，也不再执着于对大众政治缺陷的批评，而是把重点放在了讨论一种现实可行的、能够在最低限度上确保民主政治架构的，同时又健康运行的民主形式。简而言之，这一时期，"建构"已经代替"批判与颠覆"成了精英民主理论发展的主题。

三、西方民主现实的解释者——多元化的当代精英民主理论

如果说熊彼特用精英民主理论解释西方民主现实的努力还存在着某些瑕疵的话，那么沿着这条道路继续走下去，并最终找到了精英民主理论回归

---

①　熊彼特写道："没有一种制度、实践或信仰与任何时候向它提供支持的理论共存亡。民主制度也不例外。实际上，创立一个重视集体行动现实和公众思想现实的民主过程的理论是可能的。"参见［美］约瑟夫·熊彼特：《资本主义、社会主义与民主》，吴良健译，商务印书馆，1999年，第369页。

西方民主主流学说的根本支点——自由主义宪政民主的，则是二战后以乔万尼·萨托利和雷蒙·阿隆为代表的具有鲜明保守主义倾向的精英民主理论家。经他们之手改造的精英民主理论，不仅与自由民主理论冰释前嫌、水乳交融，而且在相当程度上成为当代多元化的精英民主理论体系中影响最大的理论流派。

(一)萨托利回归主流的精英民主理论

有感于 20 世纪特别是二战后西方民主理论界的混乱状况，萨托利致力于从一种精英民主的视角重新解读和定义自由主义民主。他指出："直到 40 年代以前人们一直知道什么是民主，并且喜欢或者反对它，而后来我们虽然都声称喜欢民主，却不再知道(理解、一致同意)什么是民主了。"[①]在时下这个"以民主观混乱为特色的时代"[②]里，"民主观混乱"表现为主流民主理论的逐渐丧失和对民主的种种错误理解，而"错误的民主导致民主的错误"，因此有必要通过重新确立一种正确的主流西方民主学说来重新树立民主政治的权威和形象。为此，他主要进行了如下两项工作：

其一是区分古典民主与现代民主。在对这个问题的认识上，萨托利与熊彼特以及后来属于多元民主理论派别的达尔的观点基本一致。他明确反对从字面上去理解民主的含义，反对古典民主观提出的那种将民主等同于人民统治的观点。他指出在缺少代议制这个中介物的情况下，人民的统治不可避免地会蜕变成"假人民之名而行使的绝对的权力"[③]。

萨托利指出，不同于今人的民主，古人的民主是一种限于小规模的、直接的、不考虑个人(意味着不考虑自由)的民主，除了语汇上的相同之外，两种民主之间并没有多少实际联系。古典民主的谬误之一就在于借用古代民

---

①② [美]乔·萨托利:《民主新论》，冯克利、阎克文译，东方出版社，1998 年，第 7 页。
③ 同上，第 77 页。

主的名义发展现代民主，但却没有在取得成功时及时修正甚或是彻底宣称同古代民主的过时民主观划清界限。在他看来，主权在民的理论只在提供一条衡量权力来源和合法性标准的层面上才是有价值的。

萨托利认为，无论是过分的现实主义[①]，还是过分的理想主义（也就是至善论）都无助于人们正确地把握民主的实质。值得注意的是，在对前一种错误的批评中，他重点提到了他的精英民主理论前辈——早期精英民主理论的三位奠基人，并且毫不客气地批评了后者所持的将对民主的价值选择混淆于现实政治事实当中的"劣等的现实主义"民主观的危害。就这个层面而言，以萨托利为代表的新一代精英民主理论家其实已经开始着手同早期精英主义理论划清界限了。在受到后者某些观点的启发，从而解决了"民主是什么"的问题的同时，他们又对早期精英主义者在实现民主可能性问题上的悲观论调大加挞伐。

在回答理想与现实的关系问题时，萨托利将理想的目的指向"被设计出来满足各种反抗的要求"[②]，进而提出了这样一种理想观："正是在不把理想视为现实时，理想才改进着现实。"[③]这恰是萨托利民主观的政治哲学基础，也是他实现精英主义与自由主义联姻的关键衔接性要素所在。

其二是区分自由主义民主与非自由主义民主。萨托利对精英民主理论与自由主义主流的衔接所做的最大贡献在于，他将早期精英民主理论赞赏的某些政治原则（精英统治而不是大众统治原则等），与20世纪初受到各方质疑、批判的自由民主所体现出的政治原则（权力制衡的原则、限制"多数暴政"的原则等），巧妙地糅合到一个新的自由主义"百宝囊"中。按照他的理

---

①　萨托利认为，这种"过分的现实主义"本质上是对现实主义的误解。就理解民主而言，它可能导致用现实事实来反对民主价值这样一种文不对题的逻辑错误。参见[美]乔·萨托利：《民主新论》，冯克利、阎克文译，东方出版社，1998年，第52页。

②　[美]乔·萨托利：《民主新论》，冯克利、阎克文译，东方出版社，1998年，第79页。

③　同上，第77页。

解，自由主义和民主主义在它们的共同敌人——社会主义的挑战出现前是两个概念，前者的许多政治原则原本是属于"共和"的理想而未被贴上"民主"的标签的，但在对抗大众政治时代的社会主义的联合中，自由主义和民主主义彼此都作出了妥协。这种妥协的自然结果就是使自由主义和民主主义的原则同时存在于自由主义民主当中。

至此，萨托利的民主观中偏向保守方面的自由主义特征已经显露无遗了。他指出，自由主义和民主主义的结合存在一种内在的张力："自由主义主要要求的是自由，而民主主义则主要要求的是平等。自由主义重视与众不同和自发性，而民主主义则关心社会凝聚力和公平分配……自由主义者对于建立社会秩序的方法有着更好的理解，而且他会注意到'程序化民主'；民主主义者最为关心结果与实质，并且他所希望的是行使权力而不是监督权力。"①而他所谓的理想的民主政治表面上看是要在两者之间保持平衡，而实质则是要让民主主义的原则服从和服务于自由主义的原则，具体地说，就是要让出自民主主义的平等诉求让位于出自自由主义的自由诉求。

在这一系列辨析过程中，萨托利也开始建构一种基于精英民主理论基本原则的重新阐释自由主义民主的理论。在对与民主相关的一系列概念——自由（包括政治自由和其他自由）、平等、市场、资本主义、计划和专家治国、独裁、权威主义、极权主义等进行不厌其烦的历史和概念分析的过程中，他明确了"西方民主作为一种政治形态，其核心始终是政治权力问题，是人对人的统治问题"②，在其纵向民主与横向民主理论中，萨托利重新梳理了民主政治中自由与平等关系的难题，并为两者（侧重于为平等）设置了边界。在他看来，平等一旦超出了法律面前人人平等和政治上的平等选择权的范

---

① 徐大同主编：《当代西方政治思潮——20世纪70年代以来》，天津人民出版社，2001年，第91页。

② [美]乔·萨托利：《民主新论》，冯克利、阎克文译，东方出版社，1998年，译者说明第2页。

畴,而进入经济平等或结果平等的层面,就会导致"全能国家"的出现,"平等就会毁掉自由,随之还会毁掉自由主义民主制度"①。因此,在自由与平等之间,他宁可首选自由:"从自由出发,我们可以自由地走向平等;从平等出发却无法自由地取回自由。"②很显然,这种对西方主流民主核心价值的捍卫与近百年前托克维尔的思想并无二致,而对自由价值的无条件推崇,也恰恰是这一时期的精英民主理论能够重新融入西方主流民主理论的前提条件之一。

最终,萨托利提出了这样一种竞争—反馈式的民主理论,这是对熊彼特竞争领导权民主理论的重大补充,它判断民主政治与极权政治的区别,不在于是否存在精英统治集团,而在于两条标准,其一是精英集团的竞争性与开放性,其二是精英的行为受到"预期反应率"(即选民后续选举行为)的制约,而后一条标准,正是熊彼特尚未展开充分论述的竞争领导权民主理论中涉及民主反馈输出项的内容。在这种标准的现代西方自由宪政民主的写真中,精英民主理论向主流的回归已经悄然完成了。

(二)雷蒙·阿隆保守的精英民主理论

作为具有鲜明保守倾向的民主理论家,雷蒙·阿隆虽然从来没有自认为是精英民主理论的服膺者,但实际上精英民主理论从基本观点和研究范式上给他施加的影响都是不可忽视的,而阿隆提出的用重建自由宪政的方式挽救民主的设想也是与前述萨托利的思想保持一致的。

在从精英民主理论的基本视角解读民主的过程中,雷蒙·阿隆形成了这样一条逻辑线索:

首先他需要指出的是,现在的西方民主正面临着来自多方的困境和挑战,随时面临着"民主失败"的危险。这些挑战包括来自外部的直接压力,也

---

①②　[美]乔·萨托利:《民主新论》,冯克利、阎克文译,东方出版社,1998年,第367页。

就是被他定性为具有反民主本质的事物,如革命①和极权主义②的威胁;也包括产生自民主体系内部的寡头与民众力量失衡及其随之带来的政府权威和稳定性丧失的弊病,而后者对西方自由民主的破坏是更为根本性的。

那么造成这些外生和内生问题的原因何在呢?雷蒙·阿隆将外部压力的起源归结到一种寄希望于通过暴风骤雨式的手段"摧毁一个令人憎恨或平庸烦扰的世界",重建一种理想政治形态的主观乐观主义,而与其现实过程相伴的则是一种政治权力的高度集中和扩张的过程,由此造成的后果就是新政权"比旧政权更加管的宽,更加严厉,专业官僚组织越发扩大"。③而民主政治的内部危机则主要来自于民众力量压倒寡头力量,在阿隆看来,推行那种根本不现实的直接民治的鲁莽行动自不待言,就是那种确保了充分自由竞争的多元主义民主政体,也可能会因为公共精神的丧失而造成宪政体制敌人的不断涌现和正常政治过程的瘫痪,最终侵蚀、颠覆立宪体制。

在分析了问题的基础上,雷蒙·阿隆也就自然地开出了他克服危机、拯救民主的药方。简而言之,就是要用立宪政治、多党竞争、分权制衡和法治的多重工具锁住"反叛的大众"的力量,来防止国家和自由民主制度的衰亡。

在此,雷蒙·阿隆的政治思想中有三个与精英民主理论紧密联系的关键点是值得我们注意的:

其一,从本质上来说,他对政治和民主政治的理解是精英主义取向的。"政治的真正实质就是,决定应该是'为了'共同体而不是'由'共同体作出。决策决不能由所有的人作出。人民主权并不意味着人民大众自己直接作出

---

① 雷蒙·阿隆反对革命的具体论述及其评价参见后文。

② 与许多西方右翼思想家一样,阿隆眼中的极权主义是同时指代法西斯政权和共产主义政权的,两者的区别不过是其目标是否是非人道的。

③ [法]雷蒙·阿隆:《雷蒙·阿隆回忆录——五十年的政治思考》,刘燕清等译,生活·读书·新知三联书店,1992年,第199页。

有关公共财政和外交政策的决策。"①即使是在民主政治中,集权也"并不是一种假设,而是一件事实"②。因此,问题的核心不在于要不要精英政治,而在于如何选拔精英和促成精英与大众力量的平衡。在这种用精英主义视角看待整个人类历史的大前提下,雷蒙·阿隆毫无疑问地会拒斥那种有悖于精英统治常识的民治理想,这也是所有偏向保守一翼的精英民主理论家的共性所在。

其二,同所有思考西方民主危机的精英民主理论家一样,他重点关照了大众政治带来的挑战,并且判断这种民主环境的改变是不利于西方民主的存续的。在此,雷蒙·阿隆无疑受到了勒庞、加塞特和米歇尔斯等早期精英主义理论家研究范式的深刻影响。

其三,同萨托利类似,雷蒙·阿隆民主理想的皈依之所直指最有利于维护既得利益的资产阶级统治精英的形式——自由主义的宪政民主形式。这就使其精英民主理论当中增加了抽象价值思辨的色彩,同时弱化了对当权者的批判力度。

很显然,经由雷蒙·阿隆之手改造的精英民主理论已经完全走出了被划入自由主义之敌阵营的阴影,转而开始扮演一种打着维护民主的旗号,为自由民主的最保守形式辩护的角色。

在此,笔者简单地概括出这一派精英民主理论的三个基本特点:

其一,与前两个阶段中的精英民主理论家不同,他们明确地宣称自己的思想受到了自由主义民主理论的深刻影响,并且自愿地皈依到作为主流的自由主义民主门下。这个转变对于精英民主理论和自由民主理论来说同样意义重大。在此过程中,前者实现了向西方主流意识形态的回归,从而摆脱

---

① 转引自马德普主编:《西方政治思想史——二战以来》(第五卷),天津人民出版社,2005 年。原文出自 Raymond Aron, *Democracy and Totalitarianism: A Theory of Political Systems*, The University of Michigan Press, 1990, p.83。

② Raymond Aron, *Democracy and Totalitarianism: A Theory of Political Systems*, The University of Michigan Press, 1990, p.117。

了一段时期里被与同种反民主理论联系在一起，从而被主流理论边缘化的窘境，而后者也得到了一种兼具现实主义和理性主义特征的政治科学研究范式的有力支持，从而有助于其从价值与现实严重对立的泥淖中解脱出来。

其二，回归自由主义的精英民主理论在探讨民主问题时，刻意淡化了精英民主理论的某些实证色彩，转而强调更多地引入曾被前人拒斥的价值领域的考量。不无戏剧性色彩的是，急于把精英民主理论航船停泊进自由主义港湾的萨托利，在某种场合下完全抛开了以往精英民主理论家所倡导的重视严谨实证的政治科学的研究范式，转而在使民主一词回归到其19世纪旨义的努力中发出了如下恫吓："毁掉制度中的自由要素以换取少得可怜的一点东西，用这种方式寻求最大限度的民主，除了削弱作为整体的自由主义民主之外将一无所获。"[①] "只要自由主义的民主死了，民主也就死了。"[②]这样充满渲染悲情色彩的言辞居然出自于一位深受精英民主理论科学研究范式熏陶的学者笔端，实在不能不说是一种莫大的讽刺。

其三，这一派精英民主理论改造现实政治的理想在本质上仍然是符合精英民主理论基本判断的。这首先表现在他们一如既往前辈们那样对精英统治的优越性推崇备至，如萨托利就声称："贬低能人统治，我们只会得到低能儿的统治。"[③]这与整体上具有保守主义气质的精英民主理论的主流是合拍的。同时，我们也应该注意到其与早期精英主义理论的微妙区别：与后者相比，一方面，精英统治的对立物由陷于瘫痪的代议制民主变成了人民的直接统治，也就是大众民主，而这是与此时自由主义危机性质的转变不无关系的；另一方面，这种对精英统治的赞许已经不再成为阻碍其与主流的自由主义合流的障碍，相反，在自由主义堡垒中，它却可以提供为自由民主的现实

---

① ［美］乔·萨托利：《民主新论》，冯克利、阎克文译，东方出版社，1998年，第395页。

② 同上，第402页。

③ 同上，第182页。

合法性和合理性有力辩护的理论基础。

剥离了民主的自由主义载体,民主还能不能存在和发展下去?20世纪初与自由民主理论分庭抗礼时期的精英民主理论似乎让人们看到过打破自由主义垄断的一丝希望。但在20世纪后50年中,逐渐回归主流的精英民主理论却告诉那些正为民主理想奋斗的人们:"回到自由主义的起点上来吧,除此之外民主别无生路。"一个在历史上充满批判活力的理论在探索民主的无尽征程中已经江郎才尽,竟然转而沦落为为其曾痛加挞伐的对手充当坚定辩护士的角色。这一时期的精英民主理论,尽管在体系上更为完备,也开始在主流西方民主学说中获得了一席之地,但这些光鲜的表象丝毫都不能掩盖其理论活力正逐渐消退的事实,就一个理论本身的发展而言,这终究是一件令人感到不无遗憾的事。

(三)运用精英民主理论的实证研究①

在像萨托利这样的理论家为了融入主流而付出不懈努力的同时,另一些精英民主理论家则坚持强调精英民主理论的批判性及其作为一种"科学实证"的民主研究范式的价值。从某种程度上讲,这些理论家的观点对于那些并不关心民主应然性问题的人们有着更大的吸引力,而注重价值分析和实证研究这两种研究思路的分野,也标志着精英民主理论的发展全面进入了一个多元化的时代。

(四)拉斯韦尔的精英政治学

拉斯韦尔的研究延续了早期精英民主理论基于政治社会学视角的研究范式,并且吸收了一部分群体心理学研究的观点。他的基本结论是:民主政

① 这一派精英民主理论家的具体观点在下文总结精英民主理论民主研究范式时还将多有涉及,在此也仅作简单概述。

治和精英政治并非是全不相容的,问题的关键不在于谁支配多少政治权力,而在于社会是否对这些支配主要权力的精英建立起了必要的监督和制约机制。更进一步说,就是应该探讨如何通过选举等形式扩大精英的来源,同时又迫使精英对大众负起责任,从而确保精英主导的政治和政策过程同样有利于大众。在此,拉斯韦尔再次调整了精英与大众的关系,他把大众的支持视为影响精英政治稳定性的重要参数之一。[①]具体而言,拉斯韦尔对精英民主理论的运用表现在他对政治过程的解读当中。

拉斯韦尔首先指出,政治学的核心就是对精英政治的研究。他在《政治学:谁得到什么?何时以及如何得到?》一书中开宗明义地写道:"政治研究是对权势和权势人物的研究。"这里并不涉及多少对精英政治进行价值评判的问题,而是牵引出包括判断精英的标准、考察精英的统治方法等一系列技术性问题。所以完全没有继续讨论民主实质问题的必要,是因为"一切大型社会里,任何时候决策权都典型地掌握在少数人手里"[②]。相对的,实证地研究民主的精英统治形态对于那些有志于研究和完善民主政治的人来说才是最有用的基础性工作。在这种体现了鲜明的行为主义取向的研究中,拉斯韦尔始终紧密结合现实政治的发展,讨论了在各种情况下(革命、经济危机、战争、改革等)精英集团巩固统治和自身演变的规律。比如,在对精英统治手段的考察中,他就特别强调了精英对运用象征的重视:"任何精英都以共同命运的象征作为旗号来为自己辩护和维护自己的利益。这些象征就是现行制

---

① 转引自郎友兴:《精英与民主:西方精英民主理论述评》,《浙江学刊》,2003 年第 6 期。原文出自 G. Lowell Field,John Higley,Michael G. Burton,"National Elite Configurations and Transition to Democracy," in *Classes and Elites in Democracyand Democratization:A Collection of Readings*,Eva Etzioni-Halevy ed.,Garland,1997,p.183。

② [美]托马斯·戴伊、哈蒙·齐格勒:《民主的嘲讽》,孙占平等译,世界知识出版社,1991 年,第 3 页。

度的'意识形态',即反对派精英(counter-elite)所谓的'空想'。"①在他看来,精英集团内部的两大阵营——体制内精英和体制外精英(或反体制精英)积聚认同和支持的基础和核心,都在于建立共同的意识形态,而在大众政治的时代条件中,这种意识形态又必须转化为易为大众接受的某种具体象征。总体而言,他研究精英政治的目的也是十分明确的,即建立"民主的政策科学",这就决定了他对民主政治的看法既是现实取向的——承认权力分配的不平等与精英统治,倡导专家治国;又不是纯粹的犬儒主义的——不但认定民主与精英可以相容,而且认为修改含义后的平等价值②与精英也是可以相容的。与此同时,在拉斯韦尔的代表著作中几乎看不到对西方现行自由民主制度及其理念的更多肯定性评价,这固然是由行为主义学派的研究特点所致,但也反映出他并不像萨托利那样对回归 19 世纪的自由宪政理想抱有太大热情。

值得特别指出的是,在拉斯韦尔的精英民主研究中,已经开始出现使精英民主理论发展出预测功能的自觉倾向,③尽管后来的历史发展证明,精英民主理论在这一领域内还不过是一名生手,曾备受期待的科学的政治研究法并没有直接引向正确的预测结果,但这对于促使人们更全面地思考精英民主理论工具的功能和局限性仍然是不无裨益的。

(五)对权力精英的实证分析

在研究范式上,以米尔斯和戴伊等人为代表的这一派精英民主理论家

---

① ［美］哈罗德·D.拉斯韦尔:《政治学——谁得到什么? 何时和如何得到? 》,杨昌裕译,商务印书馆,1992 年,第 19 页。

② 具体来说就是指普通人进入精英层的机会是平等的,而不直接关涉分配和权力的平等问题。

③ 参见［美］哈罗德·D.拉斯韦尔:《政治学——谁得到什么? 何时和如何得到? 》,杨昌裕译,商务印书馆,1992 年,第十章。在此,拉斯韦尔不仅对美国社会结构和政治的变革作了预测,而且也预言了民主的精英政治形态在全世界范围内的扩散趋势。

明显受到了二战后西方兴起的对利益集团政治研究的影响。与早期的精英主义理论家相比，他们总体上倾向于不再坚持将利益集团和大规模的政治组织视为天生的孕育反民主因素的土壤，而是主张在承认其为现实的民主政治存在的必要条件的基础上，运用实证方法考察具体组织内部的权力配置情况，从而比较分析民主在不同条件下的存在状况和实现可能性。同时，他们也与同时期侧重回归自由民主传统的精英民主理论家保持了一定距离。与后者不同，他们对定义什么是民主，或者什么是理想民主兴趣索然，在其实证研究中也看不出多少对西方现有自由宪政民主的特别赞许。相反，以米尔斯为代表的激进主义的精英民主理论家更倾向于从反民主的意义上来理解西方现实的民主制度。就精英民主理论本身的发展而言，其体系中最值得肯定的对现实的批判精神和用科学方法规范政治学研究的传统，也恰是在这些"立场不够鲜明"的理论家们的手中才得以延续下来，而这也正是使精英民主理论不至于完全沦为西方主流民主学说附庸的关键所在。

虽然在这些理论家的主要著作中基本上找不到那些明确地表达他们对民主本质看法的论述，然而在他们用数据和实证案例搭建的理论大厦中，我们又分明可以感受到他们对现存西方自由民主理论和实践的不满、失望和批判的情绪，这其实也从侧面证明了这样一个民主问题研究的基本规律：在很多情况下，让事实本身说话远比一切独醒式的价值宣示和任何精妙的逻辑论证更有力量。

通过以上的简单回顾，我们可以大致形成一个有关精英民主理论百年间发展过程的粗略印象。在以下的章节中，笔者还将进一步提炼概括精英民主理论的核心观点和主张，并通过观察其与其他民主理论的交锋和自我变革，从中发现一些精英民主理论发展演变的规律性内容。

第二章
精英民主理论核心问题

第一节　精英民主理论的核心要素

一、理论前提

　　精英民主理论在现代西方民主理论发展史上占有特殊的重要地位,而这种地位的取得无疑又是与其理论特色不无关系的。诚如上文所述,在精英民主理论百余年间的发展历程中,其政治立场、研究重点、研究方法、理论架构等始终都处在不断变化演进的状态,当然其结论体系的内容就更为丰富了。但透过看似纷繁复杂且不乏内在矛盾冲突的结论,仍然可以发现一些不同时期精英民主理论家思想的共性特征。概括而言就是,以对民主政治的现实条件分析为逻辑起点,以提炼概括民主化过程中某些规律性内容为基石,进而界定现实语境中民主的科学含义,再以处理实证研究中发现的矛盾为线索,最终建构符合精英民主理想的民主政治解释模型和改进方案。这种探讨民主问题的思路贯穿于大多数精英民主理论家的研究中,并对形成他们具体观点间的共鸣呼应产生了直接影响。从某种意义上说,正是由于以这些核心问题上的共识为基础,精英民主理论才成为一个内容丰富且不断发展演变着的完整理论体系。当然,从另一个侧面看,其整体价值与缺陷也直接取决于这些理论核心逻辑要件本身。因此,在梳理精英民主理论在不同时代的发展轨迹的基础上,概括提炼出其中作为核心要件的内容,显然是十分必要的。

绝大多数思想产品的产生,往往都不是思想家没有丝毫准备的头脑在某一特定事件的激发下灵机一动的结果。在此之前,一定的立场偏好和先入理念都会发生不同程度的影响。因此,要从浩如烟海的思想典籍中挖掘出支撑一个理论体系的主体框架,徜徉于纷繁的特定观点的迷局中恐怕是不能解决问题的,这就需要我们透过那些瑕瑜互见的具体结论及其相互间的必然联系,找出从逻辑上贯穿它们的线索。唯其如此,才可以说迈出了把握一个理论体系要旨奥义的坚实一步。

(一)精英与大众的区分

"任何贵族理论或精英政府的主张,都面临两个相关的问题。首先,它必须给出少数对多数运用权力的正当理由,说明为什么这些少数更适于治理统治。其次,它必须设计出一种区分精英与民众的方法。"①所有精英民主理论家对民主政治社会结构的基础的分析都是以精英和大众的区分为基础的,历史上不同时期的精英主义者们在建立其理论体系的过程中,首先要解决的就是确立核心概念边界的问题。在古典精英主义者那里,对何谓精英的

---

① [美]莱斯利·里普森:《政治学的重大问题——政治学导论》(第 10 版),刘晓等译,华夏出版社,2001 年,第 75 页。

解答大致是沿着这样一条线索不断演进的：

第一阶段，贤人政治的一批首倡者，如苏格拉底、柏拉图等推崇的适于执政的专家是以具备知识为主要特征的政治专家，在这种所谓"哲学王"的身份标签上，蕴含着的一种道德中心、理想主义的政治观反映的意义，要远超过依据其具体判定分析一个政治共同体中精英分子的可能价值。因此，与古典参与民主时期并存的古典精英主义更多地表现为一种乌托邦主义的政治哲学，它在提供一套研究现实精英政治范式方面的乏善可陈自然也是可以理解的了。

第二阶段，从古典参与民主政治的终结到君主集权政体的普遍建立时期，古典精英主义者们终于可以以广阔的现实政治舞台作为他们的研究对象，这一时期古典精英主义者们普遍认为依据两种标准区分出来的个人或群体可以称之为精英，即道德权威和政治权力权威，前者的代表是教会集团和教士阶层，后者的代表就是封建君主及其贵族和官僚系统。显而易见，这一阶段对精英的判定主要是围绕着政治权力（尤其是国家权力）展开的，相对的，那些不能直接掌握权力资源，不能对政治过程施加显著影响的个人和群体则尚未进入精英主义者的法眼。

第三阶段，资本主义经济的兴起和社会结构的剧变相应地拓宽了精英主义者的视野，直至现代精英主义形成之前，一部分精英主义者，如马基雅维利、霍布斯等人仍继续保持他们对政治领域权势者的关注，同时也开始有精英主义者对新兴阶层及其在政治过程中的功用产生兴趣，但总体而言，精英主义者还没能实现建立严谨的精英评判体系的超越。值得注意的是，在此阶段，出现了古典精英主义的一个微妙变化，即随着资产阶级加盟精英集团，精英主义者对精英本身赋予的理想主义色彩明显淡化了。这固然是由于此时的古典精英主义者大多还保持着贵族对资产阶级"暴发户"的感性轻蔑，但更多的还是由于构成现实精英统治集团的成分已经变得日益复杂起来。

　　当现代民主，尤其是大众政治时代的狂飙已经将前现代精英的神话色彩荡涤殆尽之际，还是否可能准确判定一个社会中的精英群体，以及这种判定方法还有无普适价值等问题，都迫使现代精英主义者们必须把前人思想的碎片整合进政治科学的新体系中。从某种意义上说，在现代精英民主理论当中，第一次确立起较为科学系统的一套判定精英的标准体系，从而解决了长期困扰精英主义的一个重大理论和现实问题。

　　当然，在不同的精英民主理论家那里，对于精英的定义还是有所不同的，在此笔者将其分为以下三类：

　　第一，以获取和掌握资源的多少作为评判精英的标准。这一类的定义最为普遍，也最容易转化为量化的指标体系。对此，帕累托使用的精英定义之一具有十分典型的意义："让我们假定，在人类活动的每一个领域，给每个人都确立某种指标，作为展示其能力的符号，类似于学校里各门功课考试时给的分数。比如，最优秀的律师，将得到10分。一个当事人也没有的律师只能得1分（0分是留给白痴的）。挣钱百万以上的人，无论他挣钱的手段诚实与否，给他10分；能赚几千块的人得6分；只想满足基本温饱的人，得1分；0分留给……于是我们创造了一个阶层，他们在自己的领域获得了最高分，这个阶层被命名为精英。"①又如拉斯韦尔指出："权势人物是在可以取得的价值中获取最多的那些人们。可望获取的价值可以分为尊重、收入、安全等类。取得价值最多的人是精英（elite）；其余的人是群众。"②戴伊也认为："社会上拥有权力的少数人是一个掌权阶层；不拥有权力的多数人谓之社会大众。"③

----

①　此处可见的汉译原书引文出自[意]帕累托：《普通社会学纲要》，田时纲译，生活·读书·新知三联书店，2001年，第296~298页。但考虑到该版翻译的文理通畅问题，此处引文为转引自[美]查尔斯·赖特·米尔斯：《权力精英》，王崑、许荣译，南京大学出版社，2004年，第29页中的尾注4。

②　[美]哈罗德·D.拉斯韦尔：《政治学——谁得到什么？何时和如何得到？》，杨昌裕译，商务印书馆，1992年，第3页。

③　[美]托马斯·戴伊：《谁掌管美国——卡特年代》（第二版），梅士、王殿宸译，世界知识出版社，1980年，第6页。

第二，以有别于大众的某些特征为标准。这些定义在肯定精英在掌握权力资源等方面与大众有差别之外，也特别强调了某些专属于精英的特质。如帕累托使用的另一个精英定义指出："精英是指最强有力、最生机勃勃和最精明能干的人，而无论是好人还是坏人。"①莫斯卡认为："在可以见之于所有政治组织的恒常事实和倾向中，有一样是如此明显，以至于大多数不经意的观察也能够注意到。在所有社会中——从那些得以简单发展的、刚刚出现文明曙光的社会，直到最发达、最有实力的社会——都会出现两个阶级——一个是统治阶级，另一个是被统治阶级。前一个阶级总是人数较少，行使所有社会职能，垄断权力并且享受权力带来的利益。而另一个阶级，也就是人数更多的阶级，被第一个阶级以多少是合法的、又多少是专断和强暴的方式所领导和控制。被统治阶级至少在表面上要供应给第一个阶级物质生活资料和维持政治组织必需的资金。"②米歇尔斯则注意到了当代统治精英的一个重要来源，他的意见是：组织的领袖即为精英。③

第三，以对政治过程的现实影响力为标准。这类定义在前两类定义的基础上进一步关注了精英统治的实际影响。如米尔斯认为："权力精英由这样一些人组成——他们的地位可以使他们超越普通人所处的普通环境；他们的地位可以使他们做出具有重要后果的决定。""相对于他们所占据的关键位置而言，他们是否做出如此决定并不重要。"④罗斯金的定义是："广义上讲，精英是指这样一个小的群体，他们在决定或反对'谁得到什么，何时和如

---

① ［意］维尔弗雷多·帕累托：《精英的兴衰》，刘北成译，上海人民出版社，2001年，第13页。

② ［意］加塔诺·莫斯卡：《统治阶级（〈政治科学原理〉）》，贾鹤鹏译，译林出版社，2002年，第97页。

③ ［德］罗伯特·米歇尔斯：《寡头统治铁律——现代民主制度中的政党社会学》，任军锋等译，天津人民出版社，2003年，第一章。

④ ［美］查尔斯·赖特·米尔斯：《权力精英》，王崑、许荣译，南京大学出版社，2004年，第2页。

何得到'这个意义上进行直接统治。"①再如莫斯科维奇引用塔德的定义:"任何群体中都有一个独立的个体层,这一个个体层把其他人吸引在自己周围,并对他们发号施令。这一个体层就是政治、宗教、科学和其他领域的领袖。"②以及雷蒙·阿隆的定义:"广义上的'精英'是指那些通过各种活动爬到社会等级的顶层,占据着由收入或承认的声望所认可的既得利益为之的人的'总和';'政治阶级'指范围较窄的少数集团,它们有效地行使着政府的职能。统治阶级则处于'精英'和'政治阶级'之间;它可以包括那些不行使政治功能的人,但却可以通过他们所喜爱的道德权威或他们所掌握的经济财政力量,来对统治者施加影响。"③"统治阶级就是……那些带有程度或大或小的内聚力和自我意识,并真正统治整个社会的少数集团。"④

　　总之,在精英民主理论家眼中,古往今来的政治社会从成员结构上看都由精英和大众两大群体构成,而这两大群体掌握的资源、权力、素质和对政治过程的实际影响力是大为不同的。任何国家,不论通常被称之为君主制、专制或共和制,实际行使权力的绝不是一个人——不是君主或国家元首,也不是全体公民,而是一个特定集团。从人数上来看,这个集团在国家全部人数中只占很小的比例,这就是精英统治的基本社会结构基础。同时,某个社会在特定阶段,其文明的主要特征也是由那些统治集团(政治家、统治者们)的特征所决定的。当然,多数精英民主理论家也承认,民主政治条件下的精英与非民主条件下的精英是存在某些差异的:民主的精英集团具有不同程度

---

① [美]迈克尔·罗斯金等:《政治学》(第六版),林震等译,宁骚校,华夏出版社,2002年,第62页。

② [法]塞奇·莫斯科维奇:《群氓的时代》,许列民、薛丹云、李继红译,江苏人民出版社,2003年,第204页。

③ Raymond Aron, *Power, Modernity and Sociology: Selected Sociological Writings*, edited by Dominique Schnaper, E.Elgar, Brookfield, Vt, Gower Pub.Co., 1988, p.113.

④ Ibid., p.164.

的开放性,它需要一个来自大众的"合法性授权"过程,①更重要的是,没有一个精英集团能够长久地统治下去,来自内外的压力和其自身结构成分衰变的规律使精英的循环更替在民主社会中发生得更加频繁。②

(二)精英的特征与素质

精英民主理论在区分了精英与大众之后进一步指出,无论精英的来源为何,精英们都是一些具有特殊素质的人,他们能够超越人类政治社会的各种形态限制来实施统治绝不是毫无理由的,那些曾经或者正在进行有效统治的精英们至少都显现出这样三方面特征:

第一,精英们具备高度的政治理性。这一特征主要是与大众相比而得出的,它首先表现为精英对自身利益的高度自觉:"不管在政治上表现为什么特殊形式,所有政治人格的一个共同特征就是对尊敬所具有的强烈的要求。"③当然,仅有自觉是不够的,要切实地实现这些价值,精英还必须能通过引导大众的力量、控制政治资源等手段,最大限度地使政治过程特别是政治变革过程具有足够的可控性,从而保证自身利益的最大化,并有效减少变革动荡对精英自身的冲击。同时,研究大众民主时代精英的理论家还指出:精英们对于特定政治价值原则只保持着有限忠诚。许多精英之所以往往同时具有自由主义和保守主义两张面孔,并且如同更换面具那样频繁地在二者之间切换自己的立场,并不是由于这些人出现了人格分裂,而恰恰是因为这些精英事实上是那些最清醒地认识到了本集团、本阶层的根本利益所在,并

---

① 其具体形式既可以是选举,也包括了大众对某些精英领导权威的自然认可。

② 几乎所有的精英民主理论家都或直接或间接地看到了这一现象,但对精英的更替是以什么样的形式发生的存在着不同思路。如帕累托更强调那种整体性的精英集团的兴衰更替,而米歇尔斯、戴伊等人更重视那种不以颠覆整个现有统治体制的精英集团的局部循环。

③ [美]哈罗德·D.拉斯韦尔:《政治学——谁得到什么? 何时和如何得到? 》,杨昌裕译,商务印书馆,1992 年,第 11 页。

能用最大限度的理性思维指导其行动的优秀典型。正是由于这种特性，在革命中，精英往往比其他社会成员更早实现自觉的改造，并在一个最恰当的时机里从革命中取得最大的收益，承担最小的风险和损失。

第二，精英具有较强的身份认同。这主要表现为精英对其精英共性有着清醒的认识和自觉。相对的，非精英社会成员对阶级、阶层或职业群体的心理归属感和对共同利益的自觉程度，则与精英存在着巨大差距，"由于缺乏自觉性，小农民、小商人、低薪知识分子和技术工人一向互相争斗而不是共同合作"①。而精英则完全不同："尽管领袖集团内部存在着激烈的斗争，但在所有的民主体制中，相对于大众而言，领袖集团总能保持高度团结。"②即使是在所谓的多元民主的环境下，精英间的这种合作关系也仅仅是变得更加不易为人察觉罢了。③较强的身份认同不仅使得在表面上信仰价值体系彼此不同甚至是截然对立的精英，在面对大众对精英的挑战时很容易冰释前嫌，走向联合，并且在充分条件（共同的利益基础）和必要条件（单独精英无法垄断所有资源）的共同作用下，某一部分精英④也必须起到在精英体系内部协调各类精英在分享价值过程中关系的作用，以此来巩固整个精英联合统治

---

① ［美］哈罗德·D.拉斯韦尔：《政治学——谁得到什么？何时和如何得到？》，杨昌裕译，商务印书馆，1992年，第101页。

② ［德］罗伯特·米歇尔斯：《寡头统治铁律——现代民主制度中的政党社会学》，任军锋等译，天津人民出版社，2003年，第136页。

③ 参见［美］托马斯·戴伊：《谁掌管美国——卡特年代》（第二版），梅士、王殿宸译，世界知识出版社，1980年，第三部分第六章、第八章和第九章内容。戴伊指出，美国的统治精英不仅通过兼职身份获得了联合统治的基础，而且在决策过程中事实上也尽量避免了根本性分歧的出现。从某种意义上讲，多元主义者所观察到的决策中的分歧现象除了精英内部有限的宗派主义影响外，更多的只不过是一种精英们在直接决策过程中制造的假象而已。

④ 拉斯韦尔等人认为知识精英能够起到这种作用，而戴伊将其范围扩展到了民间权势集团的范畴。参见［美］哈罗德·D.拉斯韦尔：《政治学——谁得到什么？何时和如何得到？》，杨昌裕译，商务印书馆，1992年，第三篇第六章；［美］托马斯·戴伊：《谁掌管美国——卡特年代》（第二版），梅士、王殿宸译，世界知识出版社，1980年，第二部分第五章等内容。

的基础。在一般性的政治决策过程中，政治精英间尽管也会出现分歧和博弈，但大部分问题几乎总是能在进入直接的政策过程之前以精英间达成妥协而得到解决，当代精英民主理论的实证研究就很好地证明了这一点。如戴伊就指出，时下美国的"自由主义权势集团"中虽然存在"北方佬"和"牛仔"们的宗派主义分歧，但这些分歧"一般限于方式方法而不是目的"，[①]这就意味着精英的联合统治不仅体现在根本的政治原则方面的共识，而且在一般的政治过程中也确实存在着。

第三，精英们具有较强的政治能力。除了上述提到的高度政治理性之外，精英具备的政治能力还包括了从心理到专业素质等方面的一系列相对于大众所具有的显著优势。在论述这一特点时，精英主义学者们常常借助的是社会心理学的比较分析工具。在莫斯卡之后，米歇尔斯等人更系统地论述了这一问题。具体而言，他们的结论有这样几点：首先，就考察影响历史发展轨迹的杰出人物（主要是政治统治阶级）而言，学者们发现这些人往往对自身重要性有着近乎反常和狂热的自信，他们对人类生活、行为状态某一方面的偏执强调和执着是那些专注于衣食琐事的普通大众难以做到的，因而其掌控塑造历史的能力也是后者根本无法企及的。[②]其次，大众政治时代的统治精英更需要那种体现自身价值和原创性的宣传灌输能力，换而言之，也就是有效地影响大众、聚集支持者的能力。[③]而现实中大多数统治精英集团都

---

① 参见［美］托马斯·戴伊：《谁掌管美国——卡特年代》（第二版），梅士、王殿宸译，世界知识出版社，1980年，第二部分第八章。

② 参见［意］加塔诺·莫斯卡：《统治阶级（〈政治科学原理〉）》，贾鹤鹏译，译林出版社，2002年，第二章。

③ 拉斯韦尔将精英统治的方法分为运用象征、暴力、物资和实际措施四类，他特别强调了第一种方法的重要性，同时在涉及精英技能方面的讨论中，他也特别指出了在现代民主政治中精英必须具备足够的宣传和鼓动能力。参见［美］哈罗德·D.拉斯韦尔：《政治学——谁得到什么？何时和如何得到？》，杨昌裕译，商务印书馆，1992年。

成功地实现了从传统统治形态向现代统治形态的转型，确立了在大众政治时代的统治合法性。①最后，相对于精英，大众既缺乏所谓均衡的能力与充分的理性，也难以拥有运用这种能力与理性影响、改变现实政治的可能性（尽管精英在这方面的能力也是有限的）。精英与大众在智识水平、理性能力等方面的差异使前者更适应于维持一种稳定的政治秩序。

这种精英与大众能力差异的观点，也自然地反映在精英民主理论家对精英决策模式合理性的论证上。事实上，历史上所有精英主义者都试图证明一个命题，即一般而言，精英较之于普通大众具有更高的政治理性和政治能力，这种优越性甚至也辐射到价值观领域，即"很多赞成精英理论的人认为在美国和其他西方民主国家，精英们保持着像个人自由、合适的法律程序，有限政府和自由企业等基本的民主价值观"②。当然，与早期精英主义者失于简单化且多少显得不合时宜的直接表述不同，当代的精英民主理论家创造出一系列更显温和的辩护词，比如查尔斯·E.林德布罗姆所谓的"民主的智慧"等。③

在此需要特别注意的是，绝大多数精英主义政治学者们并不强调，甚至有时还特别否定精英世袭的必要性，这除了是他们理论应用的对象是大众时代的政治使然外，主要还是应该归因于他们注重实证研究的立场和观点。从这种立场出发，诸如血统、种族这类根本不可靠的先天的精英优势必然遭到否定，取而代之的则是对精英获取权力、巩固地位的实际能力的系统分

---

① 米歇尔斯对这一问题的论述十分系统，他具体列举了那些能够统治大众的人们的政治素质。参见［德］罗伯特·米歇尔斯：《寡头统治铁律——现代民主制度中的政党社会学》，任军锋等译，天津人民出版社，2003 年，第 61 页。

② ［美］迈克尔·罗斯金等：《政治学》（第六版），林震等译，宁骚校，华夏出版社，2002 年，第 63页。

③ 其具体表述为"政治参与者之间具有战略眼光的分析和彼此利益的调适，是民主体制（制度）正常运行的基础过程。通过这种过程，民主体制（制度）达到发挥智慧功能的水平"。参见 Charles E·Lindbom, *The Intelligence of Democracy: Decision Making through Mutual Adjustment*, Free Press, 1965。

析。只有在此前提下,才可能发展出系统的精英循环理论,解释不同政治体和政治制度兴衰成败的生动历史。正是由于毅然抛弃了传统贤人政治和保守主义理论中不合时宜的成分,精英主义学者才得以在一个完全不同于旧秩序的大众政治时代里保持了其理论的解释力。

此外,在分析精英与大众的差异,特别是在心理差异方面,精英主义政治理论内部是有不同看法的, 比如莫斯卡对此问题的看法尚显得相对客观且不甚教条,相对而言,后来的勒庞、莫斯科维奇等人的看法则因更趋极端而失之偏颇。那种对所谓"群氓政治"恐怖的渲染不但给大众心理学染上了过分阴暗的色彩,而且从理论发展角度等又退回了早期民主理论中所包含的那种对"多数人的暴政"先天的过分恐惧的阶段。

在精英民主理论的基础性要件中, 这些对精英素质的分析可能导致两种完全不同的价值取向:一种是对精英的推崇和近乎无条件的肯定;另一种则是继续在价值或实证层面上探讨造成精英与大众差异的社会条件为何,以及应该如何改变这些条件。在精英民主理论的发展过程中,绝大多数理论家选择了前一种取向,这不是没有原因的,其背后隐含的政治哲学基础就是对政治不平等的理解。

(三)不平等的政治权力结构

精英民主理论的主要基本假设的前提都是在其理想民主蓝图的规划中首先遇到的问题, 即近代以来任何民主理论都无法回避的一个重大政治现实问题,同时也是一个重大政治价值问题——平等问题。从一定意义上说,以对平等问题的迥异解析、评价和应对为鲜明标志,可以为划分近代以来西方主要意识形态的左、中、右阵营提供一个重要依据。

在左翼阵营中,除马克思主义外,无政府主义、工团主义、社会民主主义等对社会不平等显然是持坚决的否定态度,在这些思潮的民主理论中,政治不平等乃至于经济社会不平等是被作为实现理想民主的对立物或障碍物而树为靶标的。

在中间阵营中,古典自由主义、新自由主义、多元主义等民主理论都在不同程度上认为,当前不平等的存在有悖于理想的民主价值目标,但它们同时又指出,在民主的价值序列权衡中,自由与平等的价值常常是相互冲突的(代表人物如托克维尔、萨托利、哈耶克、达尔等),而在明确了西方民主始终是以实践自由价值为第一要务的前提后,事实上也就为解决平等问题的可能性设置了边界。当然,当代的西方主流民主理论一般并不直接地为不平等的合理性辩护,其对平等问题的探讨更多的是沿着这样两条思路展开的:其一为政治哲学层面的探讨,主要讨论自由与平等的关系、平等与社会正义的关系。其二为政策实践层面的探讨,核心是研究政府、社会、组织和个人应该在解决平等问题过程中扮演怎样的角色。

而在右翼阵营(如保守主义、新保守主义、经济自由主义、法西斯主义、种族主义和国家主义等)中则存在着一个非常有趣的现象,即某些极右翼意识形态对平等问题讨论的结果似乎表现出一种惊人的自我矛盾性。这种矛盾在法西斯主义身上表现得最为明显,一方面,作为一种以大众政治为生存土壤的右翼意识形态,法西斯主义似乎同左翼阵营一样对社会不平等现象表现出极端的愤慨情绪,客观地说,在其实践形态中,也好像确实采取了一些"铲平不平"的社会经济措施。但另一方面,从本质上说,这种保守主义意识形态的极端表现又是建立在对等级制政治秩序的推崇基础上的,这就决定了其对不平等的否定是极为有限的。换而言之,在其价值观中,所谓平等权益的获取只能是一种自上而下的恩赐行为,至于恩赐的主体,既可以是抽象的国家、民族、种族,也可以表现为具体的极少数"超人"及其精英政治集团。

很显然,精英民主理论中的主流在平等问题上的回答是接近于中间偏右的立场的。几乎所有的精英民主理论家都指出,不管人们的政治理想如何，在现实的政治史中，所有共同体成员平等分享政治权力的情况从来也没有出现过，造成这种现象的原因不外乎包括以下三点：

第一，精英和大众在政治素质方面是不相同的，前者拥有对后者先天条件方面的绝对优势，并且还总是能把这种优势转变为实际支配的可能。

第二，在大众政治时代里，精英对于试图争取更多民主权利的大众来说是不可或缺的，[①]这就构成了一个明显的悖论，即希图平等地享有政治权利的大众如果没有具有不平等地位的精英的领导，是不可能战胜民主的敌人的。而在这一为民主斗争的过程中所客观形成的大众与领袖间的依赖关系，到头来只可能在新的政治体系内埋葬实现平等的可能性。因为就精英而言，他们不可能主动放弃不平等为其带来的实际利益。[②]

第三，大众之间事实上也处于一种不平等的状态，在某些精英民主理论家看来，阶级、阶层、职业集团的划分除了反映出某种客观存在的个体间差别外，更多的还是出于对经济地位等不平等因素固化的需要。[③]更重要的是，人人都天然地具有某种对居于优势地位的渴望，从根本上说，这是因为权力对人的诱惑在多数情况下远大于对某种理想主义信念的坚持："并非每个地位显赫者天生都是些不择手段的野心家。然而，一旦他获得了权力，他就不大愿意再回到先前的那种默默无闻的状态。"[④]也就是说，所谓的大众根本就不是一个在组织结构上具备了同精英抗衡能力的群体，其内部既缺乏足够的认同，在没有精英参与的情况下也很难采取协调一致的行动。从某种程度

① 具体理由参见[德]罗伯特·米歇尔斯：《寡头统治铁律——现代民主制度中的政党社会学》，任军锋等译，天津人民出版社，2003年，第一章。

② 参见[德]罗伯特·米歇尔斯：《寡头统治铁律——现代民主制度中的政党社会学》，任军锋等译，天津人民出版社，2003年，第二、三、五章相关内容。

③ 参见莫斯卡、拉斯韦尔、韦伯等人的相关著作。

④ [德]罗伯特·米歇尔斯：《寡头统治铁律——现代民主制度中的政党社会学》，任军锋等译，天津人民出版社，2003年，第175页。

上讲,最需要平等的大众常常却是对现实的平等主义最缺乏持久热情的。

而当精英民主理论进入自立话语和回归主流的时期后,理论家们对政治不平等的看法更加系统深入了。在萨托利对民主价值的解析中,他把平等的含义系统地分解为以下四种形式:①法律—政治平等;②社会平等;③机会平等(具体又可分为作为平等利用的机会平等和作为平等起点的机会平等);④经济平等。①在这四种平等中,他最强调的是要更多地从机会平等而不是结果平等的含义上来理解平等,因为人类对平等的追求本身是建立在天然的不平等基础上的,"要想得到平等结果,我们就要受到不平等的对待"②。也就是说,萨托利在此不仅否定了"人人生而平等"的意识形态神话,而且还指出了作为过程的平等与作为结果的平等之间存在的内在矛盾,而作为具有保守特质的精英民主理论家们,是无论如何也不会选择那种以牺牲自由为代价的结果平等的理念的,相对而言,他们更愿意推崇的是自由主义的价值。③在回归了西方传统宪政自由主义的价值观后,平等在精英民主理论家那里最多只能是自由的一种条件,而且是一种不充足的条件,相反,自由却是实现平等的前提。④

总而言之,无论是哪一个时期、哪一个流派的精英民主理论家,都把不平等的现实作为其研究民主政治问题的基本前提,而且与其他一些民主理论,如激进的自由主义、社会主义、工团主义,乃至于无政府主义完全不同,绝大多数精英民主理论家认为,平等尤其是结果的平等不但是完全不可欲

---

① [美]乔·萨托利:《民主新论》,冯克利、阎克文译,东方出版社,1998年,第388页。

② 同上,第396页。

③ 萨托利给出的理由看似是十分雄辩的,他说道:"自由的原则在实际操作中不可能被颠倒成它的反面,而平等的原则却有这种可能。"参见[美]乔·萨托利:《民主新论》,冯克利、阎克文译,东方出版社,1998年,第409页。而实际上他对自由主义在实践中发展出反自由形式的可能性显然是有意无意地低估了。

④ 同上,第407~408页。

的——因为对它的追求或是瓦解社会秩序或是损害政治自由，而且也是完全不可求的——因为即使是在充分的民主条件下（无论这种民主的性质是自由主义的还是社会主义的），人们也从根本上缺乏实现平等的手段。因此，在他们的民主政治思想中，更多的是在强调平等之外的一些价值的意义（如秩序、稳定、自由等），而对以实现平等为首要目标的民主理论和实践则抱有一种强烈的质疑情绪。[1]用更明确一些的语言表述，精英民主理论的基本观点是，对平等的过分追求只能造就出一种既不保障自由也不提供平等的更坏的精英政治。

当然，在此也出现了一个逻辑上的小问题，即精英民主理论家们所极力反对的那种提供结果平等（特别是经济结果平等）的理想和运动到底在多大程度上实现过。如果答案是肯定的，那么也就意味着精英民主理论中作为基石的精英统治铁律至少在一个时期或一定范围内不起作用了，在此情况下，精英统治铁律前提下得出的所有结论都可能面临着解释力降低的问题。反过来说，如果答案是否定的，那么平等主义的拥护者就完全可以认为问题出在平等的原则被贯彻得还不够彻底上。[2]而对于精英主义者来说，与其对一个纯粹臆想出来的假想敌无的放矢，还远不如用平等实际上不过是充当了少数新兴精英在夺取权力过程中骗取大众信任的一个象征物的理论[3]来解释更显自然。

---

① 对此，萨托利的表述是："以平等的名义或以平等为手段，多数和少数都将发现自己给套上了锁链。"参见［美］乔·萨托利：《民主新论》，冯克利、阎克文译，东方出版社，1998 年，第 409 页。类似的观点还见于早期精英主义理论家对大众政治时代民主运动无法克制寡头统治铁律的论述中。

② 比如，萨托利认为一个独裁政权可能强加给人们平等的参与权（人人投票），但在平等主义者看来，这根本就不是什么真正充分的政治参与。因此，所谓的"平等参与并不等于自由参与"不过是偷换了前一个参与的概念而已。

③ 事实上，注重研究精英统治手段的一些精英民主论家也正是从纯粹的精英统治手段而不是从其字面含义上来理解平等的。

二、寡头统治铁律

根据精英民主理论的基本观点，大众政治时代的民主面临的最大内生障碍就在于，作为其实践物质基础的大众组织本身是一个民主原则和寡头原则的矛盾集合体。在现实政治过程中，后一种原则往往逐渐压制前一种原则而成为组织内的主导原则，这是民主从内部失败的根源所在。由此，不论是持保守主义倾向还是激进主义倾向，大多数的精英民主理论家都把相当一部分精力投入到对这种"民主组织的反民主规律"的研究中，而其中影响最大的当然莫过于早期精英主义理论的代表人物之一——米歇尔斯所概括的寡头统治铁律了。以下，就以米氏的观点为主干展开具体的论述。

米歇尔斯对寡头统治铁律最直接的表述就是："正是组织使当选者获得了对于选民、被委托者对于委托者、代表对于被代表者的统治地位。组织处处意味着寡头统治。"①他结合19世纪末欧洲，特别是德国社会主义政党组织的发展实践，发现即使是强烈信奉社会民主原则的社会主义政党和工人运动组织也难以逃脱走向寡头统治的命运。因而他得出了以下结论：寡头统治是任何试图实现集体行动的组织的必然结果，是任何有着良好愿望的人们无法改变的"铁律"。而他对这条铁律的内容表述为这样四个方面：②

第一，寡头统治铁律的出现具有必然性。米歇尔斯首先指出："没有组织的民主是无法想象的"③，组织提供了大众政治时代民主政治存在发展的基

---

① ［德］罗伯特·米歇尔斯：《寡头统治铁律——现代民主制度中的政党社会学》，任军锋等译，天津人民出版社，2003年，第351页。

② 需要指出的是，由于需要论述的仅是为大多数精英民主理论家认同的寡头统治铁律的内容，因此笔者在此只是有选择地交代米歇尔斯寡头统治铁律的部分逻辑和内容。

③ ［德］罗伯特·米歇尔斯：《寡头统治铁律——现代民主制度中的政党社会学》，任军锋等译，天津人民出版社，2003年，第18页。

本土壤,但在组织活动过程中,大众直接民主无论在机制还是在技术上都是不可能的。这在根本上是由大众的先天素质缺陷造成的,[①]其最终结果是:大众的集体专制反而导致了个人权利的消失,拥有众多人口的一元化组织借助直接讨论无法解决任何实际问题。因此,这就需要在大众内部选举出一定的代表,以大众的名义行事,执行大众的意愿。尽管在最初阶段,大众意志仍能在一定程度上发挥作用,但随着民主斗争形势对代表素质提出了更高的要求,组织便开始人为地酝酿出一种筛选职业的领袖精英群体的机制。然而这一机制运作的最终结果是与其更好地服务于大众的初衷背道而驰的。另外,组织内领袖与大众的某些心理特征[②]不可避免地促使筛选出的精英成为大众的主人而不是服务者。换而言之,当领袖们意识到他们对于大众的不可或缺性及自身具备了操纵大众的可能性后,会自然而然地将领袖与大众的差距拉大并固化下来。在大众民主的时代,组织既是凝聚大众力量的平台,却也同时是培育领袖和精英的平台,在诞生之初是作为争取民主的手段,在某一阶段其本身就是目的,最后它又蜕变为寡头获取更大权力和实际利益的手段。

　　第二,寡头统治铁律的实质与直接后果就是领袖权力成了组织权力的代名词。在米歇尔斯的实证考察以及类似的研究中,研究者们都发现了一种现象,即随着组织规模的扩大和权力的扩张,领袖对组织的操控力不是下降而是显著上升了,这事实上也等于说:“在组织相对强大的地方,民主化的程度反而低。”[③]其原因自然被归结到上文曾列举的精英民主理论的核心要件之一——精英与大众的素质差别方面。从实证研究的层面上看,这种差别虽

---

　　① 参见[德]罗伯特·米歇尔斯:《寡头统治铁律——现代民主制度中的政党社会学》,任军锋等译,天津人民出版社,2003年,第一章第一节。

　　② 米歇尔斯系统罗列了这些心理特征,就领袖方面而言,它意味着对代表职位的习惯性觊觎;对大众方面则包括:大众对领袖的需求(大众不适于从事专业的政治活动的特性使然)、大众对领袖政治上的感激、大众对领袖的盲信等。参见[德]罗伯特·米歇尔斯:《寡头统治铁律——现代民主制度中的政党社会学》,任军锋等译,天津人民出版社,2003年,第一章第二节。

　　③ 同上,第28页。

然不是由什么先天因素造就的，但经过个人奋斗和组织机制筛选出的精英却可能比那些传统型的权威具有更大的影响力和控制力。在寡头统治铁律的内容中，这种领袖权力代替组织权力的结果是经由两方面的动力共同促成的，就大众方面而言，在领袖的巧妙操控下和自身对公共事务的麻木天性①影响下，"那些将希望寄托于领袖并给予全力支持的大众，只不过是自己手中驯服的工具罢了，他们只是一连串零，唯一的作用就是增加左派的政治筹码"②。从某种程度上说，大多数精英民主理论家根本不认为大众具有明确的组织民主观念，多数情况下（革命除外）他们也毫不关心组织内权力的分配结构，甚至缺乏要求这种组织民主权利的热情。就领袖而言，控制组织权力对他们意味着控制组织财政、人事和话语权，而这几项内容都是直接关涉他们的地位和影响力能否继续保持的关键性要素。因此，领袖们往往会不惮于使用各种手段让自己成为组织的化身："政党官僚将自己与组织完全等同，同时将个人利益和组织利益完全混淆。"③在这些手段中，包括了话语权的争夺、以辞职为要挟的豪赌、以大众公决为幌子的组织暴力等。④

　　诸如此类的行为尽管表现出一种浓厚的民主色彩，但它并不能掩盖那些惯用这一手段的人的专制特性。表面看来，那些要求举行信任投票的领导人是在尊重被领导者的决断，然而实际上他是以自己的不可或缺为赌注——无论这种赌注是客观存在的还是主观认定的，使自己的意志获得压倒一切的影响力……不管他们的主观愿望怎样，他们的

---

　　① 米歇尔斯指出："人们放弃自己的民主权利在很大程度上是自愿的。"参见[德]罗伯特·米歇尔斯：《寡头统治铁律——现代民主制度中的政党社会学》，任军锋等译，天津人民出版社，2003年，第45页。

　　② [德]罗伯特·米歇尔斯：《寡头统治铁律——现代民主制度中的政党社会学》，任军锋等译，天津人民出版社，2003年，第132页。

　　③ 同上，第193页。

　　④ 同上，第二、三章。

行为本身不仅是寡头统治倾向的集中体现，而且是他们极力想摆脱大众对他们的控制的证明。①

而大众在此即使不是完全充当了一个傀儡和道具的角色，也至少是对领袖的专断倾向无能为力的。

第三，米歇尔斯指出，在政治组织（尤其是大型政治组织）中，人们迄今为止所实施和设想的各种制度和措施事实上都只可能在相当有限的层面上抑制寡头统治铁律的影响。②在《寡头统治铁律》一书的第五章中，他对所列举的限制领袖影响力的各种尝试一一加以考察，最后得出结论：无论是复决投票（直接民主在立法领域的反映），还是道德自律的约束（主要是社会主义理想的），以及组织替代式的工团主义措施（以大众参与运动为核心的），甚或是作为预防措施的无政府主义，都无法做到长期有效地制约寡头政治。③比如，复决投票这种从逻辑上最能体现民主参与性特征，并且也具备一定实践基础（如瑞士民主的实践）的方式会受到诸如大众智识能力、参与意愿、操作成本等多种因素的制约，因而往往难以构成对寡头们的实质性威胁。更具有讽刺意味的是，如果要确保投票或选举足够民主，就不能不依赖于一套复杂的管理选举和投票程序的组织机构，④而这样做的必然结果，除了创造出

① ［德］罗伯特·米歇尔斯：《寡头统治铁律——现代民主制度中的政党社会学》，任军锋等译，天津人民出版社，2003年，第43页。

② 在这个问题上，米歇尔斯的立场和观点还有别于帕累托和勒庞那种对民主制衡的可能性抱有彻底的悲观态度的学者，甚至也比莫斯卡这样偏向自由主义的精英主义者更偏左一些，这无疑也印证了这一时期的米歇尔斯思想体系中仍然保留着一些左翼思想的影响。

③ 参见［德］罗伯特·米歇尔斯：《寡头统治铁律——现代民主制度中的政党社会学》，任军锋等译，天津人民出版社，2003年，第289~314页。

④ 米歇尔斯以法国波拿巴独裁体制的建立这样无可辩驳的实证材料证明，这样的组织机构对于确保选举或投票的公正性是完全必要的。他指出："由公民投票作出决断，这一制度如果要运行良好，离不开一个尽职尽责的官僚机构，因为这种选举制度的实践表明，选举结果很容易遭到歪曲。"参见［德］罗伯特·米歇尔斯：《寡头统治铁律——现代民主制度中的政党社会学》，任军锋等译，天津人民出版社，2003年，第292~294页。

寡头政治滋生的新土壤之外,产生的积极后果相当有限。与此类似,其他用来制约寡头政治的制度和措施(尤其是工团主义等组织替代措施)①在实践中也完全有可能产生出上述"组织民主的悖论"②。

类似的,利普塞特也对工会实现长期民主的可能性抱有悲观的看法,他认为,大型组织自身无法摆脱寡头统治铁律的影响。其理由为:①大型组织的结构本身就会产生发展官僚主义行为模式的要求。②大型组织的结构给予在职的管理当局巨大的权力与好处,大大超过普通会员,甚至超过有组织的反对派。③寡头集团对大型组织的控制,其难易程度随成员参与组织的程度而异。④工会中民主所固有的不稳定性是由于工会作为一种地位判定机构而显露出来的。因而,可以得出结论:大部分时间内大多数工会不能满足实行民主的要求。③

由此可见,对于在组织内部,尤其是政治组织内部抑制寡头统治铁律的可能性,精英民主理论家们所得出的结论基本上应该说是不容乐观的。从本质上说,这完全符合精英民主理论的一个核心理念,那就是在否定以大众参与为核心的古典民主基础上构建现代民主。因此,对反寡头(精英)统治可能性问题的探讨意义更应该从精英民主理论建构的必然逻辑的层面来加以理解。简而言之,如果充分证明了现有的、以大众参与为出发点的民主预防措施不足以抑制寡头政治,那么也就有必要换一个思路,从精英统治系统内部

① 以反对一切权威为宗旨的无政府主义似乎不在此列,但米氏也尖锐地提出了批评意见:首先,无政府主义"一旦走出纯粹的思想阵地,成立政治协会,他们便不得不接受权威原则"。[德]罗伯特·米歇尔斯:《寡头统治铁律——现代民主制度中的政党社会学》,任军锋等译,天津人民出版社,2003年,第312页。其次,即便能够克服组织民主悖论,无政府主义也对建立"将派出任何形式的集权现象"的新秩序的逻辑基础不甚了了。参见[德]罗伯特·米歇尔斯:《寡头统治铁律——现代民主制度中的政党社会学》,任军锋等译,天津人民出版社,2003年,第313~314页。

② 此处借用了波普尔民主悖论的概念,但旨义有所差别。

③ [美]利普塞特:《政治人——政治的社会基础》,刘钢敏、聂蓉译,聂崇信校,商务印书馆,1993年,第324~326页。

寻找制衡的力量。[①]实际上，在对现有制约措施表示失望的理论家那里，已经有意无意地为找到这样的新制衡支点开辟了道路，这在米歇尔斯对待选举的矛盾态度上得到了典型的反映。[②]而在精英民主理论的后续发展中，也终于有一批思想家（如熊彼特等）明确了选举在精英政治和民主政治联姻中充当重要媒介的地位。当然，这种对民主实现可能性的质疑的研究一个意想不到的积极后果还在于，它从理论和实践两个层面上提醒了精英民主的反对者：一方面，他们需要认真地思考民主实现形式创新的问题；另一方面，要反击精英主义者对民主实现可能性的质疑，反对者们就不得不在理论上寻求突破，并且必须依托类似于精英主义者采用的实证研究方法来逐一反驳批判者的批判意见。从这个意义上讲，精英民主理论质疑民主可能性的积极影响早已超出了问题本身的限度，而是在改进政治学研究范式的意义上带动了对民主政治的系统研究。

当然，寡头统治铁律本身其实也并不是毫无破绽的，就一种科学研究的结论而言，它似乎过多地强调了民主组织和民主运动中反民主的倾向，而忽视了以下三方面的问题：

首先，它忽视了一些变量对寡头统治铁律的影响。即使承认寡头统治铁律对于那些组织严密、斗争目标明确的民主组织（首先是政党）来说是适用的，那么对于那些组织松散、没有意愿或者没有必要提出鲜明的政治要求的民主组织而言它的适用性又如何呢？事实上，在民主政治基本稳固，且不出现大规模、高烈度的意识形态对立和冲突的情况下，西方国家的民主组织大多不再需要复制出一套严格的官僚制式的内部结构，它的主要任务也转向寻求一些具体的、不涉及政治要求的经济社会权益的保障和分配，一般组织

---

①　如以帕累托为代表的理论家就明确地把实行"善治"的希望寄托在了选出"好的"精英进行统治上，熊彼特等人的思路也显然受到了上述问题导向型思考的影响。

②　参见［德］罗伯特·米歇尔斯：《寡头统治铁律——现代民主制度中的政党社会学》，任军锋等译，天津人民出版社，2003 年，第五章第一节。

成员此时对领袖的依赖也会出现显著的下降。诚然,"民主只是一种组织形式,而当它与组织难以协调的时候,只有舍弃民主"①。那么是否存在着民主与组织能够协调的情况,这种情况又是否可能成为一种常态呢? 精英民主理论家在此止步于解构,而并没有在建构方面给人们更多启示。也就是说,如果满足了某些条件,寡头统治铁律即使没有消失,也可能很少找到用武之地。

其次,寡头统治铁律诞生的特殊背景和过强的针对性②也降低了其解释力。③正如前文所述,米歇尔斯等人的早期精英主义理论是在西方传统自由主义代议制民主遭遇内外交困的局面下提出来的,这就决定了应时性的需要常常会压倒科学性的需要。比如,在深刻揭露民主政党(特别是社会主义政党)中存在寡头统治铁律的问题时,它并没有比较说明在其他性质的政党组织,以及作为国家机器的正式组织中情况又是如何的,或者至少没有明确地对寡头统治铁律在不同组织中作用的强度作出评判。从某种意义上可以认为,寡头统治铁律对于某些非民主的组织过于宽容,而对于某些民主组织(社会主义政党)则显得过于苛刻了。④而且早期精英主义理论家用以支撑寡头统治铁律的重要基础——社会心理基础也随着政治文化的转型与改变处于变动不居的状态,同时,民主组织中的寡头只能用"民主"的手段来实现自身利益的特点,客观上也有利于大众提高其政治参与意识和技能。因此,从一个更长的时间向度上看,我们是无法断言支持寡头统治铁律的社会心理

---

① [德]罗伯特·米歇尔斯:《寡头统治铁律——现代民主制度中的政党社会学》,任军锋等译,天津人民出版社,2003 年,第 30 页。

② 如利普赛特就指出:"米歇尔斯的这一极具挑战性的论点是直接针对当时他自己的社会主义同志提出的。"参见[德]罗伯特·米歇尔斯:《寡头统治铁律——现代民主制度中的政党社会学》,任军锋等译,天津人民出版社,2003 年,英文版前言,第 29 页。

③ 对米歇尔斯实证研究中过于浓厚的主观色彩,不仅精英民主理论的批评者多有指责,而且也是为后来更强调价值中立的科学实证研究的精英民主理论家们所不取的。

④ 当然,寡头统治铁律也没有考虑到这样一种可能性,即非革命状态下,民主组织领袖解决现实问题的能力和给予成员平等待遇要求的提高,这些都会对寡头统治铁律的作用构成挑战。

基础将会永远存在下去的。

最后，最根本的问题是，寡头统治铁律到底将把其受众引向何种民主观。在米歇尔斯的时代，这个指向基本上是确定无疑的，那就是一种悲观消极的民主观。这也导致寡头统治铁律作为一种客观规律本身遭到了出于意识形态原因的诟病。但如果转换一个思路，问题可能就会迎刃而解了。在此，我们完全可以不再将民主政治的发展看成是一步到位的过程，而是一个渐进的逐步完善的过程，我们就可能会得出不同于精英民主理论家们的结论。在这个问题上，利普赛特的观点显然就要比米歇尔斯更加客观，他指出："许多内部结构呈现强烈寡头化倾向的组织，却为整个社会实现民主提供了基础，并能够保障其成员的利益免受其他群体的侵害。"①也就是说，民主组织中的寡头制相对于非民主组织中的寡头制仍然意味着民主因素的增长。退一步说，即使我们完全承认了寡头统治铁律的存在与作用，但是只要能够证明，在一个民主组织中，寡头统治铁律的影响力降低了，或者说它受到了比以往其他体制内更多的牵制，那么我们就可以认为民主政治是取得进步了，反之亦然。也就是说，寡头统治铁律对于那些仍然有意追求民主的人来说，并不构成一个反民主的理由，而是成为一块衡量民主原则贯彻程度的试金石。这样的功能虽然并不符合精英民主理论家们提出这条铁律的初衷，但却可能是它对于现实民主发展的最大实际价值所在。

三、作为前提的民主政治及其支点

毋庸置疑，精英民主理论所认识的政治世界是以一种精英统治的形态

---

① ［德］罗伯特·米歇尔斯：《寡头统治铁律——现代民主制度中的政党社会学》，任军锋等译，天津人民出版社，2003年，英文版前言，第29页。

存在的,对于精英统治原则在多大范围和多大程度上发挥作用,精英主义政治学者,特别是早期的精英主义学者曾经花费了大量精力,不惜笔墨地试图证明精英统治原则能够超越时间、空间的限制以及政治制度、文化间的巨大鸿沟而始终保持其主导性地位。在此,我们能够很容易地举出莫斯卡、帕累托、勒庞、熊彼特等大家成篇累牍的宏大历史考据。但比论证精英统治原则在所有近代之前的历史中发挥重要作用更具现实意义的,则是必须证明这条原则在民主政治大行其道的时代,在政治生活已经踏上了大众参与时代这条单行道的前提下,是否还继续拥有足够的说服力。要解决这个问题,精英民主理论就不得不回答为什么普通大众能够切身体会到的许多政治常识和观感与其主张的"铁律"之间存在着一些难以调和的矛盾之处。更明确地说,就是必须解释为什么看似水火不容的精英统治可以同民主政治长期并存。对此,寡头统治铁律也仅仅是提供了大众组织方面的部分解释,除此之外,精英民主理论家们还需要在精英与民主之间架起更多的桥梁。

具体而言,这种为精英政治加上民主前提的努力体现在大多数精英民主理论家都承认民主政治的进步性。精英民主理论对于现代西方民主政治发展的评价在下面一段文字中得到了很好的概括:"诚然,多数人政府和绝对的政治平等,这两项 19 世纪刻在自己旗帜上的座右铭没有实现,因为它们难以实现,提到博爱也可以这么说。但是统治阶级的等级已经变得开放了。那种阻止下层阶级成员进入上层的障碍已经被移走,或者被降低,旧的专制国家向现代的代议制国家的发展使得几乎所有政治势力、几乎所有社会价值,参与了社会的政治管理。"①类似的观点也曾出现在米歇尔斯等人的著作中:"可以说,人类越是认识到民主制度(不管它如何不完美)相对于君主制

---

① [意]加塔诺·莫斯卡:《统治阶级(〈政治科学原理〉)》,贾鹤鹏译,译林出版社,2002 年,第553~554 页。

度(不管它如何完美)的优越性,他们越不会因为民主制度的缺陷而要求退回到君主制度。"①当然,过渡阶段和回归主流阶段的理论家们就更是对西方民主政治的价值有颇多溢美之词了。在此,我们不难发现,即使是精英民主理论中最具有保守主义色彩的早期精英主义理论,也不是一概地否定现代民主的发展进步。从某种意义上讲,精英民主理论并不准备在一切场合下拒斥进步主义的历史观,也并非抱着那种自绝于民主阵营的觉悟去挥舞批判的武器。在以往对精英民主理论的研究中,人们更多地注意到了精英主义所强调的少数人统治铁律的恒常性,并据此认为精英民主理论所持的是一种保守主义的历史循环论,这虽然不能算是一种完全的误读,但至少也是有失偏颇的。

当然,这种对民主进步性的肯定并不必然地带来对现有民主制度和形式的认同,精英民主理论同自由主义分歧的起点也正在于此。在精英民主理论家们眼中,至少有这样几种民主不是他们的期待之物:①纯粹理想主义的民主,最典型的当然莫过于大众直接参与式的民主。如上文所述,绝大多数的精英民主理论家都明确地反对将民主的内涵对应于民治。早期的精英主义理论家主要是从民主实践的技术性层面(组织规模、大众素质、寡头铁律等)否认民治的可能,而到了回归自由宪政传统的精英民主理论家(如萨托利)那里,对民治理想的否定则更为系统全面。他延续了技术不可能的论调,进而指出:盲目地坚持参与制民主会不可避免地塑造出一种绝对权力,它不仅无助于解决实际问题,②损害个人自由,而且还可能反过来侵害人们的民

---

① [德]罗伯特·米歇尔斯:《寡头统治铁律——现代民主制度中的政党社会学》,任军锋等译,天津人民出版社,2003年,第357~358页。

② 萨托利指出:"可以得到的自治强度同所要求的自治广度成反比。""可能的自治强度同所要求的自治的持续性成反比。"参见[美]乔·萨托利:《民主新论》,冯克利、阎克文译,东方出版社,1998年,第73~74页。

主理想本身，这就是民治主义的民主——一种劣等的理想主义带来的最大危害。在理论层面，精英民主理论进一步将这种理想抽象化为所谓的"古典主义民主理论"，阐述它与现代民主的差异也随之成为贯穿整个精英民主理论发展历程的主线之一。②无法正常运转的软弱的民主。众所周知，19 世纪末 20 世纪初欧洲各国的代议制民主政治曾经陷入一种普遍的瘫痪危机中，这种景象无疑强烈地刺激了精英民主理论家们。因此，我们也就完全能够理解为什么在精英民主理论的民主政治蓝图中，会始终存在着对民主社会秩序和民主政府权威能力的特别关照。③不能被纳入某种制度规范中的民主。在精英民主理论家看来，所有激进主义民主运动的共同特征都将导致大众民主的失范，其最终的恶果要么是使民主政治陷入负载过度而混乱瘫痪的状态，①要么就是将那类完全无视民主原则的不民主的精英推上前台。出于种种理由(大众理性缺陷、寡头铁律、多数暴政等)，回归自由主义传统的精英民主理论家特别表示了对那种轻视自由而推崇平等的民主政治的反感。他们认为，这种民主政治在现实中唯一可能的载体就是高度集中的国家权力和官僚机器，②而这恰是奉行自由主义的西方民主始终警惕的大敌。

至此，通过排除法和演绎法，精英民主理论家们理想的民主模型的轮廓已经逐渐浮出水面了：①这种民主政治并不排斥精英统治原则。②这种民主政治以维系政治共同体的稳定和秩序为基本生存条件。③这种民主必须有某种可操作性的制度规范作为判断其性质、发展程度的标准。如此也就顺理成章地引出了从"选主"角度对民主进行理解的精英民主理论的新民主观。

---

① 尤其是早期的精英主义理论家，如莫斯卡、帕累托等人对于无政府主义的民主观念是深恶痛绝的。

② 当然，熊彼特的民主思想在对待权力结构问题上的观点与多数精英民主理论家有所不同，他并不一概拒斥集权主义，甚至将其作为通向他所谓的"社会主义"道路的一种必然趋势。参见[美]约瑟夫·熊彼特：《资本主义、社会主义与民主》，吴良健译，商务印书馆，1999 年，第三篇。

由此可见，与其说精英民主理论是在与民主本身的斗争中发展的，还不如说它是在与那些实在的或是想象中的激进民主形式的斗争中不断演进的。从对自由民主的修正补充而不是彻底颠覆的意义上讲，从早期精英主义理论向回归传统的精英民主理论的过渡，也是完全符合西方民主由一种革命性、批判性的理想转为一种保守主义色彩日益浓厚的理论实践体系的整体规律的。

对于精英民主理论而言，融合民主基本原则与精英政治现实的民主理论至少需要这样四个支点：①开放、竞争性的精英集团。这当然意味着对精英统治现实的事实接受，但又不是不附加任何条件的接受。在精英民主理论家们看来，大规模工业社会下的民主首先只能是一种专家统治的政治，但民主的原则又不能容许那些恣意妄为的精英登上权力顶峰。于是，我们所需要的精英必须是满足一定条件的精英，这些条件具体包括："一、这些精英必须信仰民主的价值，并严格遵守民主政治的竞赛规则……二、精英必须来自社会各阶层，使各阶层各团体的利益都获得合理的照顾……四、为了保障执政精英不滥用权力，反对团体的存在是必要的。五、政治体系必须是开放的……"①②选择精英并赋予其合法性的必要程序。用定期的民主选举来规定民主概念本身，这是精英民主理论转型中寻找到的最重要的理论支点。韦伯和熊彼特之后几乎所有的精英民主理论家们都强调了民主选举至少是一个有用的，甚至可能是唯一有用的辨别民主与非民主政治的标准，除此之外，他们没有发现，或者可能是一开始就认为根本不可能发现其他在政治上支撑民主的制度。③一定的社会结构基础。绝大多数的精英民主理论家都同时具备了政治社会学的理论背景和研究思维，也都在不同程度上受到了马克思的

---

① 此处系借用其他学派民主理论家对精英民主条件的概括。其中，第三条和第五条部分内容与精英民主理论的观点并不相同，故而略去。转引自彭怀恩：《精英民主论述评》，正中书局，1989年，第47~48页。

阶级分析法的影响。①因此,他们也从来没有忽略过对民主的精英政治社会基础的考察,在一些精英民主理论家那里,明确地提出了用不断壮大的中产阶级作为这一基础的主张。②当然,也有一些更偏向实证研究的学者指出,中产阶级在很多情况下也是不可靠的,③他们还必须在社会结构基础外加入一定的政治文化等内容。④稳定高效的政府体制。这当然也是崇尚秩序价值的精英民主理论的内在逻辑要求。这四大条件缺一不可,相对而言,他们认为,那些备受激进的民主主义者推崇的原则,比如大众的平等政治参与、大众对精英的常态化监督等倒并非民主政治的必需之物。

　　总之,在精英民主理论那些作为共识性基础的核心要件中,从来都不乏直接涉及民主问题的内容,而且与某些人的先入之见不同(在下文中,笔者还将再次反驳将精英民主理论的本质视为反民主的理论的误读。),精英民主理论并不是一般性地反民主的,它真正反对的是一种激进主义的民主形式,它本质上的这一规定性其实也决定了它尽管是以对现实的批判者的面目登上民主争论的历史舞台的,但终归会转向建构者甚至是辩护者的角色。认识到这一点,将使我们能够更客观、更准确地评价精英民主理论在西方政治思想史上的独特地位和价值。

---

① 当然,莫斯卡、帕累托、熊彼特等人对马克思阶级分析法的科学性都是抱有强烈质疑的,他们更希望用一种精英与大众两分前提下的阶层理论来解释现代民主社会的结构。

② 参见[意]加塔诺·莫斯卡:《统治阶级(〈政治科学原理〉)》,贾鹤鹏译,译林出版社,2002年,第十四、十六、十七章;[意]帕累托:《普通社会学纲要》,田时纲译,生活·读书·新知三联书店,2001年,第九、十章等。

③ 参见[美]利普赛特:《政治人——政治的社会基础》,刘钢敏、聂蓉译,聂崇信校,商务印书馆,1993年,第五章。

第二节 精英民主理论对传统西方民主理论的修正

一、对古典民主理论的批判

如前文所述,在 20 世纪的西方思想界,民主理论家们都自觉不自觉地发现, 现有的西方民主政治无论是在理论上还是实践上都开始出现一种日益严重的过载危机,[①]而作为解决这一问题的重要基础性工作之一,系统地梳理西方民主的理论和实践史显得尤为必要。正是在这一基础性工作中,许多理论家(不仅是精英民主理论家)都不约而同地发现了一条可能让当代的西方民主焕发生机的捷径:将民主理论区分为古典的和现代的,通过强调后者的当代性特征,在尽可能不受前者观念桎梏的前提下,自由地为现代民主政治填充符合理论家主观需要或现实政治的实际及趋势的内容。简而言之,就是以一种可以被称之为破旧立新的方式充分阐释和发展时下的西方民主价值和实践体系。在敏锐发现和熟练运用这种手法的民主理论流派中,精英民主理论无疑扮演了先行者的角色, 同时也形成了一些可以被认为最具典型意义的表述。

早期精英主义理论家尽管还没有明确地区分使用古典民主与现代民主的概念,但他们已经开始敏锐地观察到,要充分论证西方现行的代议制民主的合法性,从奉行人民直接统治原则的古典民主理论那里是难以获得充分

---

① 此处借用了赫尔德《民主的模式》一书中对于政府能力过载问题的类似概念。

支持的。①为此,就有必要对传统的民主理论进行取舍,果断抛弃那些看来已经与民主的现实形态不尽相容的观念。理所当然的,作为直接民主理论基础的人民主权和公意学说便赫然位列批判榜的榜首。作为开启二战后早期精英主义理论向现代精英民主理论过渡时代的重要思想家,熊彼特对于上述两个民主理论划分的贡献十分突出,因此其逻辑线索也代表了精英民主理论,特别是代表了作为一种建构学说的精英民主理论改造与现实不相符的古典理论的基本思路。

具体而言,熊彼特所说的古典民主理论指的是成形于 18 世纪,以理性主义和功利主义为理论前提的一种民主理论。熊彼特概括其民主方法就是为现实共同福利作出政治决定的制度安排。这种安排使人民通过选举选出一些人,让他们集合在一起执行它的意志,决定重大问题。在此,古典民主论包含了三个核心概念:人民、共同福利、理性的个人。人民是有理性的个人组成的整体,代表着所有个人的利益要求;共同福利是人民共同追求的目标,能够满足所有个人的利益要求,并借助民主实现;理性的个人意味着个人有能力了解自己的要求,并根据周围的情况,作出合理的判断和行动。在这三个概念的基础上,古典民主理论者认为民主所要解决的核心问题是由谁来决策和管理,答案则是:人民。古典民主理论的理论前提有两个:理性主义和功利主义。理性主义界定了政治生活中个人的位置和作用,而功利主义则在理性主义的基础上进一步阐发了政治生活中个人集合体和政府的位置和作用。

二者相互补充,共同支撑着古典民主论。一方面,理性主义在西方思想史上具有悠久的传统,在 18 世纪以来自然科学、心理学和经济学发展的基础上,它确立了两个基本命题:一是有理性的个人有能力作出合理的判断和

① 参见[意]加塔诺·莫斯卡:《统治阶级(〈政治科学原理〉)》,贾鹤鹏译,译林出版社,2002 年,第十七章。

行动。反映在政治生活中,理性的个人同样能够像理性经济人那样作出价值取舍。二是依据理性可以建构所有全新的东西,包括法律、制度甚至语言文字,同时理性也是唯一辨别是非真假的标准,依据理性建构起来的政治制度可以实现自由、进步等人类目标。而以边沁为代表的功利主义思想家提出的人类"趋乐避苦"的本质和"最大多数的最大幸福原则"不仅丰富了上述理性的个人这一基本假定,而且论证了作为整体的人民以及共同福利的存在,为将理性主义应用于现实政治提供了一套概念和标准体系。

在《资本主义、社会主义与民主》一书中,熊彼特就已经非常明确地作出了古典民主与现代民主的区分。在第二十一章"民主政治的古典学说"中,他开宗明义地指出:"18 世纪的民主哲学可以用下面的定义来表达:民主方法就是为现实共同福利作出政治决定的制度安排,其方式是使人民通过选举选出一些人,让他们集合在一起来执行它的意志,决定重大问题。"①简而言之,这种民主哲学的核心可以概括为"人民统治"。紧接着,他就针对这种建立在功利主义逻辑合法性基础上的古典民主的要害,也就是"人民统治"的合理性基础——所谓"共同福利和人民意志"进行了逻辑和实证两个层面的激烈批评。如在共同福利问题上就有由以下三点组成的逻辑证伪线索:"首先,不存在全体人民能够同意或者用合理论证的力量可使其同意的独一无二地决定的共同福利。""其次,即使有一种充分明确的共同福利——譬如功利主义者提出的最大经济满足——证明能为所有人接受,这并不意味着对各个问题都能有同等明确的回答。""第三,作为前面两个命题的结果,功利主义者据为己有的这个人民意志的特殊概念就烟消云散了,因为这个概念必须以存在人人认辨得出的独一无二地决定的共同福利为先决条件。"②而对所谓"人民意志"问题的认识,熊彼特的观点显然受到了以勒庞为代表的

---

① [美]约瑟夫·熊彼特:《资本主义、社会主义与民主》,吴良健译,商务印书馆,1999年,第370页。
② 同上,第372~373页。

早期群体心理学派精英主义学者的影响，他认为："典型的公民一旦进入政治领域，他的精神状态就跌落到较低水平上，他会毫不犹豫地承认，他辩论和分析的方法是幼稚的，局限于他实际利益的范围。他又成为原始人了。他的思想变得易于引起联想和充满感情。"①当然，为了说明这种逻辑上根本站不住脚的民主理论为什么还有市场，熊彼特还不忘补充了古典学说存在的四条理由："首先，虽然集体行动的古典学说可能得不到经验分析结论的支持，但它得到与宗教信仰有关思想的有力支持……""第二，存在这样的事实，古典民主政治的形式和言辞在许多国家里与它们历史中的事件和发展相联系，这些事件和发展得到大多数人的热情赞许。""第三，必不可忘记，在有些社会模式里，古典学说之确实适合于事实达到足够近似的程度。""第四，政客们当然欣赏既能讨好群众又能提供极好机会来逃避责任和用人民名义压倒对手的辞令。"②通过他的分析，人们不难得到这样一种暗示，在上述古典学说存在的四条理由中，二、三两点是带有偶然性和实时性的不具普遍意义的理由，而一、四两点则与民主的价值追求相去甚远。

总之，在理想的现代西方民主政治中，这四条理由作为支撑民主的理由都已经显得不够充分。在多数精英民主理论家看来，古典民主理论把民主的价值取向与民主实践混淆在一起，构建了一个普世性的直接民主模式，忽视了从价值取向向民主实践转化需要相应的制度环节以及具体可行的操作方法，从而滋生出了民主的"民治"乌托邦，而这一乌托邦的危险主要体现在：一方面由于对民主社会政治生活的理想化设想，造成其忽视了民主的监督功能和相应的制度保证内容；另一方面则是夸大了民主的功能和作用。按照它的逻辑，一旦解决了由谁进行决策和管理的问题，所有问题就会迎刃而

① ［美］约瑟夫·熊彼特：《资本主义、社会主义与民主》，吴良健译，商务印书馆，1999年，第386页。

② 同上，第390~394页。

解。而实际上民主的功能和作用是有限的，如果把所有问题的解决都归诸民主，不仅不能解决许多民主本来解决不了的问题，而且会对民主本身的信誉造成损害。从区分古典学说与现代学说，到批判古典学说的哲学基础，再到否定古典学说现实存续的合理性，熊彼特的论述构成了一个完整的三段论逻辑线条，而他代表的所有致力于构建西方民主政治新理论基础的精英民主理论家的核心意旨，其实用一句话就可以概括出来，那就是对于现代西方民主政治的发展而言，已经到了需要和古典学说彻底说再见的时刻，倘非如此，西方民主就没有前途可言。

　　"人民从来没有统治过，但是他们总是可以被定义弄得他们像是在进行统治。"①那么精英民主理论家们设想中的现代民主的实质内核又应该是什么呢？熊彼特沿着这样一个疑问延续其思考的步伐："如果进行统治的是人民（无论用什么定义），就出现另一个问题。'人民'怎么有技术上的可能性去进行统治？"②在他看来，所谓"人民的统治"对应的就是一种人民直接参与民主政治的形式，而只有"小而原始的只有简单社会结构的""不存在很多意见分歧"的社会③才符合这种民主形式能够正常运行的条件。很显然，他不认为大规模的多元结构社会里这种直接民主还有实现的可能性，那么"舍弃民治，代之以由人民批准的治理"④就成了唯一的路径。简而言之，熊彼特等人所谓的现代民主政治的内涵是简单明确的，它就是一种选择"民主"的精英的方法以及后者竞争领导权的过程，⑤精英民主理论始终都在强调民主政治的能人统治现实，并且希望通过与古典理论划清界限而让这种民主政治的"潜

---

①　［美］约瑟夫·熊彼特：《资本主义、社会主义与民主》，吴良健译，商务印书馆，1999年，第365~366页。

②③④　同上，第364页。

⑤　从某种意义上讲，熊彼特甚至是把民主过程与市场过程等量齐观的。

规则"成为一种正式规则。①早在韦伯那里就已经产生了赋予现代民主以"公民表决的领袖民主"含义的思想,他所强调的民主内涵是"人民通过一种形式上自由的方式选举那些看起来更能表达他们利益和目标的领袖"②。这种思想在熊彼特这里进一步成熟,并被更系统、当然也更坦率地表述为一种纯粹强调民主程序工具性的民主理论——竞争领导权的民主理论。

在精英民主理论的后续发展过程中,类似的观点也为萨托利等人发扬光大。对于精英民主理论的发展而言,这种对古典民主含义的扬弃置换显得意义重大:"一旦将民主界定为选择统治精英的工具,精英理论与民主理论的传统对立即刻开始消解。"③当然,作为一种与时俱进的表现,正式成为西方主流民主阵营中一元的精英民主理论家们还为古典民主理论的修正增加了更多价值层面的内容。萨托利首先明确指出现代民主与古代民主是不同类型的民主:"现代民主并不是由古希腊理想和某些后来的附加物组成的。"④"古代的微型民主并没有遇到公民与国家的关系问题,而现代的巨型民主则相反……只有当我们以公民为起点时,只有当国家源于公民时,我们才仍是自由的。"⑤而古典民主理论的谬误就在于,它人为地制造了一种民主传统的历史延续性,⑥并且"为求简洁而只说'民主'",无意中隐去了现代西方民

---

① 萨托利是这样明确地表示他对能人政治的赞许的:"贬低能人统治,我们只能得到低能儿的统治;贬低择优,我们只能得到不加选择;贬低基于功绩的平等,我们只会获得基于缺点的平等。"参见[美]乔·萨托利著:《民主新论》,冯克利、阎克文译,东方出版社,1998 年,第 190 页。

② 聂露:《精英民主理论的简单谱系》,《中国社会科学院研究生院学报》,2004 年第 2 期。

③ 景跃进:《比较视野中的多元主义、精英主义和法团主义——一种在分歧中寻找逻辑结构的尝试》,《江苏行政学院学报》,2003 年第 4 期。

④ [美]乔·萨托利:《民主新论》,冯克利、阎克文译,东方出版社,1998 年,第 327 页。

⑤ 同上,第 328 页。

⑥ 与萨托利持相同观点的多元主义民主理论家达尔也指出,人们在实践中往往没有很好地区分出那些本来不具有民主含义的理念和制度。比如,现代民主的某些制度原本并不是用来服务于民主的,就其起源而言甚至可能是反民主的,如"代议制政府最早并不是一种民主的做法,反而是非民主政府(主要是君主制)所采用的手段,目的是为了得到它迫切需要的收入和其他资源,以便应付战争"。参见[美]罗伯特·达尔:《论民主》,李柏光、林猛译,冯克利校,商务印书馆,1999 年,第 112 页。

主中包含的自由主义的内容，这就导致了传统自由主义民主理论与政治现实间强烈的对比反差。而要使西方民主理论的意识形态体系与实践制度机制体系保持一致，彻底地变革甚至是抛弃古典民主理论，建构一种回归到自由主义原始含义——捍卫自由价值基础上的现代民主理论就显得意义重大。同样，在萨托利等人对现代民主制度的设计中，也表现出了诸多偏离古典民主理念的特点。比如，萨托利对议会制和总统制交替运行、彼此纠错而保持政治平衡的观点[1]背后反映的就是一种经典的权力制衡理论，米尔斯将它表述为"自动平衡的理论"[2]，而这种理论所要达到的目的也是十分明确的，那就是"用自由、权威的因素约束或限制民主中的平等、参与因素，防止因民主的过分发展而导致民主的危机"[3]。而这也正是精英民主理论与倾向保守的自由主义颠覆古典民主理论的要旨所在。

当然，有必要指出的是，建构时代的精英民主理论内部也始终存在着对现代民主实质问题的争论，并非所有的精英民主理论家都把用选举代表置换人民直接统治当成民主政治由此踏上坦途的唯一契机。即使不考虑那些带有某种激进主义倾向的精英民主理论流派的观点（如戴伊等人就认为，民主的本意就是"民治"），情况也似乎不会变得更简单些。比如，沿着早期精英主义理论的思路进一步推演竞争领导权式民主政治的未来，其结论将是：通过民主选举产生的领袖在很少受到除下一次选举之外的其他制约的条件下，会自然而然地将组织变成其个人（或少数人）的工具，而且他们对于所谓"竞争—反馈"式的民主压力总是不乏化解的手段。[4]因此，以选举民主作为

---

① 参见 Sartori, Giovanni, *Comparative Constitutional Engineering: An Inquiry into Structures, Incentives and Outcomes*, University Press, 1994.

② 参见[美]查尔斯·赖特·米尔斯：《权力精英》，王崑、许荣译，南京大学出版社，2004年，第十一章。

③ 马德普主编：《西方政治思想史——二战以来》（第五卷），天津人民出版社，2005年，第143页。

④ 在这个问题上米歇尔斯论述颇丰，参见[德]罗伯特·米歇尔斯：《寡头统治铁律——现代民主制度中的政党社会学》，任军锋等译，天津人民出版社，2003年，第二、五章。

衡量民主的唯一标准只能算是一种对现实全面妥协的无奈之举，它所体现的显然不是一种积极的民主观。同时，另一些在关照民主的现实可能性上走得更远一些的理论家也对以选举为合法性标志的民主形式表示了质疑："并不存在所谓民治的人民政府。"①在阿隆眼中，西方民主政治无论选用哪套外衣——多党制也好，代议制和普选制也罢，都无法改变整个社会始终处于寡头或精英统治的实质。因此，以阿隆为代表的一派偏向右翼保守主义的精英民主理论家们，并不以对西方民主找到了竞争和选举领导人这个合法性支柱感到满意。相对的，他们提出的是这样一系列问题："（1）首先是，哪些人组成了寡头？哪些人组成了占统治地位的少数集团，并且进入这一集团的难易如何？这一执政的少数集团是一个开放的体系，还是一个封闭的体系？（2）在每一种政体中，何种人有机会成为精英政治的成员？（3）执政的少数集团的成员享有何种特权？（4）这种政体给予被统治者何种保障？（5）在这种秩序的政体中，何人拥有实际权力？并且时下经常用的'掌权'的真正意思是什么？"②很显然，这些问题的指向在很大程度上重新回归到早期精英主义关注的核心——即如何用尽可能科学的方法研究"社会模式"和"良好的精英统治"。

在这些理论家看来，对现代民主实质的讨论大可不必是那种先给定一个建立在演绎基础上的确切标的的方式，而是完全可以在运用类似社会学研究思路的过程中自然而然催生结论的一个过程。通过这种考察，可能得出的将是一个介于纯粹的精英主义和过分乐观的多元主义之间的结论：在现代民主并没有脱离精英政治的框架下，精英集团较之前民主时代确实表现出更加开放的趋势，但这种精英录用选拔机制的改善永远都不会突破保持精英统治实质的边界。即使仅是从尽可能地选拔好的精英的角度上考虑，也应该把现

---

① ［法］雷蒙·阿隆：《知识分子的鸦片》，吕一民、顾杭译，译林出版社，2005 年，第 267 页。

② Raymond Aron, *Democracy and Totalitarianism: A Theory of Political Systems*, The University of Michigan Press, 1990, p.84.

代民主政治发展的重点放在完善精英统治机制上，因为在他们看来，"只有发挥精英的政治作用，才能挽救宪政民主的危机"①。在此，我们既可以发现这些右翼保守精英主义者同大部分主流精英民主理论家们的共性——不同程度地否定民主的大众参与性，也不难发现他们同保守的自由主义者们的共通之处——注重以自由价值为核心②的政治哲学和相关制度理想③。

二、对民主政治大众参与基础的解构

精英主义政治理论不但是大众政治时代的特定产物，而且其创立者们也十分敏锐地意识到了他们的理论设计是有着明确的目标指向的，那就是解释和解决现实民主政治中精英统治与大众民主之间的永恒张力问题。④而要解决这样的问题，就必须认清大众政治时代的某些特征，对此，精英民主理论家们至少达成了如下四点共识：

其一，大众政治时代是一个将所有阶层、群体和个人无情卷入政治参与的时代。精英民主理论家们意识到，大众政治时代的民主与以往时代任何一种民主政治形态的首要区别就在于参与的扩散。在这个时代的政治生活中，

① 马德普主编：《西方政治思想史——二战以来》(第五卷)，天津人民出版社，2005年，第134页。

② 按照保守自由主义自由与平等价值冲突的原理，这种对自由价值的推崇理所当然的是建立在对平等价值的牺牲上的，作为一种替代物，这部分精英主义者更偏爱传统的"平衡"或"均衡"之类的字眼。

③ 比如在雷蒙·阿隆那里，这种理想的政治制度设计就是奉行多党制、分权制衡与法治主义等原则的宪政制度。参见[法]雷蒙·阿隆：《雷蒙·阿隆回忆录——五十年的政治思考》，刘燕清等译，生活·读书·新知三联书店，1992年。

④ 其实在早期精英民主理论家那里，也并不乏对于大众政治时代进步性的肯定："多数人政府和绝对的政治平等，这两项19世纪刻在自己旗帜上的座右铭没有实现……但是统治阶级的等级变得开放了。那种阻止下层阶级成员进入上层的障碍已经被移走、或者降低，旧的专制国家向现代的代议制国家的发展使得几乎所有政治势力、几乎所有政治价值，参与了社会的政治管理。"[意]加塔诺·莫斯卡：《统治阶级(〈政治科学原理〉)》，贾鹤鹏译，译林出版社，2002年，第553~554页。又如，利普赛特、曼海姆、戴伊等人也不认为大众民主就是毫无价值可言的。

无论社会大众个体主观意愿为何,他们都已经被普遍地卷入政治进程当中,所有的民主运动都莫不以大众为名, 所有的民主政府也莫不以得到大众的合法性授权作为其存在的基础。

其二,至少在意识形态的宣示里,大众总是作为一个整体性的力量介入政治进程的。从上述两个理由出发,精英民主理论家意识到,以往那种专注于从个体角度出发进行价值论证的自由主义民主理论已经显得不合时宜了,要想继续保持主流意识形态对民主政治的解释力,而不让民主的旗帜为西方民主的社会主义敌人夺走,就有必要用一种基于群体研究视角、能够在大众政治的喧嚣表现中找出现存体制合理性的新理论来研究民主政治。

其三,与参与扩散同步到来的是现代政治事务空前的复杂化、系统化、专业化。精英民主理论家们在此发现了一个可以为精英政治在民主社会中的存续提供论证的切入点。因为这种高度专业化政治的直接影响,就是提出了塑造一个空前专业的政治统治精英(统治精英的重要成员)及其附属的集团群体(如知识精英)的迫切需求,①而这种需求本身正是大众提出的。

其四,在大众政治时代里,大众本身并不能完全享有参与的自主权。在这个时代里, 大众介入政治必须依靠两个主要条件——意识形态和政治组织。精英民主理论指出,很显然,对这两者的主导权都并不掌握在大众手中,那么其结论就只能是:所谓大众政治形态充其量不过是一个被精巧包装的精英政治形态。②

至此, 精英民主理论似乎已经找到了一个缓解大众政治时代对精英统治原则冲击压力的有效办法。接下来,它还需要完成两个论证:其一是要论证大众参与的民主不过是一种劣等的理想主义乌托邦, 这个任务已经由上

---

① 关于知识精英在精英统治体系中的作用问题,参见拙文:《知识精英与政治变革——政治学视野中的一个知识分子问题》,中国社会科学院研究生院 2008 年硕士论文。

② 当然,在精英民主理论体系内部,对这种现象的评价是根据其立场不同有所差异的。

文提到的对古典民主理论的批判完成了；其二则是论证作为一种现实的大众民主存在诸多弊病，以至于人们宁可选择一种改良的精英统治。

早期的精英主义理论家们已经发现了这样一个有趣的现象，从原理上说，大众政治时代应该是一个以平等和自由为主要价值取向，人们争相聚集到民主的大旗之下，而民主之敌则日趋没落的时代。但具有讽刺意味的是，也正是在这个时代里，一些看来与大众参与和民主政治针锋相对的意识形态不但得以在大众政治的土壤中生存下来，甚至还反过来俘虏了原本理应成为自己埋葬者的大众。尤其是在19世纪至20世纪的政治舞台上，这种从逻辑上显得不无滑稽之处的奇特现象却一再以暴露出人类政治本性中最残忍一面的闹剧的形式反复上演，这不能不引起某些敏感的人们对大众政治这一民主载体的质疑和反思。

在这些质疑者中，对大众民主的理想尚抱有一丝希望，或至少是还残存着几分感情的理论家往往将这种现象归咎于专制主义的阴谋伎俩。他们指出，在大众政治时代无可避免地来临时，现实的反民主主义者们都会"认为只有大众才能埋葬民主体制，恢复古代贵族制的纯洁性，这就使得原来的保守主义者逐渐转化为民主主义者"①。然而这种转化的结果充其量不过是缔造出反民主精英与大众极其短暂的联盟蜜月："国王和他的穷兄弟们将联合起来摧毁富豪们的寡头统治。必须通过大众意志的民主途径消灭民主。民主是恢复贵族制往日荣光的唯一可行的途径。"②这种对近代西方政治历史上专制者、资产阶级和人民大众之间纵横捭阖关系真相的描述，尽管有悖于一般常识，却极有可能更接近于历史的真实，并且它也从一个侧面证明了，民主的敌人并非总是需要与大众在正面战场上一决胜负，而是大可采用渗透进民主机体的手段使大众为其所用，从内部逐渐瓦解民主体制。

---

①② ［德］罗伯特·米歇尔斯：《寡头统治铁律——现代民主制度中的政党社会学》，任军锋等译，天津人民出版社，2003年，第4页。

当然,那些对大众民主本来就无甚好感,更具保守主义色彩的精英主义者则更不客气地将大众政治时代称为野蛮、愚昧、盲动、颠覆与破坏的同义词。他们还引用了某些保守自由主义者的理论来支撑其观点,即认为大众政治之所以与民主无缘,就在于它颠倒了自由与平等在民主政治中的价值序列,"它完全被平等的精神……所支配,因此,大众民主拒绝博爱的观念,在自由方面,它也没有多少热情。除非是在独裁制度下的,否则政府是不可能实现大众民主的"①。对于精英主义来说,上述发现的意义十分重大,根据这条线索,已经可以开辟出一条解释民主政治时代精英统治规律存续迷局的路径,而这恰为精英民主理论需要解决的最主要的理论和现实问题。另外,这也从一个侧面印证了人类社会现实政治变迁历程中各种势力分化组合的复杂程度远非按民主和反民主(在充满感性的道德主义色彩话语中,两者往往又被分别标上了"善"或"恶","正确的/应然的"或"不正确的"的标签)的两大阵营划分那样简单。

在论证了大众政治随时可能(甚至是肯定)会沦为少数寡头的奴隶的基础上,精英民主理论又对大众政治合理性的立足点——所谓"公意"的产生作出了有别于以往政治哲学常识的解读。比如,在米歇尔斯看来,所谓统治阶级与大众之间利益一致性神话的产生,其根源不过是"贵族们为了赢得选举,不得不服膺于一种连他们自己都不接受甚至在心灵深处厌恶的原则"②。他还进一步地追根溯源,揭露出自由主义的贵族政治"血统":"自由主义理论也不是首先将自己的理想建立在大众基础之上的,而是将某些特定的阶级(即那些有教养、有财产的阶级)作为自己的主要支持来源……对自由派来说,头脑单纯的大众只不过是一种必要的邪恶罢了,他们的唯一作用便是

---

① [法]古斯塔夫·勒庞:《革命心理学》,佟德志、刘训练译,吉林人民出版社,2004年,第244页。

② [德]罗伯特·米歇尔斯:《寡头统治铁律——现代民主制度中的政党社会学》,任军锋等译,天津人民出版社,2003年,第5页。

成为别人实现自己目标的手段,而这些目标对大众来说是完全陌生的。"①根据他的逻辑,很容易发现所有的大众统治都可能是名不副实的,而其最终归宿都将是贵族政治原则的回归。在此前提下,那些对大众民主幻灭的人们就可能要思考一种替代方案了。

尽管对于具体的精英民主理论流派来说,这种选择可能是有所差异的,但有一点是肯定的,那就是选择赤裸裸的强权政治也好,②继续改进不够"纯粹"的代议制民主也好,总之,以参与为特征的大众民主不是西方民主未来的发展方向。比如,在莫斯卡那里,他对大众民主的前途显然不抱任何希望:"我们不相信'对自由的治疗是更多的自由'这句神话……寡头政治以人民的名义进行统治,从来无法完全免除那种在任何议会制政府中都势所难免的诡计和伪善,也将和人民的观点和激情相距甚远。"③并且认定这种以大众名义推行的"伪民主"危害甚大:"无论如何,人们现在已经普遍把一个或另一个国家的受挫或者威胁它们的灾难的原因,更多归咎于统治阶级的无能和行为不当,而不是归咎给大众的无知或掌权者的邪恶。"④

在论证大众民主缺陷方面走得最远的,无疑当属 20 世纪初形成的群体心理学派的精英民主理论了,他们从心理学视角对大众政治作为一种现象的整体否定在前文中已多有论述,在此就不烦赘言。

总之,精英民主理论关于大众民主的理论在他们的社会主义敌人那里常被指斥为其思想体系中最反动的成分。然而除却意识形态层面的价值判

---

① [德]罗伯特·米歇尔斯:《寡头统治铁律——现代民主制度中的政党社会学》,任军锋等译,天津人民出版社,2003 年,第 6 页。

② 甚至连被称为倾向自由主义的莫斯卡也曾有过这样的表述:"专制主义尽管是所有政治制度中最坏的,但是仍然比政治混乱即完全没有政府要好。"参见[意]加塔诺·莫斯卡:《统治阶级——政治科学原理》,贾鹤鹏译,译林出版社,2002 年,第 193~194 页。

③ [意]加塔诺·莫斯卡:《统治阶级(〈政治科学原理〉)》,贾鹤鹏译,译林出版社,2002 年,第 327~328 页。

④ 同上,第 403 页。

断,单从西方民主理论的发展历程来看,那些直面大众政治时代挑战的精英民主理论家们能够敏锐地意识并充分重视大众政治时代给西方民主理念和制度带来的巨大冲击,更重要的,是能够运用政治科学的一整套实证研究方法来解构这一危机,的确是值得赞许的。尽管在不同意其具体观点的其他学派的西方民主理论家那里,这种精英民主理论所带来的改变往往得不到应有的承认,①但事实上,谁都不能否认精英民主理论对于西方民主理论摆脱历史和现实的双重包袱,实现与现代性的顺利接轨所做出的巨大的贡献。

三、对政治现象的精英主义解读

作为一种特色鲜明的民主理论,精英民主理论不仅在创立新的民主观方面颇多建树,而且在解释纷繁复杂的政治现象过程中也为人们提供了独特的视角。对于那些致力于分门别类地研究具体政治过程的人们而言,了解和运用精英民主理论话语将有助于摆脱某些思维和观点定式的影响,深化对于政治科学中特定理论模式局限性的认识。②

(一)制宪问题

制宪在很大程度上被认为是西方自由主义民主的精义所在,如当代自由主义者哈耶克就曾声称:"剥离掉一切表层以后,自由主义就是宪政,亦即'法治的政府而非人治的政府'。"③然而在精英民主理论看来,宪政与民主之

① 比如,在多元主义理论中对古典民主的区分以及对大众民主的部分拒斥,都是直接受到此前或同时期的精英民主理论影响的结果。

② 诚如迈克尔·罗斯金等所指出的那样:任何理论模型都"应该被看作是试验性的和提示性的,而不是决定性的"。参见[美]迈克尔·罗斯金等:《政治学》(第六版),林震等译,宁骚校,华夏出版社,2002年,第71页。

③ [英]哈耶克:《自由秩序原理》,邓正来译,生活·读书·新知三联书店,1997年,第243页。

间的必然逻辑联系是十分可疑的,从本质上看,宪法的制定并非出自一般公民的参与和意愿的表达,因为所谓的"公意"是并不存在之物,同时,它也与所谓"让渡权力的契约"毫无关系,因为依据精英民主理论的政治史观,权力从来都是掌握在少数精英手中的。如果人们所理解的民主是指一种多数人的统治或者保障多数人权益的话,那么很遗憾,精英民主理论认为真实的制宪过程不过是少数社会精英的操纵,其目标指向是朝向保护个人(主要是精英)"免遭暴政和群众运动的侵害"[①],而非保护作为一个群体性概念进行统治的大众。当然,这也并不意味着宪政对民主毫无用处,相反,精英民主理论是从宪政所着力维护的某些政治价值——政治自由、经济自由、私有财产权等与西方民主的价值观保持了一致性这个角度上来解释自由主义与宪政联姻的必要性的。在当代偏向保守的自由主义者那里,精英民主理论的独特视角无疑为他们实现对宪政问题理解的转变具有启发意义。事实上,大多数当代自由主义者对宪政价值的阐释也确实已经与他们18、19世纪的前辈大不相同了。[②]

(二)政治合法性危机和共同体危机问题

根据精英民主理论以精英为政治生活核心的基本逻辑,要解释政治合法性或政治共同体危机的产生,首先就应从统治精英身上寻找原因。具体而言,政治合法性问题的出现与由认同危机导致的精英统治体系运转失常之间存在着必然的因果联系。尽管合法性危机往往都是以普通民众对当下统治精英的强烈不满和反抗这样往往颇具戏剧性色彩的形式表现出来的,但如果缺少了精英认同危机这一介质,群体性的对抗不但是不可想象的,而且也是绝无成功希望的。[③]同理,对政治共同体危机的解析也应该决然将诸如种

---

① [美]迈克尔·罗斯金等:《政治学》(第六版),林震等译,宁骚校,华夏出版社,2002年,第64页。

② 参见黄基泉:《西方宪政思想史略》,山东人民出版社,2004年。

③ 参见帕累托、莫斯科维奇的相关著作。

族、宗教、文化、经济利益分配等表象因素摆到次要位置,首先去关注正在掌控这个共同体的统治集团内部出现了什么问题。①由上述视角出发的思考最终凝结成了精英民主理论在理解政治变革问题上的最大贡献——用精英循环的理论来囊括解释不同类型的政治变革。②

当然,对于精英民主理论本身而言,这一解释模型的最大意义还在于将大众政治最引人注目的表现形式——以革命为特征的民主运动纳入了精英理论的解释范畴。比如,在帕累托的精英循环理论中,他将政治危机的起因归于统治精英自身的衰败与政治力量对比的失衡;③在勒庞和加塞特那里,问题的症结在于"大众的反叛";而在拉斯韦尔那里,政权的更迭则意味着那些更熟练地运用控制大众手段的精英取代那些衰落的精英。而上述这些都是根据以精英为政治过程核心的解释模型所能得出的结论。在许多情况下,这种解释思路都被视为对马克思主义唯物史观的一种反动,因为它更多的是直接在政治领域内寻找引发政治变革的原因。④但事实上,也并不是所有的精英民主理论家都把他们对精英政治的研究局限在了政治生活的领域内。有些理论家在关注政治性因素的同时也指出,精英统治的稳固性不仅取决

① 在一些学者看来,在美国南北战争这样的政治共同体危机中,从肤浅的意识形态之争——即认为南北双方的根本分歧在于政治价值(平等自由)之争的解释不过是为胜利者涂上了一抹道德正义的油彩,而斗争的核心关键在于当时的精英认同遭到了破坏。面对着诸如西部经济政治利益,南北精英必须诉诸武力来解决主导权问题。参见[美]迈克尔·罗斯金等:《政治学》(第六版),林震等译,宁骚校,华夏出版社,2002年,第64页。[美]利普塞特:《政治人——政治的社会基础》,刘钢敏、聂蓉译,聂崇信校,商务印书馆,1993年,第十一章等。

② 当然,其中的群体心理学派又把这种带有普适性的理论推向了极致,如勒庞等人从人类心理和思想的变迁出发来解释政治变革未免就显得有些过犹不及了。

③ "当一个精英衰弱时,一般可以看到两个同时出现的迹象:1.衰落着的精英变得比较温良恭俭,比较有人情味,同时也不太能捍卫自己的权力。2.另一方面,它对其他人的财富的贪婪和强取豪夺却丝毫不减……这样,一方面它加重了压迫,而另一方面它维持这一压迫的势力减少了。"参见[意]维尔弗雷多·帕累托:《精英的兴衰》,刘北成译,上海人民出版社,2001年,第42页。

④ "一般说来,人道主义者、感伤主义者和道德鼓吹者是现在的精英最可怕的敌人,是未来的精英最好的朋友。"参见[意]维尔弗雷多·帕累托:《精英的兴衰》,刘北成译,上海人民出版社,2001年,第89页。

于其政治权谋运用的成功与否，同时也与经济发展和其他一些因素紧密相关。如拉斯韦尔就认为，现代精英统治的危机往往是始于经济社会领域的："很明显，一个精英[①]如果不能使自己与经济繁荣联系在一起，他是要受到内部攻击的。不断上升的不安全感将会毫无理智地朝着现行制度的各种象征及其实际措施发泄出来。"[②]客观地说，以政治领域和经济社会领域里精英境遇的变迁为核心（当然，重点在于前一方面），这种精英理论的解释模型为后来的人们更全面地理解政治变革[③]提供了一个有益的工具。

（三）对政治权力所有者的制约

持精英主义观点者并不否定对政治权力所有者制约的必要性，他们甚至认为，在大众政治的时代，对统治精英的制约已经超越了以往任何一种政治制度安排所能达到的效能。但问题的关键在于，这种制约在多大程度上影响到了精英主导政治过程的实质性内容，以及精英可能采取何种手段尽可能地减少对其行使权力的阻力。对此，不少精英民主理论家不厌其烦地提供了大量的实证证据（如米歇尔斯的政党研究，米尔斯的社会组织研究、戴伊对精英兼任和精英决策过程的研究，利普塞特对工会组织的研究、对美国媒体舆论的研究等），在这些言之凿凿、引之有据的案例里，充斥着形形色色的狡猾伎俩，其中既有从前民主时代的统治者那里继承来的统治术遗产，又不乏大众政治时代精英们与时俱进的发明创造。

总之，在精英主义者充满怀疑的目光中，再理想的权力制约机制，都至多不过是聊胜于无的被动防御，事实证明，任何时代里成功的统治精英总是

---

① 此处的精英指的是政治统治精英，无论其确立合法性的基础何在。

② ［美］哈罗德·D.拉斯韦尔：《政治学——谁得到什么？何时和如何得到？》，杨昌裕译，商务印书馆，1992年，第47页。

③ 在此需要声明的是，笔者并不认为精英解释模型能够取代马克思主义解释模型的地位，但我们也确实需要时刻警惕那种将唯物史观教条化、庸俗化的倾向。

不缺乏迂回突破这些脆弱的民主防御之墙的智慧,最后的结果往往是,那些看似精妙严密的制约工具毫不例外地成为精英手中粉饰合法性的新玩具,选举如此,[①]利益集团如此,甚至公共舆论也难以幸免。"在大型国度里,无论在什么地方,现代民主都日益在变成官僚化的民主。只能如此,因为它正在用有偿的公民服务取代贵族制或者其他名号的制度。到处都一样,在政党内部也是如此。这难以避免。"[②]在精英民主理论家们看来,组织化的民主向官僚制的屈服往往是一种政治常态和发展趋势,当然,这不等于说他们认为对寡头的制约就完全没有必要了,退一步说,即使把其具体立论出发点抛在一边,精英民主理论家对民主政治中制衡机制失效的警告,也将有助于那些对民主政治怀有更多期待的人不断反思现有民主机制、尽可能地限制寡头原则作用的空间。

(四)民主化进程

根据精英民主理论的一般逻辑,他们并不天真地认为所谓的民主化浪潮是一种以大众对民主权利的诉求为推手的自然过程,相对而言,他们更为关注的,是民主化过程中一个社会的精英集团结构和统治手法的变迁,因为精英集团往往是引发、主导并最终成为民主化主要获益者的核心力量,事实上也确实总能成为民主化过程的真正焦点。以精英民主理论为基础的研究更希望从他们身上找到民主化运动产生、发展、演变的基本规律和线索。如亨廷顿就曾指出:"在政治精英中进行谈判和妥协是民主化进程的核心。"[③]

---

① 莫瑞·埃德尔曼指出,所谓选举不过是允许人民表达"温和的愤怒,并质疑某一特定的政治议案,同时加强对这个体系的基本理性和民主本质的信念"。参见 Murray Edleman, *The Symbolic Uses of Power*, University of Illinois Press, 1964.

② Paul Edward Gottfried, *After Libertism—Mass Democracy in the Managerial State*, Princeton University Press, 1999, p.48.

③ [美]亨廷顿:《第三波——20世纪后期民主化浪潮》,刘军宁译,上海三联书店,1998年,第203页。

此外,在他对民主化转型国家所面临问题的解释中,无论是转型问题还是体制问题,其核心都在于对精英结构的重塑,相对的,那些与精英问题相关度不高的问题——亨廷顿称之为"情境问题"——则不是关系民主化成败的核心问题。[①]此外,许多通过威权主义转型理论模型来分析民主化的学者也不约而同地将精英的转型与选择作为影响民主化进程的主因。[②]由此可见,精英民主理论的解释思路在对民主政治过程时下形态的实证研究中产生了相当的影响。

(五)革命

哈耶克曾经指出:"严格意义上的保守主义,乃是一种反对急剧变革的正统态度。"[③]依照精英政治的逻辑,几乎所有的精英主义者都应该是天然的反革命者,因为革命所对应的往往是一种"通过暴力快速地以一个政权取代另一个政权","一小部分人通过无情地铲除对手获取政权,创设新的政体,并梦想着改变整个民族的面貌"的政治过程,这种政治变革必然是以牺牲精英统治的稳定性为代价的。[④]特别是在典型的具有保守倾向的那部分精英民主理论家那里,革命显然不是一种政治过程的常态,在过分的理想主义与乐观情绪的推动下,革命无论是在推翻不合理的旧制度方面的颠覆功能,[⑤]还是在兑现民主承诺方面的建构性功能都相当值得怀疑。尤其是自法国大革命以

---

① 参见[美]亨廷顿:《第三波——20世纪后期民主化浪潮》,刘军宁译,上海三联书店,1998年,第五章。

② 参见 Guillermo O'donnell,Philippe C. Schmitter,*Laurence Whitehead:Transitions from Authoritarian Rule*,The Johns Hopkins University Press,1986.

③ [英]哈耶克:《自由秩序原理》,邓正来译,生活·读书·新知三联书店,1997年,第187页。

④ [法]雷蒙·阿隆:《知识分子的鸦片》,吕一民、顾杭译,译林出版社,2005年,第35、37页。

⑤ 这一方面影响较大的观点首先出自托克维尔对法国大革命的实证研究,在考察了大革命始末之后,托克维尔得出了一个令人感到意外的结论,即看似最具有颠覆性的法国大革命其实在根除旧制度方面并无多大建树,甚至在革命的狂热退潮后不久,这些旧制度就纷纷在原生的土壤上重振旗鼓了。参见[法]托克维尔:《旧制度与大革命》,冯棠译,桂裕芳、张芝联校,商务印书馆,1992年。

来，诉诸激进的革命手段的政治变革往往并不能从根除专制主义的制度和文化土壤方面解决问题，因而其结果也只能是与发展民主的初衷南辕北辙。简而言之，大部分精英民主理论家都将革命视为西方民主的对立物，他们认为：

（1）革命是一种异化了的现代化方式。大多数精英主义者们并不否认，革命（甚至直指社会主义革命）是与某种在道德层面上正确的价值观联系在一起的政治变革手段，它的目标是指向政治现代化或民主化的。然而他们也认为，这种道德上的优势并不能掩饰革命在实现现代化能力方面的天然缺陷——如过多的暴力、催生新的官僚机构、不宽容的意识形态等，[①]而且革命的背后几乎总伴随着极权主义[②]的阴影。更进一步说，革命就是现代社会国家权力过度扩张，侵蚀民主赖以生存的自由价值和自治空间的政治过程。因此，即使革命确实"肇始于取消旧弊端"，它自身的缺陷也终将使其陷入绝对权力主义的泥潭而不可能成为一条通向政治民主化的捷径。总之，这派观点并不否认革命与民主发展（政治现代化）之间存在着某种必然联系，但这丝毫不能减轻其对革命作为一种带有"深重原罪"的异化政治变革形式的批判。[③]在他们看来，应该"拒绝任何终极目的和对重大社会问题的整体性解决办法……革命、打碎，只能造成对社会的破坏，阻碍发展；以翻天覆地的方式追求进步，往往导致更大的倒退"[④]。

---

① 这方面的论述众多，参见雷蒙·阿隆、勒庞、加赛特及萨托利等人的相关著作。

② "极权主义"这一名词源自意大利法西斯主义政治理论，后被阿伦特、魏特夫、雷蒙·阿隆、波普尔等学者频繁使用，用来指那种社会秩序完全依赖于政治权力（尤其是国家权力），私人空间遭到彻底打压的状态。很显然，这是一个带有鲜明意识形态偏见的西方中心主义的概念，尤其是在冷战的背景下，它被广泛用来作为一切反对西方霸权的"敌对"势力的"邪恶"标签，特别是造成了将本来是根本对立的法西斯主义和共产主义等量齐观的恶劣影响，因此其概念也很难说具备多少科学性。

③ 如哈耶克认为，革命的结果往往会轻易摧毁自由文明的基础，一旦如此，"也许我们就没有力量再精心建造出这样的文明了"。参见［英］哈耶克：《个人主义与经济秩序》，贾湛、文跃然等译，施炜校，北京经济学院出版社，1989年，第124页。

④ 匡萃坚：《当代西方政治思潮》，社会科学文献出版社，2005年，第248页。

（2）革命在本质上是现代精英循环的一种主要形式。以帕累托和莫斯卡为代表的早期精英主义理论家们大多认为，一切政治变革的实质核心都指向精英统治集团的循环更替，剥去炫目的理想主义外衣的革命也并不例外。用帕累托的理论来解释："在某个社会阶级所拥有的权力和它所支配的捍卫这一权力的力量之间必须实现某种平衡。"[①]而当这种平衡被打破时，旧精英衰落、新精英崛起就成了重建平衡的一种必然选择，对于动态的精英统治铁律而言，这种循环过程在人类政治历史上不断地重演，所不同的，无非是前现代社会里人们主要选择政变、王朝更迭的手段，而大众政治的时代里人们更多地选择革命的方式来实现精英集团的自我更新。米歇尔斯对于社会主义革命前景曾作出过这样的悲观预测："社会革命将无法真正改变大众的内在结构。社会主义者也许会胜利，但这种胜利并不属于社会主义，社会主义从它的那些信徒们取得胜利的那一刻起就已灰飞烟灭。"[②]很显然，这种将革命同前现代的政治变革并列起来的观点代表了一部分精英主义者将革命纳入其理论解释体系的一种努力。

（3）革命是群氓政治的一种极端反映。正如前文所述，在以群体（大众）心理学为主要研究领域的精英主义者那里，革命是大众非理性参与政治的群氓时代的一个必然产物，在运用种种触目惊心，甚至是耸人听闻的笔调列举了革命的种种暴民政治的特征之后，这部分精英主义者得出结论，革命完全是一种非理性的群众运动，因此也就不可能指望它带来多少积极的后果。比如，有着"法国的柏克"之称的群体心理学家勒庞就在他构筑的表象与想象的文明观中将革命视为群体想象力的错觉，[③]并旗帜鲜明地表达了对这种

---

① ［意］维尔弗雷多·帕累托：《精英的兴衰》，刘北成译，上海人民出版社，2001年，第43页。

② ［德］罗伯特·米歇尔斯：《寡头统治铁律——现代民主制度中的政党社会学》，任军锋等译，天津人民出版社，2003年，第341页。

③ 参见［法］古斯塔夫·勒庞：《革命心理学》，佟德志、刘训练译，吉林人民出版社，2004年。

突然政治变革的厌恶之情："对一个民族有致命危险的，莫过于它热衷于重大的变革。"①在这些颇具保守主义色彩的思想家的论述体系中，我们既可以发现他们从上述第一种观点中发展来的对激进、剧烈的政治变革形式的天然恐惧和厌恶，也不难找到阐发自解释派的精英主义者那里的观点。②

在此需要特别注意的是，精英民主理论家们之所以在对待革命的问题上表现出如此一致的立场，从根本上说还不能仅仅归结于一种逻辑推演相似性的结果。毫无疑问的是，现代精英民主理论的发展始终恰恰处在一个人类政治史上革命频繁爆发的时期，举目可见的革命实践不仅为理论家们提供了丰富的实证研究素材，更对他们当中的许多人构成了思想、心理和现实生活层面的多重压力。因此，在分析精英民主理论对待革命与民主关系问题的观点时，不一味纠缠于具体论述本身的正误，而是将影响思想家本身的时代和社会条件背景纳入视野，可能会对我们更深刻全面地理解这些观点不无裨益。

（六）社会主义

自精英民主理论诞生以来，与"社会主义敌人"的斗争就构成了其"拯救民主神圣使命"中的一项重要内容。值得注意的是，精英民主理论对社会主义与民主政治关系的认识和态度往往是随着社会主义实践形势的变化而改变的。自19世纪中叶以来，当欧洲的工人运动总体上表现出蓬勃发展的趋势时，社会主义③也随之成了一个时髦的名词。截至世界大战爆发前，欧洲各

---

① ［法］古斯塔夫·勒庞：《乌合之众——大众心理研究》，冯克利译，中央编译出版社，2005年，第2页。

② 参见［法］古斯塔夫·勒庞：《革命心理学》，佟德志、刘训练译，吉林人民出版社，2004年，对领袖与革命关系的相关论述。

③ 需要强调的是，在正统的马克思主义者看来，这一时期所谓的"社会主义运动"掺杂了太多非社会主义的因素。比如，拉萨尔主义、考茨基主义、伯恩斯坦修正主义等都不是彻底的、科学的社会主义，当然就更不用提一战前后第二国际中那些全面转向支持本国帝国主义政权的伪社会主义思潮了。

国资产阶级政权和思想界的保守势力对社会主义的敌视态度尽管在实质上没有丝毫改变,但出于维持政权稳定的需要,却不得不对社会主义运动采取某些妥协措施,这其中当然也包括了为欧洲工人阶级政党部分地开放合法的议会斗争的渠道。总体上看,这一时期的社会主义在左右翼势力那里都被视为了民主的代名词之一,①一时间,社会主义仿佛成了拯救民主政治的唯一希望。然而也正是在这样一幅社会主义蒸蒸日上的图景中,一些来自于反社会主义阵营的思想家已经看到了社会主义运动潜在的危机。如社会主义的坚定反对者之一帕累托就指出,资产阶级对社会主义运动妥协的一个直接后果就是,将为数众多的基于庸俗的功利目的考量的投机分子送到了社会主义的大旗下,他中肯而又尖锐地写道:"在像意大利和德国这样的信仰社会主义需要有所牺牲的国度里,伪君子就靠边站了。将来一旦信仰社会主义能够换取荣誉、权力和财富时,他们会源源不断地蜂拥而来。"②很显然,众多这样虚伪的社会主义者是靠不住的。

而曾经的社会主义者米歇尔斯也通过对社会主义政党的实证考察发现,那些本该是最彻底地代表和贯彻民主原则的社会主义政党正在难以拒斥的寡头政治趋势的侵蚀下逐步蜕变。显然,这种最终难免变成与他们的宿敌——资产阶级政党一般无二的社会主义组织是根本无力承担起拯救民主政治的重任的。相对而言,从一开始就站在了社会主义对立面的莫斯卡更是鲜明地表示了他对社会主义的敌视态度。在他看来,由于社会主义意识形态的"侵蚀"作用,资产阶级在维护自身核心利益时的表现往往不尽如人意:"它(欧洲资产阶级)在与社会主义斗争时一直绑住右手,左手也远不是自由的。许多国家没有公开与社会主义作斗争,而是与这种运动媾和,接受了有

---

① 这也从一个侧面反映出诚如达尔等一些现代民主理论家指出的那样,民主真正确立起其作为普遍性政治共识地位的历史并不像人们想象中那样久远。

② [意]维尔弗雷多·帕累托:《精英的兴衰》,刘北成译,上海人民出版社,2001年,第39页。

时甚至几乎总是不体面的和有害的妥协。"①在莫斯卡的眼中，社会主义显然已经有幸位列西方民主在 20 世纪里最大的敌人之中。总之，在理念和现实的冲突激荡中，早期阶段的精英民主理论家们在与社会主义者的斗争态势中表现出一种鲜明的守势特征，他们一方面不得不承认社会主义同民主有着不可分割的联系，并且也借用了社会主义者的许多具体观点②来批判当时软弱虚伪的西方代议制民主，但另一方面却又认为社会主义者选错了实践民主的方案。他们指出，社会主义无条件地放任大众民主的泛滥，最终只能将其所反对的资产阶级代议制民主同自身一起带向毁灭。这种基本判断一直延续到了过渡时期的精英民主理论那里，如熊彼特就曾指出："现存的社会主义可能是民主的真正理想。但社会主义者在实现社会主义时，并不总是那么讲究方法。革命和专政这些字眼出现在圣书中使我们感到刺目。"③很显然，熊彼特是站在相对于社会主义"激进式民主"的对立面，即保守主义的政治立场上发表对于社会主义的观感的。④

随着冷战时期的到来，作为一种对等实体力量的社会主义同西方资本主义之间的斗争日趋白热化，精英民主理论同主流自由主义和社会主义之间的关系也开始发生微妙的变化。在全面回归自由主义主流的那部分精英民主理论家（如萨托利、雷蒙·阿隆等人）那里，已经看不到多少对社会主义相对

---

① ［意］加塔诺·莫斯卡：《统治阶级（〈政治科学原理〉）》，贾鹤鹏译，译林出版社，2002 年，第558 页。

② 在莫斯卡、帕累托特别是米歇尔斯的著述中我们能发现大量当时社会主义者对资本主义民主批判意见的痕迹。

③ ［美］约瑟夫·熊彼特：《资本主义、社会主义与民主》，吴良健译，商务印书馆，1999 年，第349 页。

④ 此外，熊彼特对于某些现实问题的重视程度不够，其解释也存在某些偏差。比如，对于"不成熟状态下的社会主义化"的问题他是不太重视的，对被他定为这种社会主义化实践典型的苏联的民主实践，他也是同那个时代的许多西方学者一样持否定和敌视态度的。再如，他对于社会主义政党的评价也不过是对米歇尔斯、莫斯卡、帕累托等人思想的重复，上述这种过于强烈的个人偏好影响了熊彼特对西方世界之外的民主实践作出更加客观公正的评价。

中肯的评价,取而代之的则是大量无情甚至是无理的攻击和谩骂。作为主流自由主义传统的捍卫者,新一代的精英民主理论家决然站在了西方资产阶级民主与社会主义民主理论斗争的第一线,在最低限度上,他们将社会主义民主视为一种受到"劣等理想主义毒害"的"民主伪钞",①更多情况下,则直斥现实中的社会主义政权为极权主义②的代表,它"把整个社会囚禁在国家机器之中",实行"对人的非政治生活的无孔不入的政治统治",③甚至可以认为,它是一种比威权主义的单纯的独裁制度更为邪恶的政体。从根本上说,这种评价态度的根本转变是现实政治斗争在理论界的一种自然投射,它所反映的是在社会主义现实压力面前,西方理论界作为一个整体朝向保守主义立场的转变。也正是在这种整体氛围下,精英民主理论家批判的矛头开始全面地转向社会主义,而其反思的内容也更加明确地指向了以大众政治为主要表征的现代性的泛滥,这使得主流精英民主理论家的许多看法与他们的保守自由主义盟友显得不无异曲同工之妙。④与此同时,他们对西方代议制民主的批评则逐渐弱化,并最终为"回归后的捍卫"立场所取代。

---

① 参见[美]乔·萨托利:《民主新论》,冯克利、阎克文译,东方出版社,1998年,第一卷第四章。

② 关于极权主义的含义问题,西方理论界也一直存在争论,一些学者,如布热津斯基将苏联式共产主义与法西斯主义并称为极权主义政体,而另一些学者,如阿伦特和萨托利等,则希望在两者之间作出进一步的区分。尽管如此,在实际运用这一概念的过程中,后一类学者往往也不自觉地将两种政体进行类比甚至是混同起来。

③ [美]乔·萨托利:《民主新论》,冯克利、阎克文译,东方出版社,1998年,第223页。

④ 如萨托利和阿伦特都认为,正是现代性不受约束的扩张及其危机导致了极权主义的产生,而两人也同样提出了恢复公共领域生活和防范个人原子化的类似主张。

第三章
对精英民主理论的批评及其回应

　　精英民主理论的出现，极大地改变了 20 世纪西方民主理论界的思想版图，它一方面为传统的自由主义民主理论和实践体系带来了巨大的冲击，另一方面也对自由主义之外的其他民主理论构成了挑战。随之而来的，自然就是这些被批评者的强烈反击。这种激烈的思想争鸣不仅推动着精英民主理论家们不断去寻找理论新支点、构建新体系，从而最终促成了精英民主理论的主体融入当代西方主流民主学说的体系，而且也从一个侧面印证了西方民主理论本身就是一个具有多元性和动态性的复杂综合体。整理不同的民主理论对精英民主理论批评意见的过程，实际上也是一个将精英民主理论同其他民主理论进行比较研究的过程，我们将对精英民主理论本身的一些具体观点进行更详尽的归纳分析。因此，从某种意义上讲，本章中相当一部分内容仍然可以视为前章内容的延续。

第一节　自由主义民主①与精英民主理论

毫无疑问，精英民主理论自诞生之初所针对的首要批评对象就直指在西方民主理论界居于主流地位的自由主义民主理论。无论是其对当时自由主义古典民主理论政治哲学基础的无情批判，还是对于当时信奉自由主义的西方代议制民主弊端的揭露，以及对自由主义者软弱本质的嘲讽，都为自由主义的反对者提供了有力的进攻武器。面临这样的局面，自由主义者们当然也不会无动于衷，他们必须要展开反击，捍卫自己的价值。

一、自由主义者的批评意见

具体而言，自由主义的反击主要是沿着这样四个方向展开的：

(一)捍卫古典民主理论

诚如有学者指出的那样，从这个角度出发展开批评的学者们"承认古典民主理论非全然筑基于政治事实层面，然而他们主张维护古典民主理论的规范意义"②。总的来说，自由主义者并不否认精英民主理论所指出的民主政治是由少数精英主导的事实，但并不认为这种事实的存在就可以完全抹杀理想的古典民主模式的价值。

诚然，自由主义者也同意，按照字面意义来理解古典民主中人民主权的

---

① 这里使用的是一个较为宽泛意义上的自由主义定义，由于本书并未安排专门的章节讨论诸如法团主义、激进民主、协商民主等其他民主理论对精英民主理论的批评意见，因此有关这些批评的部分内容被囊括在了本节内容中。

② 彭怀恩：《精英民主理论评介》，正中书局，1989年，第87页。

含义是不合适的,出于一种对多数暴政可能性的天生恐惧,20世纪的自由主义者们也根本无意将人民主权解释为人民直接统治。①在承认现实的民主政治(狭义的)确实是由精英主导的同时,他们又指出,正如在古典民主的规范定义中所指的那样,民主不仅具有定性政治过程的意义,而且也同时是一种对政治结果的考量。因此,自由主义者仍然坚持认为从功利主义的角度来理解民主(这正是为熊彼特等精英民主理论家所极力批判的)并没有原则性错误。在现代自由主义的发展中,对自由和平等的不同侧重开辟了两条大异其趣的理解和发展自由民主的道路。从宏观的视角上看,精英民主理论与大众民主理论之间的分歧也正是这两种思路的一个缩影。在大众政治已经成为民主的现实基础的条件下,自由主义者们不能不继续回答自由与平等权重的永恒问题。②而一些现代自由主义者重构政治自由主义政治伦理学基础的尝试,无疑就代表了一种与精英民主理论偏执自由一端思路有别的解决方案。这方面最显著的例子就是罗尔斯将自由与平等的原则统一于自由主义的基本伦理原则当中。③

而那些更为激进的自由主义者认为,自由主义当中天然地包含有平等的内容,它的含义在于:"从他们(自由主义者)否认任何人是他人的天然附

① 在霍布豪斯关于政治自由和人民主权的论述中可以很容易地发现他与同时代的精英主义理论家莫斯卡、帕累托等类似的观点,诸如怀疑大众作为整体的理性,应限制普选权的扩大等。参见[英]霍布豪斯:《自由主义》,朱曾汶译,商务印书馆,1996年,第21~23页。但限制普选之类的主张则不见诸于二战后的自由主义和精英民主理论中,这从一个侧面反映了不同时期、不同现实政治基础上的不同理论之间存在某些共性认识,而这些认识同其理论体系本身并没有太大的关联。

② 在现代自由主义者当中,对自由本身的理解也存在巨大的分歧,最为显著的就是根据伯林所谓的"积极自由"同"消极自由"的区分而展开的争论,但这并不影响自由主义作为一个整体批评精英民主理论忽视平等价值的结论,在此也就不再具体地讨论自由本身的含义问题。

③ 当然,作为新自由主义者的罗尔斯仍然是推重自由的价值的,但与诺齐克等的理论相比,平等在自由主义价值序列中的地位显著上升了,而且他比后者更多地讨论了自由与平等相互统一、互为表里的内容。

属品这个意义上来看，他们一直是平等主义者。"①也就是说，精英民主理论过分甚至是刻意夸大了自由与平等价值的不相容性，以至于将自由主义同民主主义视为两种不同的传统，②而精英民主理论又在这种概念的混乱中将精英主义的内容混进自由主义民主的理论体系中，这种做法是完全错误的。在这些自由主义者看来，如果要让自由主义同民主政体共同生存下去，核心的问题并不是自由与平等的价值序列问题，而是应该同时思考保障自由和平等的实际问题。具体说就是应当直面精英民主理论对平等和大众参与价值的质疑，并以此为桥梁将自由主义和民主政治统一起来。在一些激进的自由主义者看来，并不应该让民主的价值理想无条件地屈服于其精英政治的现实，而是应该努力还原一个完整的民主概念。比如，巴特摩尔就明确提出："民主的含义之一是：人们之间应该有某种实质性的平等。"③尽管在对平等含义的理解上，几乎所有的自由主义者都反对结果平等而主张机会平等，④但这毕竟有别于多数精英民主理论或是过分渲染自由与平等间的对立，或是避而不谈平等问题的消极态度。

自由主义者指出，古典民主理论的价值并不在于直接解释政治现实，相反，它提出的民主概念是一种理想化的理念，"它指出了人类应努力的方向"⑤。作为一种具有生命力和激进的动力的民主理论，"古典民主理论的核心在于为人民普遍参与社会的公共事务作辩护，其目的在培养公民扮演此种角色

---

① ［英］理查德·贝拉米：《重新思考自由主义》，王萍、傅广生、周春鹏译，陈晓律校，江苏人民出版社，2005 年，第 104 页。

② 参见萨托利等人的观点。

③ ［英］巴特摩尔：《平等还是精英》，尤卫军译，斐池校，辽宁教育出版社，1998 年，第 101 页。

④ 如罗尔斯、弗里德曼等人都持此观点。

⑤ 戴维斯的观点，原文出自 Lane Davis, The Cost of Realism: Contemporary Restatement of Democracy, *Western Political Quarterly*, 17, 1964。转引自彭怀恩：《精英民主论评介》，正中书局，1989 年，第 88 页。

的能力与责任感"①。而存在着价值虚无论之嫌的精英民主理论则主动放弃了这种规范意义的研究。

最后,自由主义者还指出:"作为统治的艺术,自由主义具有统一保守与进步的原则,统一激进能动性与历史传统的能力。"②同样,在对待作为其思想基础之一的古典民主论时也是如此。换而言之,比起彻底替换自由主义的古典民主理论根基,现代自由主义者更愿意让它与现代民主理论③共同为现实服务。他们并不否认基于古代民主实践的古典民主理论与现代社会存在着不相适应之处,也不反对修正这些原则,但却不主张因噎废食,完全另起炉灶,建构一套与古典民主理论完全对立的现代的民主理论。因为在他们看来,现代自由主义民主体系中缺少了古典民主理论所具备的作为一种规范意义的民主理想,是完全不可想象的。

(二)反对将特定民主程序等同于民主整体

自由主义者虽然也承认,由于绝大多数政策过程被操纵在精英手中,因此用大众参与的标准来定义和衡量民主政治可能会遭遇到相当的困难,但这并不等于在民主的指标体系中就可以完全无视大众参与因素。从一个更狭窄的范围看,这也不意味着可以用政治参与的一种形式来指代整个政治参与。

自由主义者指出,自由主义的适用范围并不仅仅局限于单纯的政治领域。霍布豪斯在他所列举的自由主义诸要素中就包含了公民自由、财政自由、人身自由、社会自由、经济自由、家庭自由、地方自由、种族自由和民族自

---

① 瓦克的观点,原文出自 Jack L.Walker, A Critique of the Elitist Theory of Democracy, *American Political Science Review*, LX2, June, 1966。转引自彭怀恩:《精英民主理论评介》,正中书局,1989 年,第 83 页。

② [意]圭多·德·拉吉罗:《欧洲自由主义史》,[英]R.G.科林伍德英译,杨军译,张晓辉校,吉林人民出版社,2001 年,第 339 页。

③ 当然,并不是所有的自由主义者都接受了关于古典民主与现代民主区分的观点的。

由、国际自由、政治自由和人民主权等繁多的内容。①很显然，假设精英民主理论推崇的选举民主完全处于一种最优的实现状态，即不考虑大众理性缺陷和精英操纵的损耗，它也不过就是能部分地解决相当有限的自由问题。即使是在有限的问题领域——比如政治自由领域内，单纯依靠选举民主也是难有太大作为的。相反，现代自由主义者普遍认为，政治自由必须建立在经济自由的基础上："经济安排在促进自由社会方面起着双重作用。一方面，经济安排中的自由本身在广泛的意义上可以被理解为自由的一个组成部分，所以经济自由本身是一个目的。其次，经济自由也是达到政治自由的一个不可缺少的手段。"②很显然，经济领域内的自由并不是由选举民主或者类似的民主机制来维系的。

有的自由主义者认为："政治生活并不是人类生活的全部层面，所以民主并不能囿于政府内的决策与参与。"③只将民主作为一个狭义的政治领域的概念，特别是公共政治生活领域的概念是不恰当的，"换言之，民主政治应鼓励政治体系的成员积极地参与有关其自身利益的所有决定。而这'参与'的行动过程，本身就是民主的目的之一"④。在他们看来，人民直接参与政治过程不仅是可能的，而且也是完全必要的。

自由主义者并不反对从程序民主的角度来理解民主，但他们反对将其作为唯一的衡量标准，更进一步说，一些认为自己更深刻地理解了自由主义民主精神实质的理论家不同意那种将民主视为一元化的概念和实践的做法。他们指出，自由主义思想中一直包含着两种不同的哲学形态，一种是将自由主义当作一种普遍的、理性的共识与最好的生活方式，也就是正统的自

---

① ［英］霍布豪斯：《自由主义》，朱曾汶译，商务印书馆，1996 年，第二章。

② ［美］米尔顿·弗里德曼：《资本主义与自由》，张瑞玉译，商务印书馆，2004 年，第 7 页。

③ 巴赫尔诺（大陆译为巴克洛克）观点，转引自彭怀恩：《精英民主理论评介》，正中书局，1989 年，第 74 页。

④ 巴赫尔诺观点，转引自彭怀恩：《精英民主理论评介》，正中书局，1989 年，第 74~75 页。

由主义(代表人物如洛克、康德、罗尔斯、哈耶克)的主张:"自由主义的政府不只是众多的合法政府中的一种组织形式,而是有可能始终是完全合法的政治组织。"①另一种则是将其视为对企图实现不同的制度和生活方式和平共处目标的计划。根据后一种理解,自由主义民主只不过是一种让具有不同价值观、生活方式和社会制度的人们和平共存下去的必要的"权宜之计":"这种自由主义不是宽容地推行唯一正确的自由主义,而是让自由主义和其他价值观、生活方式、社会制度共同而和平地存在下去。而传统的自由主义的根本错误在于:它理所当然地认为,受到宽容的其他价值观、生活方式、社会制度都应该在自由主义的基础上达到理性的共识和统一。"②"合理的生活方式和合法的政权不是对一种特殊的理想、利益、价值观念的反映,也不是对所谓普遍的理想、利益、价值观念的维护,而是在最基本的有关人权、善恶的共同准则基础上,维护多元理想、不同利益、相互冲突的价值观念的和平共处。"③它从本质上是排斥那种统一模式的民主政治的,而过分强调选举民主的重要性,甚至将民主化约为一种必要程序的精英民主理论者在此已经违背了民主价值观中的包容性原则。杜威曾提醒道,人们"所能犯的最大错误"就是"把民主主义看成是某种固定的东西,看成是在观念上和外部表现上都是固定的东西"。④

同时,自由主义者还指出精英民主理论民主观的一个巨大缺陷在于将政治过程视为一个只具有单方面(来自精英的)能动性的封闭过程,而忽略了直接参与对政治过程的动态反馈作用:"(精英民主理论)在将民主仅仅定义为全社会的一种政府的形式(form of government of whole society),因而从

---

① 江涛:《自由主义的两张面孔素描——〈自由主义的两张面孔〉代译序》,载[英]约翰·格雷:《自由主义的两张面孔》,顾爱彬、李瑞华译,江苏人民出版社,2002 年,第 2 页。

② 同上,第 4 页。

③ 同上,第 5 页。

④ [美]约翰·杜威:《人的问题》,傅统先、邱椿译,上海人民出版社,1965 年,第 35 页。

概念上排除了诸如'社会民主'或'工业民主'等观点中的任何非政治性因素之后，这些理论进而取消了对这种因素可能会对政府本身的形式造成影响的考虑。"①那些更强调民主政治的参与内涵的自由主义者希望将民主政治的适用范围扩大到私人领域中，以古典民主个人的尊严和自我发展可能的观点来支持普通人(注意:经典自由主义者此处所强调的并不是作为群体的大众参与)更多地参与到对自己产生影响的作出各种政治决定的过程,②并认为这些参与将对精英政治格局带来某些积极的变化。

(三)对精英民主理论实证研究缺陷的批评

自由主义者认为,从总体上看,精英民主理论研究民主问题的思路由于"改变了民主的规范意义,因而使它成为较为保守的教条"③。在这样一个大前提下,虽然精英民主理论家们极力声称其研究民主问题的视角是"科学的""实证的",但却丝毫改变不了规范性研究的贫乏所带来的理论僵化的消极后果。而且正是因为精英民主理论是建立在所谓实证研究的基础上的,所以它的批评者也可以同样选择实证研究的武器来质疑和推翻其结论。

有的自由主义者从根本上反对用实证方式来研究民主政治并据此建立民主理论,他们认为以精英民主理论为代表的民主理论功用是"直接朝向厘清当前正在运作的民主体系,却无法建议民主如何地运行"④。即使排除这一派观点,自由主义者也认为精英民主理论的许多经典实证研究是不无问题的。

自由主义者首先就指出，作为精英民主理论基础的大众品性学说从根

---

① ［英］巴特摩尔:《平等还是精英》,尤卫军译,斐池校,辽宁教育出版社,1998年,第96页。

② 巴赫尔诺观点,转引自彭怀恩:《精英民主理论评介》,正中书局,1989年,第76页。

③ 瓦克的观点,原文出自 Jack L.Walker,A Critique of the Elitist Theory of Democracy,*American Political Science Review*,LX2,June,1966。转引自彭怀恩:《精英民主理论评介》,正中书局,1989年,第82页。

④ 巴赫尔诺观点,转引自彭怀恩:《精英民主理论评介》,正中书局,1989年,第75页。

本上是不能成立的,退一步说,即使承认精英民主理论家们列举出了某些反面的事实,至多也只能证明理性的动态性,也就是说,精英民主理论所坚持的大众的劣势其实是一种既无法被证明,也不可能被证伪之物。同理,作为所有精英民主理论依据的大众与精英之间的素质差异,从规范意义上说并不是静态的、不可改变的。沿着古典民主理论所强调的教育对人的塑造作用的思路,一些自由主义者提出了人的自我发展途径的观点。[①]他们认为,精英民主理论家们出于对精英政治的偏爱,过分强调了大众政治素质的低下,而忽视了现实中发生的改变与通过人为努力促进改变发生的可能性。从本质上说,这是一种教条的观点,它只是不无夸大地描述了现象,而没有对造成这种现象的原因作出更深刻的剖析,而这是从根本上违背政治科学实证研究的主旨的。

作为精英民主理论核心观点的寡头统治铁律在自由主义者那里也饱受批评,一些学者指责这种理论过于武断,并没有很好地区分民主组织与民主本身:"自由主义与自由主义政党只是部分地一致,在很大程度上两者是互相歧异甚至对立的。"[②]这就意味着,民主政党本身的缺陷并不直接导致对民主政治的质疑和批判,[③]更何况,米歇尔斯的考察对象仅限于特定时代的特定组织。尽管后来的精英民主理论家也不断尝试进行更大范围内的案例收集,但寡头统治铁律的反对者同样可以举出相当数量的反例来作出回应。也就是说,自由主义者认为,单纯依靠实证研究,是既无法证明也无法证伪寡头统治铁律的,即使它事实上确实存在(多数自由主义者并不否认这一点),

---

① 巴赫尔诺的理论,转引自彭怀恩:《精英民主理论评介》,正中书局,1989年,第74页。

② [意]圭多·德·拉吉罗:《欧洲自由主义史》,[英]R.G.科林伍德英译,杨军译,张晓辉校,吉林人民出版社,2001年,第337页。

③ 对此,作为精英民主理论家的萨托利也对米歇尔斯提出了批评,他认为米歇尔斯"没有理由从'政党是不民主的'这个前提,得出'民主是不民主的'这一结论"。参见[美]乔·萨托利:《民主新论》,冯克利、阎克文译,东方出版社,1998年,第167页。

但其作用范围、作用强度等还是存在差异的。运用实证研究法的研究者应该更关注于解释"某些组织之所以比其他类型的组织更为成功的原因所在"①，而不是满足于被动地验证寡头统治铁律的教条。

还有一些批评者更加尖刻地指责到，精英民主理论的出发点并不是什么事实，而是一种充满先见与偏见的价值判断。换而言之，精英民主理论作为一种价值判断引导下的理论的基础并不见得比古典民主或者其他同类的民主理论更加稳固。更为糟糕的是，精英民主理论家们所谓科学的实证研究并不一定导向正确的结论。比如，巴特摩尔就曾指出，套用精英民主理论的统治阶级分析模型来定义某些国家（无论是苏联还是法国）的精英是不准确的。他认为，事实上这些国家的高层官僚并不构成一个统治阶级，精英主义实证模型的最大缺陷就在它关于"精英"的定义和理解上，②其实精英这一概念"不应被视为纯粹科学的产物"，而是一种带有强烈意识形态色彩之物。③同时，由于精英民主理论完全抛弃了民主理论规范性的要素，所以可能导致一种其无原则地为现存秩序辩护的恶果，④而这显然也并不符合实证研究价值中立的原则。

（四）对精英民主可行性的质疑

判断民主理论价值的最重要标准还是要看其指导下的政治设计在实践领域中的可行性与可能后果，也正是在这个问题上，精英民主理论遭到了来自自由主义的颇多诟病。概括而言，自由主义者对精英民主政治可行性的质疑主要包含了两个方面的内容。一方面是不少自由主义者对于单纯依靠精

---

① 参见［德］罗伯特·米歇尔斯：《寡头统治铁律——现代民主制度中的政党社会学》，任军锋等译，天津人民出版社，2003年，英文版前言，第17页。当然，这条意见并不是由自由主义批评家提出的。

② 参见［英］巴特摩尔：《平等还是精英》，尤卫军译，斐池校，辽宁教育出版社，1998年，第四章。

③ 同上，第一章。

④ 瓦克的观点，转引自彭怀恩：《精英民主理论评介》，正中书局，1989年，第83~84页。

英竞争政治领导权式的民主理论能否得到理想的民主实践持保留态度。另一方面是自由主义者对早期精英主义理论家倡导的用强有力的精英统治拯救民主危机的主张也颇不以为然，他们明确指出，放任精英滥用权力损害自由的结果只能是走向法西斯主义，而"法西斯主义，不但不是当代危机的解决办法，反而是危机的体现。问题出在权威上，不是法律和秩序的权威，而是自治的权威"①。批评者们认为，20世纪精英民主理论的大行其道有赖于某些特定的时代条件，比如"国际间经济增长的竞争和新的国家的崛起和发展"使得"领导权的重要性普遍得到提高"，这"使人们忘掉了精英统治的危险"，再如某些政党不希望带来社会结构的重大变化的意愿等，②但这并不意味着一种"坏的精英统治"的危险就此消失。

他们指出，甚至连一些精英民主理论家也不得不承认，即使在存在着良好的竞争性民主的国家，精英的开放性和循环性仍然不能让人感到满意。③这是因为恰如某些对精英统治现实抱有不满态度的具有激进倾向的精英民主理论家（如米尔斯等）指出的那样，精英与非精英之间的实质性流动和精英间的规律性激烈冲突发生的可能性都是微乎其微的。在证实了竞争领导权式的民主并不能为民主发展带来什么实质性帮助的情况下，批评者们也提出了不同于精英民主理论的民主实践方案："政府民主制度的维系，特别是其发展和改善并不取决于对普通人无法控制的精英集团之间的竞争的保护，而在于创造使大多数公民，即使不是全体，能够参与社会问题决策的条件。这些社会问题……以最大限度地缩小精英与群众间的差别创造了条件。"④

---

① ［英］理查德·贝拉米：《重新思考自由主义》，王萍、傅广生、周春鹏译，陈晓律校，江苏人民出版社，2005年，第87页。

② ［英］巴特摩尔：《平等还是精英》，尤卫军译，斐池校，辽宁教育出版社，1998年，第89页。

③ 雷蒙·阿隆的观点，转引自［英］巴特摩尔：《平等还是精英》，尤卫军译，斐池校，辽宁教育出版社，1998年，第95页。

④ ［英］巴特摩尔：《平等还是精英》，尤卫军译，斐池校，辽宁教育出版社，1998年，第100页。

在对熊彼特的精英民主理论的批评中,还有的自由主义者指出,精英竞争领导权式的民主在实践中可能会遭遇到一些难以克服的问题:如政治体制对打破它的威胁(实际上也就是萨托利所谓的反馈压力)的遏制功能将"极大地改变民主特性",同时"降低精英竞争的应有效果"。①他们还批评到,类似的自我矛盾和操作性缺陷也出现在熊彼特对其竞争领导权式民主理论成功条件的论述中。

总而言之,批评者们将精英民主理论的某些结论视为一种成见,并在对其加以批判的基础上提出了对政治科学研究的展望:"政治学者必须努力提高其警觉性,以及自我的了解;他们必须避免某些刻板的成见,俾不致损及其高瞻远瞩的想象力,毁坏其批判力,并且令其昧于当代最重大的社会与政治发展。"②

二、自由主义民主与精英民主理论的内在联系

正如上文所述,精英民主理论与自由主义在对民主的认识问题上存在着诸多差异,在其诞生的百余年内也一直受到主流的自由主义民主理论的批评。但从本质上来说,精英民主理论毕竟是在自由主义的理论和现实土壤中成长起来的,它的身上不可能不被打上培养基的烙印,也不可能全盘否定其赖以生存的一切政治价值和制度基础。在某种意义上,我们甚至可以认为,精英民主理论与它主要的批评对象——自由民主理论之间可能存在着一种超越激烈对抗的默契关系。从根本立场的角度看,精英民主理论对于由

---

① 参见[英]理查德·贝拉米:《重新思考自由主义》,王萍、傅广生、周春鹏译,陈晓律校,江苏人民出版社,2005年,第152页。

② 瓦克的观点,原文出自 Jack L.Walker, A Critique of the Elitist Theory of Democracy, *American Political Science Review*, LX2, June, 1966。转引自彭怀恩:《精英民主理论评介》,正中书局,1989年,第86页。

自由主义理论创制的现代西方民主制度并无恶感。与其说它们所反对的是自由民主制度本身，不如说它们是在为自由民主制度可能面临的挑战，特别是对那些借助自由民主的某些价值理念(尤其是平等)的对抗力量(如大众参与式的民主等)的壮大感到忧虑。"他们并不是一般地反对民主，他们反对的是一种法国大革命式的民主，而不是当时流行于英美的自由民主形式。"①从整个西方民主理论发展史的脉络上看，精英民主理论，包括在其基础上产生的多元民主理论，对自由民主理论的补充完善意义远超过它们对后者的替代价值。

简而言之，精英民主理论无意于，事实上也的确没有动摇自由民主理论作为西方主流意识形态的地位。因此，精英民主理论与自由民主理论之间的逻辑关系本来是比较明确的，但由于一个时期内精英民主理论被自由主义者打入"反民主阵营"的另册，加之后来的多元民主理论者又有意无意地夸大了三者(自由民主、精英民主与多元民主)之间的对立与分歧，导致人们往往更多地注意精英民主理论与传统西方自由民主理论大异其趣的方面，而忽略了二者之间的紧密联系，②这种建立在先见基础上的研究结论显然是有失偏颇的。在对近现代西方民主理论的研究中，我们更应该将其视为一个结构严谨、动态发展、自我更新的体系，从而能够尽可能从宏观上清理出贯穿于具

① 原书中的他们具体指的是米歇尔斯、帕累托、勒庞等人，此处借以泛指所有的精英民主理论家。参见吴春华主编：《西方政治思想史——19世纪至二战》(第四卷)，天津人民出版社，2005年，第565页。

② 当然，这里也存在现代精英民主理论的转型在一定程度上表现为精英民主理论向自由主义民主主流的一种不彻底的妥协方面的原因。既然这种妥协是不彻底的，那么它就必然在某些方面反映出同自由民主理论相冲突之处。这也从一个层面解释了为什么在对一些现代精英民主理论家的思想归属认定上会出现问题，以至于其中相当一部分重要思想家被归入了保守主义而非自由主义或多元主义的阵营中。国内部分学者就将二战后一些典型的精英民主理论家(主要是右翼的，包括雷蒙·阿隆、萨托利等)归为保守主义思想家或保守自由主义思想家。如吴春华主编：《西方政治思想史——19世纪至二战》(第四卷)，天津人民出版社，2005年；马德普主编：《西方政治思想史——二战以来》(第五卷)，天津人民出版社，2005年；匡萃坚：《当代西方政治思潮》，社会科学文献出版社，2005年等。

有不同观点主张的西方民主理论之间的内在逻辑链条,在比较分歧的同时发掘共性本质。唯其如此,我们才可能使对西方民主理论的研究超越就特定理论、特定观点论事的层面,并由此实现民主理论研究价值与实践价值的统一。

从都走过了从传统形态到现代形态过渡的历程方面看,自由主义民主理论和精英民主理论两者都同样表现为不断充实和自我完善的理论体系。① 就自由主义而言,古典自由主义的理念主要包含了:①"管得最少的政府是最好的政府。"反对政府积极干预。社会应该从政府干预中摆脱出来。②在公共生活领域引入市场原则,依靠"看不见的手"来发挥基础性作用。在这种理念背后,存在的是自由主义在经济学领域的核心前提——理性经济人假设。对于这一假设在西方民主理论发展史上的重要性无论如何估计都不过分,因为在其后的发展历程中,正是这一假设站在了一系列理论争鸣的风口浪尖,以这一假设的屡受质疑为标志,西方民主理论实现了从传统政治哲学到现代政治科学,从古典自由主义一统天下到以现代自由主义为核心、多种民主理论共同发展的历史性转变。③尽可能地追求个人自由。"美国人把古典自由主义者视为在水中游弋的鸭子。它看上去很适合充满激情的、热爱自由的人的需要,他们拥有足够的扩展空间。"②

当然,也有学者注意到了古典自由主义"非理想主义"的阴暗面:古典自由主义者"争取的……不是真正的、普遍的政治参与权。自由是好东西,不过自由主义者未必有兴趣争取所有人平等享有自由的权利"③,并且正是在防范资产阶级精英之外的阶层群体充分享有自由成果的意义上,自由主义者才利用其话语霸权,将那些更推崇平等价值的理论划入了民主之敌的阵营。而在现代自由主义阶段,情况则有所变化:"自由主义的第一个特征是个人

---

① 对此,不少学者都整理出了自由主义从近代到现代的完整发展脉络。参见[英]安德鲁·海伍德:《政治学》(第二版),张立鹏译,中国人民大学出版社,2006年,第53~54页。

② [美]迈克尔·罗斯金等:《政治学》(第六版),林震等译,宁骚校,华夏出版社,2002年,第81页。

③ 王绍光:《民主四讲》,生活·读书·新知三联书店,2008年,第33页。

主义,它宣告对任何社会集体的否定,将个人独立的精神置于首位;第二个特征是平等主义,认为人们在精神上都有同等的地位,否认人与人之间在法律地位或政治地位上的不同;第三个特征是普遍主义,依据特殊历史群体和文化形式的重要性,承认群体的道德体系;第四个特征是社会向善主义,认为所有的社会群体和政治安排都是取向进步的。"①现代自由主义者认为,当面对市场失灵及市场经济所内含的某些有悖于民主价值的后果时,政府不应该是无所作为的,相反,"毫无疑问,政府应当以保护弱者的形式'侵害'自由"②。在此,现代自由主义实现了从消极自由(免于某种侵害的自由)到积极自由理念的转变,而促成这一转变的重要内因之一就是平等价值在现代自由主义政治价值体系中的显著上升。与古典自由主义的理解不同,现代自由主义并不过分强调自由与平等之间的对立关系,而是更关注两者统一于支撑现代民主政治体系的一面。③

与之相类,精英民主理论在其发展的百年历程中,也经历了一次重大的理论转型。④值得注意的是,精英民主理论转型中所处理的基本理论问题与自由主义基本相同,都表现为:①对政治权力作用范围和权力结构的认识。②对现代民主政治条件的理解。③对民主政治内价值序列的看法。也正是在对这几个主要问题的态度上,力图实现"回归"目的的精英民主理论有选择地向自由主义民主作出了妥协,引入了相当一部分原来为精英主义理论所批判的原则和制度——如更多地对个人自由的保护、代议制民主等,放弃或隐藏了一部分不兼容于主流价值的观点——如限制普选、言论自由的主张等,从

① [英]约翰·格雷:《自由主义》,明尼苏达大学出版社,1986年,第5页。转引自徐大同主编:《当代西方政治思潮——20世纪70年代以来》,天津人民出版社,2001年,第2页。

② [美]迈克尔·罗斯金等:《政治学》(第六版),林震等译,宁骚校,华夏出版社,2002年,第82页。

③ 有学者将自由主义的要素归纳为:1.个人主义。2.自由(个人自由)。3.理性(进步主义)。4.平等(与"贤能统治"相容)。5.宽容。6.同意。7.宪政(分权、制衡、法治)。参见[英]安德鲁·海伍德:《政治学》(第二版),张立鹏译,中国人民大学出版社,2006年,第54~56页。

④ 此次转型前后精英民主理论的基本主张和特征,在本书第二章中已有详细论述。

而最终融入了西方民主理论主流意识形态话语体系，使其对西方现代民主政治现实的解释论证，为自由主义理论对抗其他更激进的民主理论提供了有力的支持。因此，从整体上看，当代的精英民主理论已经不构成对自由主义民主理论的重大挑战，相反，两者在许多方面达成的共识从一个侧面反映出自由主义仍然在整个西方民主理论界占有绝对的优势地位。具体而言，精英民主理论与自由主义理论之间至少在这样三个方面存在着相似性：

其一，现实理性的有限民主观。①严肃的自由民主主义者对民主本质功用理解的一个重要特征，就在于要将民主的目标明确指向保障优良的公共生活，也就是说，"民主只适合解决与共同体有明确关系的事情"②，因而也应该对民主作用的边界作出严格规定。具体地说，就是要将民主限定于"政治（政治有一个较窄的定义）生活的范围内……民主的目的是通过大众参与过程建立一个法律框架，个人可在此框架内安排其事务并追求私人利益"③。从某种程度上说，在自由主义民主的逻辑体系中，自由并非民主的必然对应物。比如，当民主突破了公共生活领域而涉入私人生活领域时，典型的自由主义者就会认定此时的民主已经侵犯到自由的价值，④就有必要通过设置一些明显有损于民主原则的屏藩来捍卫自由。这表明自由民主的拥护者实际上已经完全放弃了古典民主那种民主全能主义的理念，转而采用一种更现实的有限民主论的立场。从这一立场出发，自由主义理论体系中关于民主实质，民主模式，民主与自由、平等、公平等价值的关系这一系列具体观点的得出也就变得顺理成章了。

当然，精英民主理论家比一般的自由民主主义者迈出的步伐更大，合格的精英民主理论信奉者永远都是与民主万能论绝缘的，他们不但继承了自

---

① 当然，对于抱有某些不纯动机的民主主义者（无论是自由主义者还是精英民主主义者）而言，这条原则是并不成立的。

②③ ［英］安德鲁·海伍德：《政治学》（第二版），张立鹏译，中国人民大学出版社，2006年，第88页。

④ 需要注意的是，激进的自由主义者和保守自由主义者在这一问题的态度上是完全不同的。

由主义者关于应该将民主原则限制在公共政治生活领域里的思想，而且还以更为冷峻的目光观察到，即使是在公共政治生活领域内，民主原则的贯彻在绝大多数场合下既无可能又无必要。在此，自由民主那里尚且残存的对民主仅有的理想主义因素也被无情地抛弃了，取而代之的是一种近乎纯粹工具效用的认识。对于信奉民主原则的人们而言，这种缺少了人文关照的工具理性主义民主观①无疑是与民主政治的初衷南辕北辙的，但如果将上述这种发端于自由主义，继而由精英民主理论推往巅峰②的民主观转型过程，放在整个西方民主理论发展史演进的大时代背景下，我们就会发现，当民主的理想主义与汹涌而来的大众政治潮流相碰撞时，人们的民主观中理想主义与现实主义要素的此消彼长将会是一个自然而然的过程。这其中肯定也存在着矫枉过正的情况，但如果缺少了这一过程，今天人们所理解的民主形象也就不可能沿着不断批判与超越的轨迹而变得更加丰满。

其二，对大众参与的天然恐惧和排斥心理。能够将自由主义和精英民主理论联系在一起的一个重要的心理基础，就是两者都在不同程度上将民主看成是制约多数暴政的重要工具。从上文的论述中，我们不难看到不同时期精英民主理论家对于大众理性的不信任和对大众参与的排斥，在他们看来，人民直接统治的民主和大众广泛参与的政治③都是不可取的政治形态，尤其是后一种形态将直接对西方民主的根基造成冲击："大众关系政治对民主未必是好处，相反这是一种危险，因为普通大众进入政治领域可能'粉碎'民主制度，因为大众是一种非理性的权威主义的政治力量。"④我们能够很容易在

---

① 此处借用了西方马克思主义对西方社会"异化"的一个批判性概念。

② 当然，位于峰顶的是那种完全无视民主的任何价值内容的意识形态，如法西斯主义等。

③ 需要指出的是，在精英民主理论中这是两个不同的概念，其主要区别表现在二者的主体不同，前者包括了公民作为个体的参与，而后者则特指以群体方式的参与。在精英民主理论的话语中，"大众"往往带有鲜明的贬义色彩，对"人民"概念的批评则主要是从其事实不成立的层面上提出的。

④ ［美］利普赛特：《政治人——政治的社会基础》，刘钢敏、聂蓉译，聂崇信校，商务印书馆，1993 年，第 94 页。

自由主义者那里找到类似的观点。①根据这一思路,精英民主理论家们对自由主义价值体系的重构也同样可以得到解释。多数精英民主理论家在承认传统自由民主发展的成就和民主政治较之其他政治组织方式的优越性的同时又指出,应该严格地区分自由主义民主的理想形态和现实形态。事实上,在后者那里,前者的几个主要价值(如莫斯卡所概括的代议制民主的主要价值——自由、平等、博爱②)的实现不但与理想状态存在着不小的差距,而且其内部也是存在着一个价值目标的实现序列的。在这个序列当中,精英民主理论家们最为肯定的就是现代民主至少在增加精英开放性和社会阶层流动性方面取得了显著成效,在此所体现出的核心价值,无疑只能是自由的价值,而这一点恰恰是与现代自由主义者不谋而合的。

其三,改进代议制民主的主张。无论是自由主义者还是精英民主理论家,都从20世纪初西方代议制民主的危机中看到了改进代议制的必要性。在精英民主理论变革发展的不同阶段,许多理论家都对改进代议制运行机制提出了自己的主张。如在莫斯卡对代议制民主未来的献策中,就把争夺资产阶级在政治领域的主导权问题摆到了相当重要的位置上。为此,他提出了这样几条改进代议制民主的建议:①新闻立法,②限制集会和结社自由,③限制选举资格,④在必要的情况下实行短期的强力统治,⑤重塑统治阶级的权责观念。③这可以说代表了精英民主理论中偏向保守一派的改革主张,当然,这也与同时期希望变革传统自由主义的某些自由主义理论家的思路是一致的。而在二战后的理论转型中,精英民主理论家的主要改革建议则转向完善宪政民主,在政府权力架构中寻求强化的统治权与更加规范有效的议

---

① 不论是传统的自由主义者,如托克维尔、康德、霍布豪斯,还是现代自由主义者,如哈耶克、诺齐克等人,都以不同方式表达了他们对于可能的多数暴政的恐惧。

② [意]加塔诺·莫斯卡:《统治阶级(〈政治科学原理〉)》,贾鹤鹏译,译林出版社,2002年,第545页。

③ 同上,第570~572页。

会制之间的平衡点，①而他们最为重视的改革落脚点还是在于选举民主的规制工程。与之相呼应，同时期的自由主义者也将改革代议制的重点放在了宪政和选举两个主要领域内，这不能说仅是一种英雄所见略同的巧合，而是更多地反映了两者根本利益和立场的一致性。

此外，值得注意的是，与一般的激进民主主义和保守主义者不同，建立在对现实政治史分析的基础上，精英民主论家并不认为代议制政府会成为所谓暴民的工具。因为政治组织的运行规则、代议机关成为统治阶级掌握机关的必然趋势等，都将杜绝代议机关以一种合法政治组织的形式成为所谓暴民统治工具的可能性，这就意味着代议制民主本质上是一种维护基本统治秩序的良性压力机制。②因此，完善宪政基础上的代议制民主而不是寄希望于一种全新的载体——比如法西斯主义，也逐渐成为大多数精英民主理论家的基本共识。这一观点的出现可以看作是对 19 世纪代议制发展实践经验的总结，针对的主要是早期民主理论中存在的对代议机关可能成为暴民工具的过分担忧。经由这样一个对代议制重新认识的阶段，我们可以注意到，在后来的民主理论中，代议制政府成为自由民主之敌的问题被大大淡化了，相反，代议制与自由主义民主在相当程度上建立起了一种必然的联系。代议制的缺陷尽管也被屡屡提及，它也并不被当作是完美的民主形式，但在很多情况下，人们还是在代议制是人们可以选择的坏处最少、也最为可行的民主形式这一点上达成了共识。由此可见，单就为代议制正名而言，精英主义政治学者们可谓是功不可没。

从本质上说，所有上述这些自由主义与精英民主理论的内在联系，都是

①　参见熊彼特、雷蒙·阿隆、萨托利等的相关著作。

②　如莫斯卡就指出："实际上，代议制度并非产生多数人的政府；它产生了一定的在国家指导下的社会价值，也产生了这样的事实：许多政治势力组织了起来，从而对政府施加影响，而它们在一个专制国家中，也就是在一个仅被官僚机构所统治的国家中，则迟钝无力，对政府施加不了影响。"参见〔意〕加塔诺·莫斯卡：《统治阶级（〈政治科学原理〉）》，贾鹤鹏译，译林出版社，2002 年，第 213 页。

当自由主义者取得政权,并在西方民主社会利益分配结构中居于优势地位后的自然反映,他们不希望更多的普通公民继续以民主为旗号分享其既得权益。为此,自由主义民主的话语必须发生相应的改变,从这个意义上说,并不是传统自由主义的古典民主理论自身的问题已经严重到非被抛弃不可的地步,而是主流意识形态话语必须适应话语权主体地位改变的规律使然。精英民主理论诞生于传统自由主义的危难之际,它第一阶段的理论出发点是破旧立新,这就决定了它必须在某些方面比自由主义者走得更远,想其不敢想,言其不敢言,而其所掀起的第一波高潮的终点则是变革后自由主义的新生。在当代西方民主理论的主流话语体系中,精英民主理论与自由主义民主理论的边界变得越来越模糊,用更冠冕堂皇一些的词语来概括现代自由主义民主的要旨,就是"在精英统治与大众民主之间寻求平衡点"。而放在更宏观的视野里,精英民主理论的沉浮兴衰、变革发展的每一步都是与自由主义自身的变革需要保持一致的。这或许并非出于精英民主理论家们的主观意愿,但却可能揭示了引导西方民主理论价值和问题取向的根本主导力量所在。

第二节　多元主义对精英民主理论的批评

在二战后西方兴起的多种新民主理论当中,多元主义民主理论与精英民主理论的关系十分密切,并且也较为系统地对精英民主理论进行了批判。与精英民主理论类似,多元主义民主理论的建构也是以一种经验研究的范式为起点的,[①]并且它也同样包含了复杂的理论体系和内容,从不同的角度出发,它可以被分别理解为"一种关于权力配置状态的理论、一种经验民主

---

① 一般认为,多元民主理论产生的代表作是达尔 1961 年发表的考察美国纽黑文权力结构和城市重建的《谁统治:美国城市中的民主和权力》一书。

理论、一种关于政策制定过程的理论、一种国家与社会关系的理论"①。单就其对民主政治的认识而言,多元民主理论首先包含了两个基本假设:其一是一个社会中存在着多元化的组织和利益集团,这些组织大多具有明确的利益取向和行动领域;其二是一个社会并不存在单一的权力中心,而是由上述多元化的组织形成多中心的治理格局。在此前提下,有学者将多元民主理论的基本逻辑要点概括如下:①利益集团广泛分布于整个社会。②利益集团具有私人性质和自治性质。③利益集团在国家与公民之间充当中介者的角色。④利益集团具有动员和教育的作用。⑤利益集团的活动具有明显的定向性。⑥利益集团之间具有竞争性,并且这种竞争性以集团领导层的竞争为主要表现形式。⑦政治本身可以用多元主义综合体的理论来理解。⑧多元决策中心成为防止社会解体的社会均衡保障。②

在此,我们不难发现,在对权力分配结构问题③的基本认识上,多元民主理论同精英民主理论之间存在重大分歧。简而言之,如果说精英民主理论是以掌权阶层和权力集中趋势为核心点和前提来研究民主问题的话,那么在多元民主理论那里问题的关键词就被置换成了多元化的组织或利益集团和分散化的权力结构特征。这种研究视角的不同最终引导多元民主理论发展成为一种相对于前者更倾向于积极解释和建构现有民主政治体系的理论。

---

① 景跃进:《比较视野中的多元主义、精英主义与法团主义——一种在分歧中寻求逻辑结构的尝试》,《江苏行政学院学报》,2003 年第 4 期。

② 参见景跃进:《比较视野中的多元主义、精英主义与法团主义——一种在分歧中寻求逻辑结构的尝试》,《江苏行政学院学报》,2003 年第 4 期;邵宇、高小兰:《论当代西方精英主义与多元主义的分歧与融合》,《前沿》,2009 年第 6 期;聂露:《精英民主理论的简单谱系》,《中国社会科学院研究生院学报》,2004 年第 2 期等。

③ 如赫尔德在《民主的模式》一书中就明确指出,多元主义民主的实质内容在于对西方民主中权力分配的研究。参见[英]戴维·赫尔德:《民主的模式》,燕继荣等译,王浦劬校,中央编译出版社,2004 年,第 267 页。

一、对精英民主理论核心要件的质疑

尽管许多学者都认为多元民主理论渊源可以追溯到以制权为核心的麦迪逊式民主思想①那里,并指出多元民主是对麦迪逊式派别政治研究视角的一种重新阐释和应用;但另一方面,多元民主理论是在对精英民主理论的批判扬弃中推动彼此的理论体系更加丰富完善这一点,也同样是不容忽略的。作为一种以批判和修正精英民主理论为出发点产生的现代民主理论,多元民主理论显然从其精英民主理论前辈那里获益良多。如同下文所要具体陈述的那样,多元主义的民主模式至少在不平等的资源分配与社会结构、精英与大众两分法、政治竞争的基本表现形式、古典民主与现代民主两分法、民主政治的基本指标体系等诸多方面受到了精英民主理论的直接影响。在此基础上,多元主义者还尝试建立起一种整合精英民主与大众民主特征的多元民主(多头政治)的解释和应用模型。因此,在当代西方理论界对精英民主理论的各种批评意见中,来自多元主义旗下的声音由于其与前者的紧密联系也尤为值得重视。概括而言,多元主义者们是沿着以下的逻辑线索展开对精英民主理论的质疑和挑战的。

精英民主理论的核心观点,进一步说,就是集中在对少数人统治理论的批评上。具体而言,围绕着少数人统治模型,多元民主理论提出了这样几个疑问:

---

① 参见[美]迈克尔·罗斯金等:《政治学》(第六版),林震等译,宁骚校,华夏出版社,2002年,第66~67页。[英]戴维·赫尔德:《民主的模式》,燕继荣等译,王浦劬校,中央编译出版社,2004年,第255页。在后一著作中,还列举了多元主义民主功利主义的政治哲学传统,而这也正是其同精英民主理论在政治哲学层面上的重大分歧之一。

（一）是否确实存在着一个高度一致的精英集团

同他们的精英主义同行们所做的一样，多元主义者们也列举出大量的实证案例，试图表明"掌权的个人和集团之间是存在分歧和有竞争性的，不论是在政府里，还是在私人领域"[①]。同时，他们认为精英主义者过于强调了许多政府和公司职位的影响力，混淆了潜在的和实际的权力。在他们看来，在一个复杂的社会中，人们可以区分商业精英、官僚精英、军队精英、农业精英、劳工精英等，这些精英会根据不同的情况而相互合作或冲突，而不总是采取一致的行动，精英民主理论的正确性仅仅在于它看到了这种相互作用不是整个集团与整个集团的互动，而是一个集团的一小部分精英代表与另一个集团的精英代表之间的互动。

沿着精英主义实证研究的思路，质疑者们进一步提出了一系列疑问，比如统治精英是否确实经常性地碰头并决定推进新的议程等，结果他们"几乎没有发现什么证据可以表明精英之间持续的协调与合作"[②]，相对的，他们认为西方民主社会的政治权力是高度分化的。[③]对于一个社会权力结构的认识，多元民主理论提出了一种修正精英民主理论偏颇先见的观点，即"潜在的权力并不就是权力本身。权力是产生于人与人之间的相互作用"[④]。他们批评精英主义者似乎过分热衷于手持阴谋论的放大镜去观察现实政治过程，以至于被其先驱的某些理论教条束缚了手脚。

沿着这一逻辑线索，多元主义对精英主义将精英和大众严格区分甚至

---

① ［美］迈克尔·罗斯金等：《政治学》（第六版），林震等译，宁骚校，华夏出版社，2002年，第67页。同时，参阅达尔的《多头政体》和《多元民主及其反对者》。

② ［美］迈克尔·罗斯金等：《政治学》（第六版），林震等译，宁骚校，华夏出版社，2002年，第67页。

③ 参见 Robert A.Dahl, *Who Governs?*, Yale University Press, 1961.

④ ［美］托马斯·戴伊：《谁掌管美国——卡特年代》（第二版），梅士、王殿宸译，世界知识出版社，1980年，第12页。

是对立起来的观点也产生了质疑。在他们看来,精英主义者,尤其是保守派别的精英主义者对于精英的过分推崇与神化使得人们产生了一种精英可以凭借自身力量维持稳固统治的错觉。①而事实上,现代精英统治离不开大众的认同与支持,每个精英集团都需要尽可能多地吸纳基层成员来壮大自身的力量,同时大型政治组织的统治和领导集团也需要通过履行责任和分配利益来获取普通成员的认可与支持,否则,精英统治体系就无法维持一种稳定的秩序。与精英主义者相比,多元主义者一方面承认大型组织内部确实可能出现权力向精英层集中的趋势,另一方面他们又认为,这种集中趋势并不必然引向培育专断寡头的结果。换而言之,多元主义对于社会和政治组织内部制约精英的各种可能措施并未完全失望,而是认为在公民对精英的制约与精英之间彼此制衡的双重压力下,那种统一的精英集团全面压制大众的情况并不会出现:"在民主国家,政治和官僚精英力量固然强大,远胜于普通公民,但他们还不是专制君主。"②

(二)所谓寡头统治铁律在大型政治组织中到底有多大的影响

众所周知,寡头统治铁律是精英民主理论特别是早期精英主义学说最重要的核心理论之一。在精英民主理论家们眼中,大型政治组织固然是现代民主不可或缺的生长基础:"毋庸赘言,没有组织的民主是无法想象的。"③但另一方面,由于寡头统治铁律的作用,组织又成为扼杀民主、滋生专制的摇篮:"事实上,组织是保守逆流的温床,它漫过民主的平原,有时泛滥成灾,并

---

① 当然,许多精英主义者也提到了大众的重要作用,如米歇尔斯甚至指出寡头攫取权力的第一步就是要学会"服从大众",但他终究是在揭露精英统治虚伪性的语境下得出这一结论的。参见[德]罗伯特·米歇尔斯:《寡头统治铁律——现代民主制度中的政党社会学》,任军锋等译,天津人民出版社,2003年,第140~141页。

② [美]罗伯特·达尔:《论民主》,李柏光、林猛译,商务印书馆,1999年,第123页。

③ [德]罗伯特·米歇尔斯:《寡头统治铁律——现代民主制度中的政党社会学》,任军锋等译,天津人民出版社,2003年,第18页。

将这一平原冲刷得满目疮痍。"①精英民主理论认为，上述情况正是现代民主所面临的两难困境的真实写照。但多元主义者却并不同意那种在组织内部，尤其是大型政治组织内部，极少数精英能够在几乎很少受到约束的情况下任意支配组织和普通成员，而非主流的少数派和个人却总是对寡头的专横无计可施的观点。恰恰相反，多元主义者认为，个人和少数派在组织中的价值和影响都是不可替代的，除了积极参与选举、对精英施加合法性授权方面的压力的渠道之外，他们还可以通过诸如院外活动、影响公共舆论等众多手段介入政治过程。即使这些对政治系统的输入项都归于无效，个人和少数派也还可以选择从干扰组织活动到退出组织，乃至于以更激进的方式对少数寡头施加压力。②

在这些压力之下，寡头们不会无动于衷，因为如果不及时地安抚这些个人和少数派群体，不满情绪就有可能进一步蔓延开来，进而对现有的掌权阶层体系构成直接威胁。即使从精英主义的基本结论出发，我们也可能会推导出这样的结论，即如果一个精英统治集团不能得到组织内普通成员的足够认可，那么那些觊觎统治权的潜在精英就可能利用大众的不满不断地发起对现有体制的挑战，从而使精英统治的秩序陷入瘫痪状态。显然，任何寡头都不愿意去冒这样的风险。

更为重要的是，多元主义指出，大型政治组织不是一种简单的"专制性的组织"③。事实上，在政治组织的活动中，始终存在着和寡头统治铁律相对

① ［德］罗伯特·米歇尔斯：《寡头统治铁律——现代民主制度中的政党社会学》，任军锋等译，天津人民出版社，2003年，第19页。

② 米歇尔斯在其对政党政治的实证研究中实际上也提出了这种可能性，并且尽可能地列举出了个人和少数派可能用来制衡寡头的手段，只不过与多元主义者不同的是，米歇尔斯对这些制衡手段的可操作性抱有极大的怀疑，或至少认为它们不足以对寡头产生足够的威慑力。参见［德］罗伯特·米歇尔斯：《寡头统治铁律——现代民主制度中的政党社会学》，任军锋等译，天津人民出版社，2003年，第五章。

③ ［美］罗伯特·达尔：《民主及其批评者》，曹海军、佟德志译，吉林人民出版社，2006年，第388页。

应的一股力量,即竞争性的力量,它推动着政治组织朝向那种更有利于抑制寡头垄断的内部自治的组织方向发展,而自治组织正是"大规模民主的必要条件,而且既作为其活动的先决条件又作为其制度不可避免的结果"①。换而言之,精英民主理论家们只注意到了,②或者说是有意过分强调了组织内部寡头统治铁律的效果,却忽视了组织沿着相反轨道增强民主性的可能。对于全面客观的政治科学研究而言,这种偏见无疑是不足取的。回到多元民主理论关于政治权力不平等表现为一种"弥散性不平等"的基本观点上来,寡头统治的稳固性还可能会随着问题领域的改变而处于不同的等级水平上。根据对每一领域内谁对哪些对象和事务具有多大的影响力问题的考察,多元主义者发现,少数统治者通常在涉及维护其最基本利益的安全性政策上是成功的,但在那些"对它的最基本利益影响不是很大的事务上,它的影响是微弱的,它的盟友是较少的,它的反对者是较强大的,并且它的控制结果常常遭到失败"③。这种情况之所以成为一种常态,除了源于组织内部抑制寡头政治的自治力量外,也源于精英们的精力被竞争公共权力代表身份所牵制,导致在那些看起来对其根本利益重要程度较低的事务上"很少努力地去直接或间接地影响政策,或者根本就不费那个劲儿"④。至少从后果来看,这显著地降低了单一精英集团控制大量政治和社会事务的概率,从而为多元主义在大型政治组织中的弥散创造了条件。

---

① ［美］罗伯特·达尔:《多元主义民主的困境:自治与控制》,周军华译,吉林人民出版社,2006年,第38页。

② 如达尔就认为米歇尔斯的谬误成因在于其"很少或是没有对拥有广泛选举权的国家中竞争性政党体系的经验"。参见［美］罗伯特·达尔:《民主及其批评者》,曹海军、佟德志译,吉林人民出版社,2006年,第389页。

③④ ［美］罗伯特·达尔:《民主及其批评者》,曹海军、佟德志译,吉林人民出版社,2006年,第391页。

（三）等级层次分明的金字塔形社会结构是否是对民主社会现实的准确描述

在典型的精英主义者勾画的社会结构示意图中，整个社会的阶级、阶层和身份、资源分配结构呈现出一种类似金字塔的形态。尤其是精英民主理论中持左翼激进观点的学者，如米尔斯等，更是强调当代资本主义社会的这种金字塔结构被严重固化了，当代的权力精英甚至在他们主导的意识形态话语中也在强化着这种日益固化的精英统治的合法性："控制和平衡可以被理解作'分而治之'的另一种说法，也可理解作更为直接地牵制民众意愿表达的一种方式……'利益均衡学说，由优势集团为了证明与维持他们的统治地位，以完美的真实，作为单纯的道德手段来实施。'"①但多元主义者对现代民主社会权力结构的现状和趋势的看法似乎并没有这样悲观，他们指出了这样一种"并不罕见的现实情况"，即许多个人可能属于或认同多个集团，具有"重叠的成员身份"。由此，根据某种标准被划入不同特定集团或群体的人们，完全有可能在同一议题上形成一致性意见。在较为成熟的民主社会中，这种"横切分裂"②被引导向积极的作用方向，由此巩固了政治共同体的稳定。此外，在对选举政治的研究中出现的所谓"交叉压力"的问题，也从一个侧面印证了多元主义者对金字塔形社会结构的质疑。③

从根本上说，多元民主理论只有在一个多元社会的前提下才可能找到其用武之地："一个民主社会可定义为一个社会体系，它不仅具有民主的政治体系，而且还有许多其他直接地或间接地起着民主政治过程作用的次体系。"④这

---

① [美]查尔斯·赖特·米尔斯：《权力精英》，王崑、许荣译，南京大学出版社，2004年，第321页。

② 参见[美]戴维·杜鲁门：《政治过程——政治利益与公共舆论》，陈尧译，胡伟校，天津人民出版社，2005年，第六章。

③ 参见[美]利普塞特：《政治人——政治的社会基础》，刘钢敏、聂蓉译，聂崇信校，商务印书馆，1993年，第六章。

④ [美]罗伯特·达尔：《现代政治分析》，王沪宁、陈峰译，上海译文出版社，1987年，第87页。

就意味着必须彻底否定精英民主理论所设定的那种固化的、寡头化(某种程度上也就等于一元化)的社会结构理论。

　　总之，多元民主理论并不承认那种简单的金字塔结构是对现实社会权力结构的准确描述，"在经典的多元主义模式中，并不存在什么单一的强有力的决策中心。既然权力本质上是分散在整个社会之中的，既然存在着多元的压力点，就会产生各种各样的压力点，就会产生各种各样的竞争性政策制定和决策中心"①。多元主义者认为，现代民主政治的社会结构基础是源于一种彼此存在成员身份交叉，以特定利益和议题为核心确立其权力基础的多元社会结构；而精英民主理论对社会结构的认识之所以还具有某种真理性，是因为它正确地观察到了现代民主政治中组织间的互动是以组织上层精英间的互动为其常态表现的。但遗憾的是，精英主义理论对论证少数统治原理的执念降低了其结论的解释力，而多元主义所要做的正是弥补这一缺憾。就更深层次的意义而言，在上述这种批判性意见里，其实也已经包含了为多元主义与精英主义理论的融合埋下伏笔的内容。

二、对精英民主理论观点的批评

　　在精英民主理论对导向民主的可能措施的偏颇认识的质疑中，主要包括了这样几个主要问题：

(一)选举政治的弊端是否足以影响其作为民主重要载体的地位②

　　在选举政治的问题上，多元主义者不仅明确反对某些精英主义理论家

---

① ［英］戴维·赫尔德：《民主的模式》，燕继荣等译，王浦劬校，中央编译出版社，2004年，第259页。
② 需要特别注意的是，正如前文指出的那样，精英民主理论体系内部对于选举的功能是有着不同认识的。这里多元主义者所批评的，主要是精英民主理论对于选举政治中可能弊端的夸大与曲解。

提出的那种选举只具有"象征性演习"意义的说法，而且似乎也不愿意全盘接受那种将现代民主政治化约为选举领导者的简单公式。针对精英主义者所提出的选举政治中存在的种种弊端，多元主义者作出了针锋相对的解释。

首先，对于当代西方民主普遍出现的参与选举的积极性下降的问题，多元主义者的解释是，如果把选民视为一个整体性存在，那么理性选民积极参与，从而影响塑造政治权力结构和政策过程的可能性确实是微乎其微的。①因为诚如精英主义者指出的那样，无组织的公民个人在彼此沟通和认同方面与精英之间始终存在一条巨大的鸿沟。但如果是在公民个人对于自己影响特定的政策过程抱有强烈的意愿，同时又接受积极地参与选举可能改变自身境遇的观点的情况下，有别于精英的另一种选举过程的"积极参与者"也将在选举政治中体现出不可忽略的价值。在此，选民整体中消极的沉默大多数既为精英的表演提供了舞台，同时也为非精英的积极个人和政治组织（主要是利益集团）提供了登台的机会。更何况，换一个角度看，普遍出现的选举冷漠也未必是一件坏事。在多元主义者看来，对选举政治的冷漠除了选举本身存在的弊端之外，更根本的原因还在于当代的西方民主已经足够稳定，稳定到在大多数情况下不需要依靠选举投票来确定掌权者和某项具体政策的合法性。也可以认为，那些不参与选举投票的选民实际上也在间接地表达着自己一种"消极的同意"的态度，"选举因而成为有利害关系的少数人的意志和沉默的多数人的同意的组合物"②。

其次，对于在选举中是否存在足够的政治选项的疑问，多元主义者主要是通过否定精英主义关于精英意见一致性的假设而加以解决的。比如，根据达尔等人的看法，米尔斯对美国精英体系的统合能力显然是过于高估了。事

---

① 这与达尔所称的"古典民主"的假设之间存在着巨大的分歧。尤其是后者阵营中以卢梭为代表的一派不仅推重"公意"的绝对价值，而且也对大众理性抱有相当积极的看法，而这正是最为精英民主理论家们所诟病之处。

② ［美］迈克尔·罗斯金等：《政治学》（第六版），林震等译，宁骚校，华夏出版社，2002年，第68页。

实上,在政党之间、政党内部、不同精英集团,乃至不同个体精英之间,并没有形成所谓确定"联合统治"秩序的神圣同盟。相反,精英集团内部的权力也是分散的,并且表现为持续的、有时甚至是围绕根本利益所展开的斗争与讨价还价。①上述过程恰恰为普通选民增加政治和政策选项提供了空间。很显然,在精英内部是否达成足够的一致这个问题上,精英主义者和多元主义者都可以源源不断地提供大量的实证证据支持自己的看法。因此,至少在非危机状态下,彼此说服的希望是相当渺茫的。

最后,在选举政治与民主政治关系的认识上,多元主义者,尤其是受到西方马克思主义影响的激进多元主义者并不赞成以熊彼特等为代表的那种在两者之间画等号的做法。比如,在达尔所列举的现代民主政治所需要的六种制度②中,选举制度显然不能完全概括民主政治的内容。因为就涉及选举制度的功能而言,它只是部分地解决了有效的参与和控制议程的任务,而不能满足更经常的、内容更丰富的有效参与和充分的知情、充分的包容性的需要。③在对多元民主理论的完善中,精英民主理论视野的局限性越发显现出来。因此,打破选举即民主的教条桎梏的需要也就愈显迫切。为此,多元民主理论采用的是将民主政治的落脚点从单一的公共生活领域中解脱出来的思路。达尔从20世纪出现的那些具有"小政府"特征的巨型公司的管理活动中得到启发,提出了超越政治民主层面的"经济民主"的概念,从而使民主的适用范围扩展到"工作场所的民主"(workplace democracy),④并以此实现了多元民主理论由一般性地关注政治民主到强调经济民主与政治民主紧密联系

---

① 参见[美]罗伯特·达尔:《论民主》,李柏光、林猛译,商务印书馆,1999年,第三部分第九章。[美]罗伯特·达尔:《多头政体:参与和反对》,谭君久、刘惠荣译,谭君久校,商务印书馆,2003年,第四章。

② 具体为选举产生的代表、自由公正定期的选举、表达的自由、多种的信息、社团的自治和包容广泛的公民身份。参见[美]罗伯特·达尔:《论民主》,李柏光、林猛译,商务印书馆,1999年,第三部分第八章。

③ 参见[美]罗伯特·达尔:《论民主》,李柏光、林猛译,商务印书馆,1999年,第101页。

④ 参见王绍光:《民主四讲》,生活·读书·新知三联书店,2008年,第252~253页。

的飞跃。很显然,在精英民主理论的前提下,从上述视角来研究民主问题几乎是不可想象的。

(二)对竞争性政治的不同解读

如同前文所述,精英民主理论包括更强调精英联合统治的早期精英主义理论,都并不否认现实的政治过程中存在着大量的竞争现象,甚至也肯定这种竞争在现代民主政治中的确是被大大强化了的。[①]但他们却并不认为这些竞争性组织和行为的大量涌现会显著降低精英统治铁律的解释力,其理由大致包括:首先,这些竞争性政治主要由精英发动,并且从本质上是少数精英间的竞争。其次,竞争性政治往往是被精英所操纵利用的,因而其结果不外乎两类,当精英之间的力量基本均衡时,精英们达成妥协,建立新的权益分配结构基础上的"神圣同盟",而当上述均衡被打破时,则会出现精英统治集团的循环更替。最后,竞争性政治充其量不过是提供了又一种粉饰精英统治合法性的民主象征物。[②]对于普通大众而言,参与政治过程的影响力和可能的政策选项并未显著增加。也就是说,与古典民主理论相比,从对竞争性政治的实质、过程、结果及其对政策领域的附带影响等层面的分析出发,精英民主理论显著降低了对竞争性政治功用的期望,并且将其完全纳入了以精英为核心主体的解释体系当中。

与精英民主理论形成鲜明对比的是,多元民主理论对竞争性政治的看法在某种程度上可以被视为对古典民主传统的回归,"对于多元主义者来说,不同的竞争性利益的存在,是民主的均衡和公共政策顺利发展的基础"[③]。与

---

① 参见[德]罗伯特·米歇尔斯:《寡头统治铁律——现代民主制度中的政党社会学》,任军锋等译,天津人民出版社,2003年,第五章开篇部分。

② 此处使用的象征一词的意义与拉斯韦尔等人在谈到精英统治方法时用到的政治象征的意义不同,指的是一种名不副实的政治形式。

③ [英]戴维·赫尔德:《民主的模式》,燕继荣等译,王浦劬校,中央编译出版社,2004年,第256页。

精英主义者不同,他们并不认为精英已经完全操纵了组织,并始终有足够能力将竞争的影响控制在不威胁精英集团利益的程度内,"多元主义民主的精神实质就是要通过多元组织之间的竞争来实现对国家权力的制衡"①。多元主义认为,精英民主理论对于政治竞争的解释更像是一个根据先入之见寻找论据的过程,而非严格意义上的经验研究。事实上,"正是竞争防止了垄断","一定意义上,多元主义提供的是一幅类似于竞争性市场的图景"。②在多元民主的理想状态下,竞争不但是必需的,而且还表现为一种常态。首先,精英的产生必须是通过精英之间的竞争,而为了保证这种竞争,就有必要实行多党制和确保多元化利益集团的广泛存在。其次,正是由于竞争性的选举授权过程所施加的压力,才迫使精英们必须抑制专断和自利的行为取向。最后,根据上文所述的多元社会利益和权力交叉结构的理论,竞争性政治完全可能是一种常态,而并不像某些精英主义者认为的那样或者只在定期的选举政治中发挥作用,③或者根本就是一种难以企及的理想精英政治模型。④

三、其他批评意见

除了上述在两个层次上对精英民主理论提出的质疑之外,多元民主理论还在其他一些涉及民主政治的基本问题上构成了对前者的挑战。

其一,对政治不平等的解读。秉持一种现实的民主观,多元主义民主理论并不否认现实民主政治中政治影响力分配的不平等性:"不管我们的观察多么粗略和不完善,所有政治体系普遍公认的特征之一是,政治影响力的分

---

① 钟彬:《达尔的多元主义民主理论研究》,南开大学 2009 年博士论文。

② 景跃进:《比较视野中的多元主义、精英主义与法团主义——一种在分歧中寻求逻辑结构的尝试》,《江苏行政学院学报》,2003 年第 4 期。

③ 典型的如熊彼特等将民主政治化约为选举政治的观点。

④ 这种看法在早期的精英主义理论家,如帕累托和米歇尔斯那里表现得尤为明显。

配是不公平的。"①在承认不平等是现代民主政治的基本特征这一点上,多元主义与精英主义并无二致,但当涉及对政治不平等的具体解读时,分歧就出现了。如达尔就指出,在为精英民主理论所关注的"累积性"不平等之外,还存在着一种"弥散性"的不平等,与前者形成"权力硬块"的局面不同,"弥散性"的不平等表现为不同种类的政治资源分别不同程度地由各种利益集团所掌握,从而导致"要确定一个小小的、界限分明的'管理国家'的精英阶层是困难的,因为不同的精英人物往往在不同的领域内发挥影响力,他们的关系是高度复杂的"②情况。也就是说,政治不平等并不如精英民主理论描述的那样表现为一种简单的赢者通吃的结构,这就"意味着寡头统治已被打败,它已转变为由各权力集团所组成的多元的、分散的和—充其量—开放的一团星云"③。

其二,精英民主模式的功能缺陷。针对精英民主理论对于人民直接统治能力的质疑,批评者们指出,即使全盘接受精英民主理论关于人民统治缺陷的观点,甚至把诸如美德、知识、理性、决策能力这类的优秀品质都归为精英的特质,也无法弥补和替代精英统治固有的一些功能缺陷。首先是某种功能的缺失。比如,达尔就认为"护卫者统治"④永远也不能替代民主(自由主义/多元主义的民主)的一条重要理由就在于全方位的代民做主必将扼杀普通公民在公共事务实践领域中发展自身道德心智的可能,"就最好的形式而言,只有民主的视野才能提供护卫者永远无法提供的希望,所有人民而不仅仅是少数人,通过实现自我统治的方式,可以学会作为道德上负责任的人去行

① [美]罗伯特·达尔:《现代政治分析》,王沪宁、陈峰译,上海译文出版社,1987年,第47页。

② 同上,第96~97页。

③ [美]乔·萨托利:《民主新论》,冯克利、阎克文译,东方出版社,1993年,第163页。

④ 需要特别注意的是,达尔在《民主及其批评者》中使用的"护卫者统治"的概念是十分宽泛的,它涵盖了那种与信任人民参与和自治能力相对的政治主张,这其中当然也包括了精英民主理论,而达尔在此显然是将后者视为他所定义的民主政治的对立面。单就这一定性而言,与本书的基本观点并不相符。

动"①。也就是说,与人民参与的民主政治相比,任何其他排斥大众参与的政治模式在公民政治社会化功能方面都存在着致命的缺陷。沿着这一逻辑线索继续推理,所谓的"护卫者统治"环境下也自然不可能催生出一种良性的政治文化。其次是某些功能的不确定性。这一质疑主要针对的是精英决策模型的科学性。根据精英民主理论的基本假设,大众在决策能力方面的天然缺陷与精英(专家)相应能力对比的必然结果只能得出精英决策优于大众决策的结论,但多元主义者却认为所谓精英决策优于大众决策的铁律不过是精英主义者们创造出来的又一个神话罢了,"作为一种乌托邦式的幻想,护卫者统治的理念或许是美好的,但将其应用于现实的世界却又是另外一回事了"。

此外,多元民主理论对于精英民主理论对民主政治发展前景和完全工具化的民主观也表示了不同意见。②在精英民主理论那里,实行民主的价值主要在于抑制精英统治的可能消极后果(而精英民主理论认为这种努力还常常会遇到挫折)。从这个意义上讲,大部分精英民主理论家们所持的不过是一种所谓"民主是最坏的政体,只不过其他政体更糟糕"③的民主观。在此,精英民主理论中内含的那部分保守主义的理论特征显现无遗,而多元主义者们却意识到,如果仅仅从消极被动的防御机制的角度来理解民主,就既无法解释民主政治自身的不断发展完善及其所获认同度的提高,也不可能为上述民主的动态发展保持持久的动力。要实现民主从"最不坏"的东西到一个"好东西"的转变,就有必要突破民主被动功用的局限,去发掘那些更具积极主动特征的内容。

事实上,多元主义者们也正是这么做的,如达尔就列举出了"为什么要实行民主"的十条理由:"1.避免暴政。2.基本的权利。3.普遍的自由。4.自主

---

① 　[美]罗伯特·达尔:《民主及其批评者》,曹海军、佟德志译,吉林人民出版社,2006 年,第 100 页。
② 　参见[美]罗伯特·达尔:《论民主》,李柏光、林猛译,冯克利校,商务印书馆,1999 年,第四章。
③ 　转引自王绍光:《民主四讲》,生活·读书·新知三联书店,2008 年,第 3 页。

的决定。5.道德的自主。6.人性的培养。7.保护基本的个人利益。8.政治平等。9.追求和平。10.繁荣。"①尽管这种先列举再论证的研究方法不完全符合规范研究的要求,同时其列举的十项理由成立与否也颇有值得商榷之处,②但这至少表明多元民主理论在民主的价值功用方面同精英民主理论是存在显著差异的,而造成这种差异的根源就在于前文所提到的两种民主理论对于民主社会权力分配结构和政治过程本质的迥异理解。

总而言之,多元主义者认为精英民主理论在经验地解释现代西方民主政治方面存在着重大缺陷,这首先就是因为"精英民主观的观察视角还停留在工业社会的早期阶段,没有认识到公民社会的政治角色"③。随着二战后西方民主政治的巩固和成熟,社会的多元化趋势已经日益显现出来,这不仅深刻地荡涤着此前社会结构中传统金字塔形权力分配格局的残余,而且对精英统治的铁律也构成了确实的挑战。在多元民主理论所建构的现代西方民主政治的基本模式中,我们可以很容易地发现精英政治铁律和与之相对的大众参与政治原则的矛盾与融合的痕迹:"1.虽然个人并不直接参与决策,但他们可以参加到有组织的集团中去,并通过集团参与决策而显示出他们的影响。2.领导集团之间的竞争有助于保护个人——也就是说,相互抑制的权力中心彼此制约,可以防止滥用权力。3.选举时,个人可以在相互竞争的集团中进行选择。4.领导集团并不是封闭起来的,你可以组成新的集团并打入政治体系。5.社会上多个领导集团并存会产生'多元统治'。在某些决策上有权的领导人物,不一定在别的决策上也有权。6.公共政策也可能不代表多数人

---

① 参见[美]罗伯特·达尔:《论民主》,李柏光、林猛译,冯克利校,商务印书馆,1999年,第52~53页。

② 笔者认为,在达尔所列举的十项理由中,第1、2、3、7条基本可以成立,第4条不一定成立,第5、6、9、10条事实上与是否实行民主几乎没有什么必然联系,而第8条至多只能算是实行民主的一个必要不充分条件,在下文中还将以此为线索,更详细地讨论民主的功能局限性问题。

③ 郭兆祥:《达尔多元主义民主理论述评》,吉林大学2007年硕士学位论文。

的意愿,但它是各集团影响大体均衡的表现,因而会相当近似于整个社会的意愿。"①

简而言之,"多元主义与精英主义的建构中轴是权力配置的状态,核心问题是权力资源趋于累积性分布,还是趋于弥散性分布,精英是寡头的,还是多头的"②。在对民主政治中的权力结构问题的认识分歧方面,多元民主理论与精英民主理论可谓同途殊归。从结果上看,多元主义模式同精英主义模式一起构成了与自由主义模式同等重要的对现代西方民主政治的经典解释理论。无论是从推动西方民主理论在争鸣中发展,还是从促进精英民主理论不断完善的意义上讲,上述所列举的多元民主理论对精英民主理论的批评意见都具有无可替代的价值。

四、多元主义与精英民主理论的内在联系

戴伊曾经指出:"多元论是作为一种想把民主的理想与技术专家管理下的庞大工业社会的现实调和起来的意识形态发展起来的。"③从某种程度上说,这种调和的需要正是推动现代西方民主理论由古典民主理论转向现代民主理论、由侧重规范研究转向注重经验研究的民主研究转型的最主要动力之一,而精英民主理论和多元民主理论都是适应上述需要的必然产物。进一步看,这两种民主理论的发展成熟都处于现代西方民主政治的理论和实践体系基本定型以及大规模工业化社会成为民主政治的主要实践基础的时

---

① 转引自[美]托马斯·戴伊:《谁掌管美国——卡特年代》(第二版),梅士、王殿宸译,世界知识出版社,1980年,第14页。

② 景跃进:《比较视野中的多元主义、精英主义与法团主义—— 一种在分歧中寻求逻辑结构的尝试》,《江苏行政学院学报》,2003年第4期。

③ [美]托马斯·戴伊:《谁掌管美国——卡特年代》(第二版),梅士、王殿宸译,世界知识出版社,1980年,第13页。

代。这就决定了两者之间除了上文提到的重大分歧之外,也必然存在着诸多相似的成分。由于精英民主理论发展的历史跨度更大,所以两种理论间的相似性更多地表现为后者对前者的批判继承。

(一)民主研究范式方面的联系

精英民主理论在开创一种理性现实的民主观和实证的民主研究法方面成果颇丰,而多元主义者们也声称他们的目的是要"描述民主制的实际运行,评估其对于当代社会发展的作用",是一种"实证的民主理论,是对于民主政治现实进行的描述——解释性探讨"。①从而使人们对民主政治的理解超越古典民主时代那种以特定理想价值类型为核心的层次。正如前文提到的那样,19世纪末至20世纪初民主政治发展条件和形势的剧变给传统西方民主理论体系带来了巨大的冲击。在大众政治和大规模现代社会时代的滚滚浪潮面前,古典自由主义主要依托从政治哲学的规范研究总结出的许多具体理论,如国家与政府和社会的关系理论、以"人民参与统治"为特征的民主观、以分权制衡为基础的代议制理论等,对于现实民主政治中出现的许多新情况都缺乏足够的解释力,这直接影响到了20世纪西方民主的稳固地位。正是在此背景下,民主研究的整体转型成为大势所趋。如果说精英民主理论在这个转型之初做出了重大贡献,并开始为20世纪的人们提供一种实证、理性地认识民主的视角的话,那么多元民主理论在更加系统、规范地运用实证研究范式方面自然地可以被视为是对前者成果的一种继承与发扬。

(二)基本观点的承继关系

与民主研究范式方面的继承性相比,多元民主理论在一些基本观点方

---

① [英]戴维·赫尔德:《民主的模式》,燕继荣等译,王浦劬校,中央编译出版社,2004年,第257页。

面与精英民主理论之间的相似性表现得更为明显。比如,有学者就指出,"严格地说,多元主义否定的只是封闭式的寡头精英概念,它将精英概念作了'多元化'的加工处理,另一方面,引入了竞争性要素,用竞争关系消除寡头精英的封闭性质"①。也就是说,多元民主理论在现代民主政治必须也只可能以一种以精英政治的形态为表现形式这一点上,基本上接受了精英民主理论的观点。这也意味着多元民主理论对使民主政治回到古典民主理论所描绘的那幅以人民主权为基础,以分权制衡为条件,以直接民主为基本形式的图景并没有表现出多少兴趣和热情。相对而言,多元主义者更强调现代民主由于其规模、社会基础等原因,实质上是一种与古典民主政治和古典民主理论所构想的理想民主形态②都存在着巨大差异之物。

(三)抛弃古典民主观

在精英民主理论家们,尤其是熊彼特那里,已经从可能性和必要性两个向度上彻底否定了古典民主理论坚持的那种"人民统治"的民主概念,代之而起的是一种以寡头统治现实为基础,以人民选择统治者为实质内容的民主观。尽管多元主义者们并不打算依样画葫芦地将民主的适用范围限定在选主方面,却显然接受了将以选举为核心的代议过程作为定义民主的指标体系之一。如在达尔所列举的"民主是什么"的五项指标中③,我们不难发现多元民主理论与精英民主理论在民主指标体系方面的相似之处。从某种程度上说,区别于停留在理想状态层面上的古典民主,多元民主理论与精英民

---

① 景跃进:《比较视野中的多元主义、精英主义与法团主义——一种在分歧中寻求逻辑结构的尝试》,《江苏行政学院学报》,2003年第4期。

② 这两者之间也存在着相当的差异,参见[美]罗伯特·达尔:《论民主》,李柏光、林猛译,冯克利校,商务印书馆,1999年。[美]约瑟夫·熊彼特:《资本主义、社会主义与民主》,吴良健译,商务印书馆,1999年。[美]达尔:《民主理论的前言》,顾昕、朱丹译,生活·读书·新知三联书店,1999年等。

③ 具体为:1.有效的参与。2.投票的平等。3.充分的知情。4.对议程的最终控制。5.成年人的公民资格。参见[美]罗伯特·达尔:《论民主》,李柏光、林猛译,商务印书馆,1999年,第43页。

主理论一样都是对现代西方民主政治的经验性描述。虽然它们都对西方现行的代议制民主的缺陷表示了不同程度的不满，然而两者又都无意回到古典民主那里去寻找解决问题的方案。如达尔就进一步阐发了精英民主理论批评古典民主缺陷的观点。他指出，古典民主与现代民主相比，至少缺少了"包容性"与"代表选举制度"这两项要素，①而这两者恰是现代大规模工业社会的民主政治所不可或缺的重要条件。在论及现代民主与古典民主的差异时，多元主义者指出，当我们必须在民主的规模与参与程度的两难困境中作出选择时，代议制民主有着"公民大会式民主"无法比拟的优越性。②同理，作为精英民主理论集大成者的熊彼特也认为，代议制民主是现代大规模工业社会民主政治的唯一现实方案。③

此外，在对所谓多数暴政问题的认识上，两者也存在许多共通之处。根据精英民主理论的基本观点，任何政治组织及其活动都是为少数精英所统治操控的，也就是说，从本质意义上讲，正统的精英民主理论根本不认为有发生所谓多数暴政的可能性。④即使某些政治迫害事件确实表现为多数群体对少数群体或个人的压制，但那些"多数"也是一些不具备独立性的群体，只是充当精英操控的傀儡的群氓。换而言之，这其实是少数人暴政的一种特殊表现形式。达尔就曾从逻辑上否定了多数暴政的神话："如果多数人的统治几乎完全是一个神话，那么多数人暴政也几乎完全是一个神话。因为如果多数人不能行使统治，那么的确也不能施加暴政。"⑤换而言之，所谓多数暴政的问题，其实只不过是那些恐惧大众参与的保守力量刻意创造出的神话而已。

---

① ［美］罗伯特·达尔：《论民主》，李柏光、林猛译，商务印书馆，1999年，第111页。

② 参见［美］罗伯特·达尔：《论民主》，李柏光、林猛译，商务印书馆，1999年，第三部分第九章。

③ 参见［美］约瑟夫·熊彼特：《资本主义、社会主义与民主》，吴良健译，商务印书馆，1999年，第二十一、二十二章。

④ 群体心理学派的理论在这个问题上多少背离了精英民主理论的基本原则。

⑤ ［美］达尔：《民主理论的前言》，顾昕、朱丹译，生活·读书·新知三联书店，1999年，第183页。

多元主义者在这一问题上显然是受到了精英民主理论的启发。当然，他们又是从另一个角度，即正面地阐述程序民主的价值来反驳自由民主关于多数暴政的陈词滥调的："民主程序的证明容许我们指出……民主过程本身就是一种正义的形式：它是完成集体决策的公正程序。此外，由于民主过程配置权威的分配，它也就提供了一种分配正义的形式。"①因此，根据多元主义理论，遵照少数服从多数原则的民主程序，是不大可能会发生以民主的方式否定民主的"民主悖论"的问题的。

第三节　精英民主理论的回应

在西方民主理论界内部的质疑面前，精英民主理论家们并不是无动于衷的。一方面，他们奋起捍卫自身的理论体系，对一些被其视为由"误读"和"曲解"引发的批评意见作出直接的回应；另一方面，他们又对自身的理论体系进行积极地调整，使其在保持自身某些特性的同时，能与其他西方民主理论建立起一种更为微妙的联系。从总体上看，精英民主理论家们的回应主要是从两个向度上展开的：其一是对其整体民主理论体系的捍卫；其二是对其作为科学实证研究范式的确证。以下笔者将选取两位理论家的论述作为上述两个向度回应意见的代表。

一、对竞争性民主理论的辩护

精英民主理论家们清醒地意识到，在应对各种批评意见时，首先必须充

---

① ［美］罗伯特·达尔：《民主及其批评者》，曹海军、佟德志译，吉林人民出版社，2006年，第223页。

分捍卫作为其理论核心要件的论证的科学性，否则一旦理论基础和前提被证伪，那么整个精英民主理论的大厦也难以逃脱毛将焉附的灾难。当代主流精英民主理论的最重要支点之一，就是竞争领导权的民主理论。事实上，许多对于精英民主理论的批评也主要是针对这一理论的保守性质的。对此，精英民主理论家主要从以下四个方面予以了回应：

(一)从根本上否定了那种恢复古典民主理论的主张

当代精英民主理论的代表人物之一萨托利就无情地嘲讽那些否定精英民主理论修正主义的批评者，认为他们始终处于一种逻辑上的混乱和自我矛盾状态——比如他们分不清古人的民主与今人的民主，分不清亲民主的理论和反民主的理论，分不清持参与论和精英论观点的理论家等。[①]因此，参与民主理论并没有提出一种在逻辑性和操作性上优于竞争民主论的民主模式。他同时明确指出，精英民主论者最为关心的问题——民主制支配系统问题才是所有有关民主问题的关键所在。[②]如果不从这个角度来理解和定义民主，其他诸如社会参与之类的"微型民主"就根本难以保全。精英民主理论家们认为，从参与的角度来解释古典民主理论的价值是不折不扣的误读，批评者们总是强调民主的规范含义，却根本不去关注这种规范含义本身的正确与否。[③]

(二)再次强调了竞争领导权式民主理论是现代民主的唯一正确模式

萨托利指出，无论人们主观上是否接受，在现代民主政治安排中真正为

---

① 萨托利认为，卢梭充其量不过是"把古代民主加以独特理想化的最后一位代言人"，而穆勒实际上是偏向间接民主和以宪政制衡大众的。参见［美］乔·萨托利：《民主新论》，冯克利、阎克文译，东方出版社，1998年，第177~178页。

② ［美］乔·萨托利：《民主新论》，冯克利、阎克文译，东方出版社，1998年，第180页。

③ 参见［法］雷蒙·阿隆：《雷蒙·阿隆回忆录——五十年的政治思考》，刘燕清等译，生活·读书·新知三联书店，1992年。

体现"人民统治"预留时间和空间的就是以竞争领导权为核心的选举民主："民主过程正是集中体现在选举和选举行为之中。"而在选举的间歇期间，"人民的权力基本上一直处于休眠期。大规模选举中的选择同具体的政府决策之间，也存在着巨大的断裂带（姑且不论它们之间的矛盾）"①。精英民主理论家在考察了各种可能的民主参与途径之后得出了两个结论：其一，任何民主过程中都存在精英统治现象，在许多情况下，这意味着反民主因素始终存在。其二，在所有的民主实践形式中，只有竞争性选举民主保证了在精英统治和人民主权之间达致平衡的状态，"表达纵向因素的典型用词是'选举''精英'、'择优'。这些字眼都曾经被理解为具有价值评估作用的过滤器"②。也只有在这种模式里，普通公民才可能既享受精英统治带来的稳定秩序和高效行政，又能在一定限度内保留对政治过程的控制权。

因此，他们明确表态应该坚持从选举民主的角度理解民主。自认为肩负有捍卫西方民主"主流民主学说"责任的精英民主理论家，对那些针对其竞争领导权式民主理论的批评意见作出了激烈的回应，如萨托利在阐述他对"何谓民主"问题的看法时，就系统地批判了试图在选举民主以外寻找西方民主支点的尝试。他首先将民主的定义限定在"民主应当是一种择优的多头统治"③和"基于功绩的多头统治"④的层面上。而对于那些批评精英民主理论忽视了民主的参与性的意见，他的反驳是，如果从参与的真实含义——他将其确定为"亲自参与、自发自愿的参与"⑤来看，那么便很难否认，参与式的直接民主只可能在小团体的范围内实现。至于批评者们所谓选举民主作为政治参与形式的局限性问题，萨托利指出其替代方案——公民表决式民主的

① ［美］乔·萨托利：《民主新论》，冯克利、阎克文译，东方出版社，1998年，第97~98页。
② 同上，第186页。
③ 同上，第187页。
④ 同上，第190页。
⑤ 同上，第127页。

缺陷更为明显:虽然它看似是一种可以实现人民统治目的的民主形式,但由于"它建立起了一个纯粹零和的决策机制,即一个排除了少数权利的地地道道的多数统治的制度"①,这使它有可能成为"一种加剧冲突的结构"和"一种滥杀无辜的方式",从而最终走向自我毁灭。②此外,相对于选举民主而言,公民表决式民主的运行成本过高,因为其将对当选者的理性要求转移到了作决定的公民身上,这就必然会带来民主的过载瘫痪问题。③

(三)反驳了可能对竞争性民主构成挑战的可能因素

在精英民主理论家看来,现有的反精英理论,无论是传统的社会主义的方法,④还是参与式民主理论提出的新方案都不可能对精英统治构成实质性威胁。因为这些民主制约因素本身就问题重重。比如,萨托利就批评了那种抽象地认定社会舆论将对精英统治造成压力的观点。他指出:"舆论并非固有之事,也不是凭空而降。"具体地说,公众舆论的真实形成过程表现为这样一个完整的逻辑链条:"(1)精英阶层自上而下的煽惑;(2)普通群众的舆论的向上蒸腾;(3)在这一过程中相关团体的认同。"⑤也就是说,按照精英民主理论的观点,公众舆论在更多情况下其实是由精英们制造出来的,即使是在大众政治色彩浓厚的第二阶段中,精英(反体制精英)的作用也同样不容忽

---

① [美]乔·萨托利:《民主新论》,冯克利、阎克文译,东方出版社,1998年,第130页。
② 同上,第130~131页。
③ 萨托利这样写道:"把我们的这些极其复杂、相互关联而又十分脆弱的社会的统治权授予成千上万的相互分离的个人意志,任其用零和的方式随便作出决定,这种想法正在把我们推向险境,堪称是智力极度低下的不朽证明。"参见[美]乔·萨托利:《民主新论》,冯克利、阎克文译,东方出版社,1998年,第277页。
④ 正如前文所述,米歇尔斯的时代就已经对社会主义民主组织可能制约寡头统治各种手段的有效性进行了系统的质疑批判。
⑤ [美]乔·萨托利:《民主新论》,冯克利、阎克文译,东方出版社,1998年,第104~105页。

视。①进一步说，他从根本上反对那种认为公众舆论能够自然有效地制约精英的认识，②而是认为不附加一定的条件——相互制衡的传播媒介多元主义，③其效果就值得怀疑。进一步说，即便是在前提条件充分的情况下，它也只能保证一种真理——尊重真理的职业伦理。④

同样，对于激进的自由主义者和参与民主理论家关于现代社会的发展会改变公民政治冷漠状况的看法，精英民主理论的辩护者们也毫不掩饰其不以为然的态度。萨托利指出："没有什么强制性的理由认为普通教育水平的提高会特别反映在了解政治的公众的增多上，却有很好的理由去解释为什么情况并非如此。"⑤他进而从成本—效益的角度重申和解释了熊彼特对于公民政治认知能力的缺陷——"公民并不'付钱'，多数情况下他的行为结果对他个人没有直接影响"⑥。至于投票行为中的理性问题，萨托利不仅认为它们"不可能说清楚"，而且"根本就怀疑它是否应当被说清楚"。⑦简而言之，精英民主理论家认为，既然不存在在精英实施统治的政治过程中对其进行有效制约的可能性，民主主义者就应该彻底放弃在决定具体政治事务过程中引入人民统治因素的打算，转而用一种在选择拥有决定权的领导者环节施加影响的思路来解决精英统治与民主政治和谐共存的问题。

---

①　萨托利指出，在"向上蒸腾"的过程中，其压力的来源并不是大众，而是"群众化了的知识分子"——"群众阶层的精英"。参见［美］乔·萨托利：《民主新论》，冯克利、阎克文译，东方出版社，1998年，第106~107页。

②　萨托利写道："每一个现代化社会都有公众舆论，只能从舆论存在于公众之中便是公众舆论这个平庸的意义上说才是正确的。"参见［美］乔·萨托利：《民主新论》，冯克利、阎克文译，东方出版社，1998年，第109页。

③　当然，萨托利这一主张的针对性是显而易见的，即针对所谓的极权主义制度下单一中心的舆论制造系统。参见［美］乔·萨托利：《民主新论》，冯克利、阎克文译，东方出版社，1998年，第111~115页。

④　但在萨托利看来，现实中的多元舆论又更多地是被"事业"——舆论制造者自身的利益牵引的。参见［美］乔·萨托利：《民主新论》，冯克利、阎克文译，东方出版社，1998年，第115页。

⑤　［美］乔·萨托利：《民主新论》，冯克利、阎克文译，东方出版社，1998年，第119页。

⑥　同上，第121页。

⑦　同上，第124页。

(四)倾向保守的精英民主理论家们也很自然地祭出了保守主义的重要
法宝之一——以捍卫西方文明传统为旗帜为自己辩护

他们讥讽和攻击试图超越自由主义民主的人们是怀着一种狂热地"超
越道德、超越悲剧、超越文化"的"求新癖"和"超越癖"的心态来看待民主问
题,①至于那些真正领会西方文明传统——更确切地说是近代西方自由主义
传统价值——的人们,则不会选择用盲目前进追求文明的表象来掩饰自己的
文明程度低于西方传统文明水平的现实。这部分精英民主理论家认定作为
一种现实理论和制度存在的自由主义民主已经穷尽了现阶段民主政治的可
能性,以至于在完全开发其资源潜力之前,人们无需再继续前进一步。②他们
明确指出,当前民主危机的来源不是因为民主太少了,而恰恰是因为在某些
领域内民主的力量不受限制地过度扩张了。在其看来,那种认为"医治民主
痼疾的唯一办法就是要有更多的民主"的观点只会给民主过剩的危机火上浇
油。③因此,为拯救民主就有必要摧毁一些民主,否则,缺乏权威、没有秩序、
充斥了过度参与激情的民主就会加速走向自我毁灭,相对而言,"政治民主
的无限扩大也潜在地存在一些合乎需要的限制。如果民主在一个更为平衡
的状态下存在,其寿命会更长久一些"④。

---

① [美]乔·萨托利:《民主新论》,冯克利、阎克文译,东方出版社,1998年,第571页。

② 萨托利的如下表述很能代表所有保守主义者的心声:"(西方传统)这间房子要比它的居住者
更文明,文明的灭亡是因为文明比其居民更优秀。""如果前进意味着比自由主义民主更远,以致失去
了它,我宁肯老老实实地把自己列入那些无论它在什么地方都要追求它的人。"参见[美]乔·萨托利:
《民主新论》,冯克利、阎克文译,东方出版社,1998年,第571页。

③ 参见[法]米歇尔·克罗齐、[美]塞缪尔·P.亨廷顿、[日]绵贯让治:《民主的危机——就民主国
家的统治能力写给三边委员会的报告》,马殿军、黄素娟、邓梅译,求实出版社,1989年,100页。

④ 约翰·亚当斯语。参见[法]米歇尔·克罗齐、[美]塞缪尔·P.亨廷顿、[日]绵贯让治:《民主的
危机——就民主国家的统治能力写给三边委员会的报告》,马殿军、黄素娟、邓梅译,求实出版社,
1989年,102页。

总而言之,一方面,对于精英民主理论而言,选举民主的存在即使不是作为其归属西方民主阵营的最后标志,也对精英政治尽量保持一种健康的常态不无裨益。这种遴选精英集团新成员的方式的合理性依据在于"部分由于要使他们的职位保持活力,部分由于要阻止潜在的领袖们成为'对等精英'(counter elites)"①。另一方面,在其实证研究中,所有的精英主义理论者又几乎都看到,现实的选举在相当程度上停留在某种政治象征的层面上。在选举过程中,精英操纵的魅影无处不在,并且选举的结果也总是毫无悬念地取决于精英间的博弈游戏。更进一步地说,建立在这种象征性的选举政治基础上的政治决策过程在本质上也是一种精英决策的模式。戴伊以美国的国家政策过程为案例指出,在政策的形成过程、利益集团的运作过程、选举领导者的过程和民意的制造过程中,精英集团都发挥着至关重要的影响。并且在政策合法化、政策执行和政策改革中,人们也根本无法回避精英主导的现实。②换而言之,与传统自由主义和多元主义的理想相去甚远,那种期待通过组织或个人的自由博弈而使公共政策发生戏剧性变化的可能性实际上微乎其微。

要解释这种看似充满了内在逻辑矛盾的现象,还是应该回到对精英民主理论和自由主义民主理论的比较研究上来。二战以来,精英民主理论之所以能成功地实现转型,并由此摆脱边缘化的境遇,见容于西方主流意识形态系统,显然首先应该归功于精英民主理论家们同自由主义民主理论寻求共识的努力,作为精英主义与自由民主调和的产物,现代精英民主理论至少已经在基本的民主价值观领域表现出对西方民主核心价值③的肯定性评价。因

---

① [美]迈克尔·罗斯金等:《政治学》(第六版),林震等译,宁骚校,华夏出版社,2002年,第63页。

② [美]托马斯·R.戴伊:《自上而下的政策制定》,鞠方安、吴忧译,中国人民大学出版社,2002年,第3~9章。

③ 托马斯·R.戴伊在对美国精英主导的政策过程的描述中将美国民主的核心价值观概括为个人自由、私人财产和机会均等。他认为,这些内容在自上而下的政策制定过程中都不会受到损害。参见[美]托马斯·R.戴伊:《自上而下的政策制定》,鞠方安、吴忧译,中国人民大学出版社,2002年,第17页。

此,现代精英民主理论也就可以理直气壮地宣称:"虽然精英政府看起来不利于民主的本质,但的确是我们保护我们的体系的基本信条的工具。"①这种多少背离了早期精英主义价值观的转变,也许可以成为解开精英民主理论对选举与民主关系认识谜题的一把钥匙。

二、对实证研究科学性的辩护

精英民主理论自诞生起,就宣称自己开创了一种科学实证的政治科学研究范式,但在它的具体观点所遭受的批评中,始终存在着对其研究方法和结论科学性的质疑。对于这些质疑,当代侧重于实证研究的精英民主理论家也一一给予了回应。

首先,在关于精英统治原则适用范围和程度的问题上,他们对多元主义者提出的多头政体的理论不以为然。因为各方面的证据都表明,无论是在国家还是社会层面上,大量资财和其他资源向高层少数机构和少数群体手中汇集的现象都十分明显。②当这些资源同高级职位结合在一起时,就孕育出一个对政治过程具有强大实际控制力的精英集团,这一集团占整个社会成员总数的比例极小,③并且具有一种等级划分鲜明的内部结构。回应者们指出,多元主义者实证研究的问题就出在他们过于强调了掌权阶层的绝对数量,而忽视了百分比问题,④其实后者才是精英统治理论的根本立足点所在。

戴伊的实证研究指出,美国的权力精英阶层中确实是广泛存在着"兼

① [美]迈克尔·罗斯金等:《政治学》(第六版),林震等译,宁骚校,华夏出版社,2002年,第63页。
② 参见[美]托马斯·戴伊:《谁掌管美国——卡特年代》(第二版),梅士、王殿宸译,世界知识出版社,1980年,第六章。
③ 米尔斯没有明确给出美国权力精英的数字,戴伊在《卡特年代》中认为其人数大约为五千人,在《里根年代》中修正为约七千人。
④ [美]托马斯·戴伊:《谁掌管美国——卡特年代》(第二版),梅士、王殿宸译,世界知识出版社,1980年,第295页。

职"的现象的,人们需要的只是对这种"兼职"的具体规则(如政治人物一般不在企业界兼职)进行更缜密的考察,发现那些被有意无意掩盖起来的真相。①他还进一步指出,至少在美国社会里,不同集团的精英总是具有相当程度的共性特征,以至于人们可以轻易地用某些标准将其与普通大众区别开来:"总之,那些最上层人物是那些住在城市里的,其祖先是属于英国新教徒的白人男子,他们受过良好的教育,年纪较大,生活优裕。"②精英的来源基本上依赖于几种固定渠道,而这几种渠道都是不利于给予大多数的下层阶级所谓的机会均等的条件的。③在这些回应者看来,多元主义批评者(其实也包括了倾向自由主义的保守精英民主理论家)所提出的开放性领导阶层结构并没有出现在现实政治中。因此,至少在实证的政治科学研究层面上,精英统治的原则仍然表现为一条不可动摇的铁律。

其次,在关于精英集团内部关系状况的判定问题上。精英民主理论家重申,自己并不认为精英集团就是铁板一块的权力硬块中心,④同时也并不否认精英之间存在竞争甚至是无序竞争的现象。⑤但他们却又认为,这种竞争和冲突是存在底线的,那就是"建立在一个更大范围的、基于公共政策目标一致基础之上的"冲突和竞争,"这种一致尤其体现在发展经济、全球扩张和保护公司企业的利益方面"。⑥对于精英之间出现政策分歧的情况,精英民主

① 参见[美]托马斯·戴伊:《谁掌管美国——卡特年代》(第二版),梅士、王殿宸译,世界知识出版社,1980年,第六章。

② [美]托马斯·戴伊:《谁掌管美国——卡特年代》(第二版),梅士、王殿宸译,世界知识出版社,1980年,第227页。

③ 同上,第七章。

④ 其实在米歇尔斯和帕累托那里,也并没有否认精英集团内部存在的竞争关系。参见前文中关于寡头统治铁律的论述。

⑤ 戴伊指出,从政策制定过程的角度看,精英统治集团内部各分支之间经常会为争夺资源而燃起激烈斗争。参见[美]托马斯·R.戴伊:《自上而下的政策制定》,鞠方安、吴忧译,中国人民大学出版社,2002年,第三章。

⑥ [美]托马斯·R.戴伊:《自上而下的政策制定》,鞠方安、吴忧译译,中国人民大学出版社,2002年,第80页。

理论的解释是,这种分歧是"产生在对根本价值观念一致的范围之内。在掌权人物中,分歧的范围相对较小,而且分歧一般限于方法而非目标"①。同时,更应该看到,精英统治集团内部有足够的机制和弹性空间来弥合分歧,达成新的共识。而在某些问题上出现精英的冲突大于合作的现象,也仅仅是因为这些问题不涉及整个精英集团的核心利益,或者说它们不属于那些能够确保达成一致意见的问题领域,精英民主理论家们明确将这一领域限定在"私人企业、法律的应有程序、社会福利计划、机会均等以及强大的国防态势等"②。在对美国的自由主义权势集团的考察中,戴伊发现了这样一种趋势,即尽管传统精英与"巧取豪夺的大亨"之间确实存在着从个人素质到基本意识形态的差异,但在整个精英集团根本利益一致的基础上,某些因素(诸如精英的代际更替)将逐渐磨平上述差异,从而创造出内部更加和谐稳定的精英统治体系。③因此,多元主义者们找到的一些精英冲突竞争的例子并不能被用来推翻精英集团整体上保持一致的基本判断,而只能促使从事实证研究的学者去更具体地分析是哪些精英在哪些问题上存在不一致,以及这些不一致的真实程度到底有多大。

最后,对可能制约精英统治因素的质疑。对于多数精英民主理论家来说,精英统治的普遍现实是构成其理论的先验前提,在这一前提的引导下,针对参与民主理论对现代精英统治受到削弱的观点,精英民主理论家们试图通过具体地考察各个领域内精英权力的变化情况,来证实在现代民主政治中那些看似有助于降低精英主导性的因素其实并不足以发挥理想的制约

---

① [美]托马斯·戴伊:《谁掌管美国——卡特年代》(第二版),梅士、王殿宸译,世界知识出版社,1980年,第231页。

② 此处戴伊概括的是美国统治精英的情况,但鉴于西方各国精英的趋同性,这些概述还是具有相当典型意义的。参见[美]托马斯·戴伊:《谁掌管美国——卡特年代》(第二版),梅士、王殿宸译,世界知识出版社,1980年,第237页。

③ 参见[美]托马斯·戴伊:《谁掌管美国——卡特年代》(第二版),梅士、王殿宸译,世界知识出版社,1980年,第231~232页。

效果。具体而言,回应者们主要分析了以下四种制约方式的无效性:

首先是针对政党政治,回应者们指出,自由主义者和多元主义者认为竞争性多党政治能够在一定程度上抵消寡头政治影响的说法在现实领域内难免有自欺欺人之嫌。有学者指出,单就美国政党政治的情况而言,①多元主义模型的解释力已经显著下降。实际上,就政党方面看,它既未能为选民提供明确的政治选择方案,也不可能成为充分的民意集中和反映的枢纽,从而表现为一个正在衰败中的政治系统;而就大众和社会方面看,选民的政治选择开始更多地受到一些被异化了的政治象征因素的影响,同时政党的忠实信徒逐渐减少,再者,媒体开始取代政党充当政治交流的工具。此外,"政党政治"还越来越成为"金钱政治"的代名词。②无论自由主义者如何辩解,这些大概都很难与政治民主性的体现扯上关系。总之,政党政治并不是一个存在利害关系的精英无休止、无限度竞争的舞台,而是一个磨合精英冲突、整合精英统治系统的工具。

其次是针对多头政治。与政党政治相比,这一制约因素的指涉范围要更广。但来自精英民主理论阵营的回应者们也并不认为所谓的多头统治就足以制约精英统治。相反,在他们展现的现实政治图景中,作为自上而下的代表者的利益集团政治已经完全成为精英统治体系中一种承担精英内部协调、沟通和有限竞争的有机运作机制。③在大规模现代社会中,利益集团代表性衰减的趋势是与其结构的精英化趋势成反比的。也就是说,多元的社会结构并不必然带来多头政治的政治过程,在精英民主理论家看来,那些以多元

---

① 当然,在西方国家的政党政治中,美国政党具有某些组织方面的特殊性,但从近年来西方国家政党政治的演变趋势看,原属美国的某些特征也开始出现在欧洲国家的政党政治中。

② 参见[美]托马斯·戴伊、哈蒙·齐格勒:《民主的嘲讽》,孙占平、盛聚林、马骏等译,世界知识出版社,1991年,第七章。

③ 参见[美]托马斯·R.戴伊:《自上而下的政策制定》,鞠方安、吴忧译,中国人民大学出版社,2002年,第五章。

主义模型来理解当代西方民主政治的人们显然是过于乐观了，他们低估了寡头统治铁律对所有组织特别是大型组织的侵蚀作用，同时却又高估了各类利益集团作为社会和公众的代表向统治精英系统施加压力的意愿和能力。尽管多元主义者辩称这些多头政治的现象和利益集团的存在至少能够对少数群体进行安抚整合，①但从实际情况看，社会领域内的多头政治更多的是政治统治精英系统的一个复制品，它遵循同样的等级制和寡头统治原则，而且上述原则的强化又是与其代表性的不断削弱成反比的。

再次是针对选举政治的。这也是最值得注意的一点。从某种程度上看，注重实证研究的精英民主理论家延续了早期精英主义理论家的一些批评精神，他们不但试图证明精英操纵了主要的政策过程——这样就压缩了大众参与和人民直接统治的可能空间，而且也对选举民主中参与的真实性和有效性不以为然。有的学者就明确指出，选举政治不过是民主的一种徒有虚名的形式。具体地说，除了上文提到的政党政治本身的缺陷限制了选举的主体和政策选项外，选民选举理性的缺失、政治态度的矛盾暧昧以及竞争领导权精英的操纵手段等，都可能在很大程度上压缩选举可能作用的空间，这导致最后选举的实质和目的都发生了严重的异化："在美国的政治生活中，金钱左右着领导人的选举过程……实际上，精英集团在政治竞选中的资金支持和控制，对于他们自己来说是一种目的或者手段，这就是：利用它，精英集团保证了竞选获胜者会保护自己的利益和政策取舍，并将这些利益和政策取舍反映在公共政策中。"②这就意味着，如果将选举民主作为西方民主的唯一堡垒，那么实践证明，这座堡垒的坚固性也是相当令人怀疑的。

---

① 参见[美]达尔：《民主理论的前言》，顾昕、朱丹译，生活·读书·新知三联书店，1999年，第五章第五节。

② [美]托马斯·R.戴伊：《自上而下的政策制定》，鞠方安、吴忧译，中国人民大学出版社，2002年，第82~83页。在该书第四章中引用和列举了大量令人信服的证据证实了美国精英对选举政治具有强大操控能力。

事实上，对于广大选民而言，选举的最主要作用就是成为一个"象征性的安慰"①。这种观点尽管也在为精英民主理论辩护，但与那些自称以捍卫主流民主学说的为竞争性民主理论所作的辩护仍然不是完全合拍的。具有讽刺意味的是，在以"头脑冷静、思想深邃、言辞犀利"的当代主流精英民主理论家那里，我们却几乎难以发现这样针对西方选举民主现状的坦率文字。不过，这些延续了批判传统的精英民主理论家们在对选举民主表达失望情绪之余，从根本上还是无意于寻找另外的民主支柱的，这种矛盾的心态在他们对选举功能的认识中得到了体现。②

最后是那些可能给精英统治集团带来压力的其他形式。③精英民主理论家们认为，"实际上，早在政府或者政府官员采取任何执行措施之前，关于政策的议事日程和政策的酝酿形成过程就早已经开始了"④。在这一阶段，大众无从知晓政策过程的信息，自然也就不可能采取任何有效的行动。与此类同，那些看似自由且具有多元代表性的媒体也往往会成为为少数精英"制造民意"的有力工具。⑤在这种前提下，公众舆论对精英统治集团虽然不是全无压力的，但至少在相当程度上是可塑造和可控的有限压力来源。进一步说，所有对精英集团的压力一旦进入组织形式，就不可避免地受到精英政治原则的渗透。因此，其最终归宿也往往只能是成为一种精英对抗精英的手段。只不过在常态下，其实质是一些新精英要求分享部分权力，而在社会变革的

---

　　① ［美］托马斯·戴伊、哈蒙·齐格勒：《民主的嘲讽》，孙占平、盛聚林、马骏等译，世界知识出版社，1991年，第224页。

　　② 参见［美］托马斯·戴伊、哈蒙·齐格勒：《民主的嘲讽》，孙占平、盛聚林、马骏等译，世界知识出版社，1991年，第八章。在此，戴伊等人肯定了"象征性选举"依然保持着赋予政府合法性、选择公职人员、对往事作出评价和保护自己免受官方欺凌（该功能受到了立论者本身一定程度的质疑）等功能。

　　③ ［美］托马斯·戴伊、哈蒙·齐格勒：《民主的嘲讽》，孙占平、盛聚林、马骏等译，世界知识出版社，1991年，第十五章具体讨论了某些抗议形式的表现与实质。

　　④ ［美］托马斯·R.戴伊：《自上而下的政策制定》，鞠方安、吴忧译，中国人民大学出版社，2002年，第49页。

　　⑤ 同上，第六章。

异常状态下,会演变成帕累托所谓的精英兴衰更替的情况。

(四)关于精英主导政治过程的批评意见

精英民主理论家们重申和解释了自己的一些观点。他们首先申明,自己从来没有把精英和大众完全对立起来,无论是米尔斯还是戴伊,都不认为美国的权力精英构成了一个反美国的阴谋集团:"几乎没有证据可以证明美国的自由派掌权人物和权利较少的人之间存在着公开对抗。"①相反,他们是从精英统治作为大规模社会普遍通则的角度上来理解的,这种巧妙地回避纠缠在精英统治性质方面的难解问题的应对方法,也使问题的焦点更加集中在验证实证研究的具体结论方面。

通过考察统治精英在政策过程中的作为和影响,精英民主理论家得出了这样的结论:一方面,统治精英主导政治过程本身并不必然导致其与大众的激烈冲突和对抗,这是因为精英的价值与社会的主流价值并不总是相悖的:"自上而下的政策制定与民主的真谛并不矛盾。美国民主的核心价值观是个人自由、私人财产和机会均等。这些内容在自上而下的政策制定过程中都不会受到损害。"②关键的问题在于统治精英行为的客观效果如何,他们认为:"'掌权人物的特征'否定了马克思主义对美国政治过于简单化的解释;财富、教育、现代化以及上等阶级的文化价值观念并不会助长剥削,却反而会有助于增进公众服务和做好事。"③但另一方面他们又认为,现代权力精英之所以会发生这种改变,从本质上仍然是出于维护精英统治的目的:"福利

---

①③ [美]托马斯·戴伊:《谁掌管美国——卡特年代》(第二版),梅士、王殿宸译,世界知识出版社,1980年,第232页。

② [美]托马斯·R.戴伊:《自上而下的政策制定》,鞠方安、吴忧译,中国人民大学出版社,2002年,第17页。

和改革的意义对于保持美国的政治与经济制度是有其效用的。"①按照戴伊罗列的证据，美国的统治精英操纵了大部分关涉其核心利益的公共政策从选择决策者、形成政策议题到最终的政策评估的全过程。②在这些过程中，精英的主导地位是确凿无疑的，人们不但发现不了多少大众积极参与的痕迹，甚至也看不到那种自由主义者或多元主义者们描述的不同类别精英在非等级制架构内激烈竞争的景象。如果把实证研究的视野进一步扩大，在更多其他类型的西方民主国家、照搬了西方自由民主模式的后发现代化国家，甚至在不被认为是民主国家的后发现代化国家里，③精英发挥影响的状况也只能让最终结论更不利于精英主导政治过程模式的批评者们。④

除此之外，也不乏一些从经济文化角度提出的为精英主义辩护的主张，⑤它们大多采用了精英民主理论家们的实证研究模式，在某种程度上也可以视为对精英民主理论批评意见的反馈，但由于其讨论的主题与本书的核心内容——民主的关系不大，在此也就不再赘述了。

---

① ［美］托马斯·戴伊：《谁掌管美国——卡特年代》（第二版），梅士、王殿宸译，世界知识出版社，1980年，第233页。

② 参见［美］托马斯·戴伊：《谁掌管美国——卡特年代》（第二版），梅士、王殿宸译，世界知识出版社，1980年。［美］托马斯·戴伊：《谁掌管美国——里根年代》，张维、吴继淦、刘觉侼译，世界知识出版社，1985年。［美］托马斯·戴伊、哈蒙·齐格勒：《民主的嘲讽》，孙占平、盛聚林、马骏等译，世界知识出版社，1991年，第十一章等。

③ 在亨廷顿等对发展中国家政治参与的研究中表明，政治精英在决定政治参与性质、模式和水平方面的主导作用是毋庸置疑的。参见［美］塞缪尔·亨廷顿、琼·纳尔逊：《难以抉择——发展中国家的政治参与》，汪晓寿、吴志华、项继权译，华夏出版社，1989年等。

④ 就连一些精英民主理论的批评者也承认，精英主义的研究视角自有其合理之处，比如："在不发达国家中，正是政治精英在决定发展进程方面具有权威的作用。"［英］巴特摩尔：《平等还是精英》，尤卫军译，斐池校，辽宁教育出版社，1998年，第78页。

⑤ 如［美］威廉·亨利：《为精英主义辩护》，胡利平译，译林出版社，2000年，就是一部从捍卫文化精英主义的角度出发的论著。国内外相类的著作和文章为数不少，其主旨大多是指向精英主义与大众主义的冲突的，这虽然也是精英民主理论面对的问题之一，但文化领域当中的问题自有其特殊性和复杂性，因此还不能在文化精英主义者与精英民主主义者之间简单地划上等号。

第四章
对精英民主理论的再评价

    20 世纪是一个在剧烈变革中酝酿新生的时代，在经历了理论和实践双重危机的挑战后，重新整合的西方政治思想版图呈现出以自由主义民主为主流、多元化民主理论鼎足并立的局面。在塑造这一新格局的过程中，精英民主理论在从基本观念的转变到研究范式的重塑方面所发挥的作用都是毋庸置疑的。但与此同时，在其诞生以来的百余年间，由其独特的民主观所引发的巨大争议也同样引人注目。在相当一段时期内，对于精英民主理论的整体理论框架及其发展演变规律的研究并没有吸引国内学界的足够关注，从而直接导致了我们对于精英民主理论的许多评价成为对西方学界既成评价简单修饰后的复制品。对于肩负着传承、批判和超越西方民主理论历史使命的中国民主问题研究者而言，这无疑是令人备感遗憾的。因此，在初步完成了整理精英民主理论体系的基础性工作的前提下，笔者也希望通过对精英民主理论重新作出较为客观评价的尝试来抛砖引玉，吸引更多研究者系统地研究精英民主理论的发展变革，从更深层次上挖掘其理论演变背后所投射出的西方民主理论整体发展的规律性内容，并从中提取出可资我国当下的民主政治建设利用的合理成分，以利于在民主的理论研究和实践发展间架设起一座沟通的桥梁。

第一节 修正对精英民主理论的误读

精英民主理论自诞生以来,就成为引发巨大争议的理论焦点。在其近百年的发展史中,理论界对它的批评之声一直不绝于耳。在这些责难当中,不乏一针见血、切中精英民主理论要害的真知灼见,①但也有一些意见是在没有完整把握其理论实质的前提下对个别流派、个别思想家或个别论断的过度放大。这导致长期以来国内民主理论界对精英民主理论的价值认识不够充分,也出现了一些对其理论实质不尽公允的评价。笔者认为,在 20 世纪西方民主理论的发展演变历程中,精英民主理论对于促进自由民主理论的全面转型、将对民主问题的研究拓展到实证研究领域等都发挥了不可替代的作用。时至今日,我们对其的评价不再需要受到一些带有鲜明时代性特征的意识形态因素的干扰,完全有可能、也有必要还原和肯定精英民主理论的历史地位和贡献。在此,笔者就准备以澄清以下三种对精英民主理论实质的误读为切入点。

一、精英民主理论所谓"反民主本质"问题

决定精英民主理论现代价值的关键之一,就是判定其对民主的基本态度如何,而事实上,当今学界对精英民主理论的最激烈批判意见也正是来自于对其反民主本质的责难。概括而言,认为精英民主理论具有这种本质的意

---

① 本书在本章的前两节中就选取了西方民主理论界几个主要思想流派对精英民主理论提出了较为中肯的批评意见。

见主要分为以下三类:

其一是批评精英民主理论将民主视为价值上可欲而形式上不可求之物。在西方理论界,对精英民主理论的主要批评意见并不在于其政治价值选择排序问题,而是集中在其对现行民主政治形式的质疑层面上,这一观点在多元主义者达尔那里就得到了很好的概括。在《民主及其批评者》一书中,达尔将民主的批评者分为两派三类,即反对派的实质论和形式论,及同情派的缺陷论。[1]同时,又将这些批评者对民主的批评意见集中在两大方面——民主主体和民主程序。而精英民主理论在此被归入反对派的形式论一类,[2]其理由是精英民主理论的批评者虽然承认,精英民主理论并非一般性地反对民主价值,但认为它从民主的主体——人民和民主的程序——参与和直接统治/治理的角度对民主的现实可能性提出了质疑。在此前提下,即使承认精英民主理论的本意并不在于否定民主,也只能认为它在事实上破坏了人们对于民主的信仰。[3]

其二是认为精英民主理论对民主政治中寡头统治铁律的论证是与民主原则相悖的。如有学者在归纳精英主义理论的理论特征时就得出这样的结论:"它(精英主义理论)基本的表现主要在两个方面:一方面,他们把政治精英的存在视为普遍的规律;另一方面,他们又极端地蔑视人民群众。"[4]也有学者认为:精英民主理论"不仅和以人民当家做主的社会主义民主思想根本对立,而且和议会民主和政治参与的资产阶级民主主义也相去甚远,甚至在

---

① 参见[美]罗伯特·达尔:《民主及其批评者》,曹海军、佟德志译,吉林人民出版社,2006年。

② 达尔没有直接使用精英民主理论的概念,而是使用"护卫者统治"和"少数统治"这两个概念来涵盖精英民主理论的主要观点体系。参见[美]罗伯特·达尔:《民主及其批评者》,曹海军、佟德志译,吉林人民出版社,2006年,第二编第四章和第五编第十九章。

③ 达尔借用了虚拟的多元民主批评家之口概括了他对精英民主理论民主观的看法,即认为民主主要是一种意识形态的表象。参见[美]罗伯特·达尔:《民主及其批评者》,曹海军、佟德志译,吉林人民出版社,2006年,第372页。

④ 马德普主编:《现代西方政治思想——二战以来》(第五卷),人民出版社,2003年,第73页。

特定的历史条件下会成为实行个人独裁的理论依据"①。

其三是将精英民主理论同传统的精英主义理论等量齐观。这种观点将精英民主理论视为历史上那些反民主的精英主义理论在现代社会的新表现形态，因而其对精英民主理论"反民主本质"的批判往往也是同对传统精英统治理论的批判结合在一起的。如有的学者就认为："正如传统的精英主义曾直接影响意大利法西斯主义的产生一样，当代的精英主义正在为政治上的集权化和官僚化提供论证。尤为严重的是,精英主义思想容易泯灭人们的民主精神。"②

在精英民主理论被引进之初，国内对精英民主理论的评介大致是沿着以批判为主的思路展开的。③联系其时代条件,其原因大致不出这样四个方面:其一,对精英民主理论的具体内容和理论体系理解不充分。其二,过分重视精英民主理论中那些与古典民主理论、自由民主理论相异的方面,却忽视了其作为西方民主理论发展脉络中的有机一环和重要组成部分的地位。其三,对精英民主理论同其传统精英主义前辈的对比研究不足。其四,某些意识形态方面的原因。④

客观地说,上述这些观点都有部分真理性,也的确从一个侧面证明了,精英民主理论与以自由主义民主为代表的西方民主理论是存在着许多分歧的。同时,有些意见(如第三种观点),也确实点明了某些被精英民主理论的信奉者们刻意掩盖起来的事实,即如果没有传统精英主义理论的遗产,今天

---

① 金太军:《政治精英理论》,中国人民大学书报资料中心复印报刊资料,1990年第10期。

② 俞可平:《对民主政治的幻灭——政治精英主义述评》,《天津社会科学》,1990年第1期。

③ 参见俞可平:《对民主政治的幻灭——政治精英主义述评》,《天津社会科学》,1990年第1期;朱瑜:《驳精英民主论》,《甘肃理论学刊》,1990年第5期;苏文:《不要民粹主义,但能要精英主义吗?》,《读书》,1997年第10期;于建嵘:《精英政治的困惑》,《博览群书》,2005年第3期等。

④ 这种意识形态方面的原因大致由来自两个阵营的批判意见组成,其一是20世纪80年代末至90年代初从主流的马克思主义意识形态出发对威权主义及相关反人民民主理论的批判,其二是为倡导自由民主理论而刻意对精英民主理论进行的歪曲理解。

的人们无论如何都很难想象，在现代西方民主理论繁茂的花园中是如何会生出精英民主理论这样一朵奇葩的。①但与此同时，与将精英民主理论视为民主的形式反对派的观点相比，这种对传统精英主义和现代精英民主理论笼统批判的观点，在学理层面的严谨性上存在着更为致命的缺陷。诚然，现代精英民主理论可以被视为传统精英统治理论在当代的继承者甚至是唯一的继承者，但如果据此认为两者并无本质的区分，就如同无视政治时代的演进会改变一个形式上基本不变的政体的本质那样偏执。正像本书的上一章具体论证的那样，现代精英民主理论的支持者们可能只需要指出批评方的对象有误这一条，就足以推翻其他所有的批评意见。

可以想见，一部分学者是带着"精英理论不过是保守主义的现代衍生物"这样的先入之见来认识和观察它的，而"保守主义"一词在他们那里又被划入了反民主理论的阵营，因而也就必然会对精英民主理论作出一些不恰当的偏颇评价。这里就存在着两个误区。

其一，保守主义作为一种与自由主义处于同等地位的西方政治思潮，本质上并不是反对西方民主的。它的基本信念是崇尚传统和维护现有秩序。在此前提下，保守主义者的具体主张和讨论问题的领域往往又是不确定的。比如对是否支持集权化和国家干预、是否主张维持殖民体系等具体问题，不同时代、不同环境下的保守主义者给出的意见有时是相当矛盾的。②保守主义本身的内涵是如此的不明确，以至于有些保守主义者的身份归属都是大大存疑的。对此，哈耶克曾指出："美国传统的捍卫者亦就是欧洲意义上的自由

---

① 当然，上述这种理论联系恰是为绝大多数精英民主理论家们所讳言的。诚如所有的现代政治理论一样，精英民主理论的倡导者最大的现实恐惧之一就是被贴上反民主的标签，因此他们至少必须在价值层面首先划清同一切反民主理论的界限，但这种做法的结果除了让一些基本理论问题更加复杂化外，并没有显著地改善精英民主理论的形象。

② 曼海姆写道："'保守主义'就是这样一种客观的、历史嵌入的、动态变化的结构复合体，总是某一特定时期的社会历史现实的总的心理—精神结构复合体的一部分。"参见[德]卡尔·曼海姆:《保守主义》，李朝晖、牟健君译，译林出版社，2002年，第60页。

主义者。"①在许多情况下，保守主义是某些人"在没有找到真正的出路、看到更好的前景时"②的一种选择，至少在这些人自己看来，他们代表了一种对现实的反思和务实、负责的忧患意识的社会健康力量。在政治领域里，政治保守主义本身也是一个深刻的矛盾体，它既反对自由主义的一些主张，又承认两者之间存在着密切的内在联系，并且试图改造后者的核心概念——自由的含义，赋予其保守主义的旨义。③

当然，保守主义的政治理论家们对待西方自由民主政治制度的基本态度也是充满了类似的内在张力的。所有这些保守主义的基本特质都为精英民主理论所继承下来，并且精英民主理论还通过更多地引入实证主义的研究范式增强其适应性。从本质上说，包括精英民主理论在内的所有现代西方保守主义政治理论，都无意于在颠覆现有西方民主制度和文化的基础上重构一种理想的新上层建筑，而是希望通过它们与不时浮现的激进主义思潮的坚决斗争，来唤起现有民主体制内渐进改革和完善的力量，筑起稳定现有秩序的堤防。这一明确的目标指向在二战后转向建构与回归的精英民主理论流派那里体现得尤为明显，甚至于有人常常把萨托利等归入当代自由主义者的阵营。有学者指出：当代的保守主义对于自由主义"不是否定而是补充"④。这一分析的确是十分精当的。

其二，作为保守主义阵营中一种特殊形态的精英民主理论一直致力于将精英主义原则同民主原则统一起来，而不是加深二者间的对立。在保守主义的庞杂阵营中，精英民主理论算得上是独具特色的理论派别，按照曼海姆

①　[英]哈耶克：《自由秩序原理》，邓正来译，生活·读书·新知三联书店，1997年，第187~188页。

②　匡萃坚：《当代西方政治思潮》，社会科学文献出版社，2005年，第198页。

③　曼海姆称之为"定性的自由概念"，并指出保守主义所攻击的并非"自由"本身，而是后者所依赖的平等基础。参见[德]卡尔·曼海姆：《保守主义》，李朝晖、牟健君译，译林出版社，2002年，第二部分中关于保守主义思想基本设计的内容。

④　匡萃坚：《当代西方政治思潮》，社会科学文献出版社，2005年，第201页。

的定义，"保守主义是自然科学模式在理智生活中的主导地位以及自由资本主义理性化在社会知识中的主导地位新近出现的对立面"①。但在用这个定义以及其附带的一系列标准②来衡量精英民主理论时，又是很容易发现后者同"标准的"保守主义之间的差异的。精英民主理论在攻击古典民主理论和激进民主理论时，确实是以彻底推翻其自然法的前提假设为逻辑起点的，但其对理性化的态度则显得有些耐人寻味，这其中最明显的例子就表现在马克斯·韦伯身上。比如，在看待现代官僚制的问题上，韦伯并没有完全否定这种现代的理性化结果所带来的积极后果，他甚至认为这种具有"超阶级性和超政治性"的理性化载体的到来是一种不可阻挡的历史潮流，但出于保守主义者的天性，他又批评这种理性化的泛滥，主张用民主宪政来制约随之而来的消极因素。这就明显是一种多少带有两分法色彩的态度。在大部分精英民主理论家③那里，我们所能看到的，都不是那种希望完全抛弃现实的民主政治条件而为精英统治的原则另谋载体的思想，而是一种试图调和精英主义原则同民主原则，使之彼此稍作妥协，寻求共同支点的愿望。

事实上，在精英民主理论的发展历程中，精英主义与民主主义之间的逻辑关系在一个不断更新的理论体系中也确实变得愈发紧密了。尤其是当精英主义理论实现了其与西方自由民主主流的汇合后，其观点甚至也开始影响到一些原本对精英理论持反对态度的学者。如早年曾批评莫斯卡的理论是"为'无条件服从领袖'找一个非理性的理由（an irrational justification）"④的曼海姆就承认，精英主义完全可以同民主并行不悖，尽管精英实际上操纵着政策，而大众则无法经常直接地参与政治，但只要后者能够在固定时机表达

---

① ［德］卡尔·曼海姆：《保守主义》，李朝晖、牟健君译，译林出版社，2002年，英文版导言，第5页。

② 参见曼海姆在讨论保守主义反革命思想家的进攻方法时谈及的内容。［德］卡尔·曼海姆：《保守主义》，李朝晖、牟健君译，译林出版社，2002年，第110~112页。

③ 这里当然不包括全面倒向支持法西斯主义的后期的米歇尔斯等人。

④ 转引自彭怀恩：《精英民主理论评介》，正中书局，1989年，第15页。

可以为执政者采纳的意愿,民主也就可以被视为具备了充分的条件。[①]他甚至还更进一步认为:"作为一种原则的民主并不是被其反民主之敌击倒的,民主政治的失败只是由民主体系内生的无数自我否定的因素引发的结果。"[②]而"专制主义只能产生于民主政治当中……它们并非民主的对立物,而是表现为一个民主社会尝试解决自身问题的诸多方式之一"[③]。仅从这个角度理解,对西方民主政治特定形式颇多诟病的精英民主理论就其本质而言,显然也不能被归入严格意义上的反民主理论之列。

综上所述,笔者认为,当涉及对精英理论与民主政治的关系评价时,那种简单对立的观点显然是不足取的。诚然,精英民主理论中确实存在着一些不兼容于民主原则的内容,如政治禀赋差异论、少数人统治原理等(如巴特摩尔就特别指出了精英民主理论具有反民主的形式)。但这些与其说是精英民主理论反民主的罪证,不如说是它在试图"用多方面的现实的非理性来反对自然法思想的演绎倾向"过程中所出现的过偏现象,并且这种极端的现象更多的还是体现出其方法论层面的缺陷,而就其对西方代议制民主的根本态度和实际影响而言,精英民主理论对后者的修正、完善和巩固作用其实远大于其破坏效应。因此,那些与西方民主传统理念和制度不兼容的内容存在至多只能证明精英民主理论在某种程度上具备了反民主的形式,或者可以用更吊诡的文字将其表述为一种"形式上反民主的民主理论"。

二、精英民主理论与古典精英主义的分歧

在一些学者对精英民主理论的研究中,并没有明确地将其与古典的精

①　Karl Mannheim, *Eaasys on the Sociology and Culture*, *Collected Works Volume Seven*, Routledge & Kegan Paul, 2003, part Ⅲ.

②　Ibid., p.173.

③　Ibid., p.172.

英主义区分开来,而这不能不影响到对前者性质的客观判断。①其实,除了对民主政治的根本看法和态度的差异之外,②我们也可以根据几项具体理论的差异标准对两者进行一番比较。

(一)判定精英标准的差异

在此为简明起见,我们不妨参照一下莱斯利·里普森所列举的区分精英与民众的十项标准,通过逐一的比照来考察现代精英民主理论到底对古典精英主义进行了怎样的扬弃:①种族标准。②血统标准。③年龄标准。④性别标准。⑤宗教标准。⑥军事力量标准。⑦文化标准。⑧财富标准。⑨政治权力标准。⑩知识标准。③在上述标准体系中,我们不难发现,现代精英民主理论所认同的区分标准主要是一些与政治、经济、社会资源分配密切相关的因素,更重要的是,这些因素的影响基本上都是可以用社会科学的量化方法尽可能精确地测量出来的。并且通过资源测量的级别测定,人们还可以分析其他社会阶层、群体与精英统治集团的可能关系,换而言之,也就是解决了"谁是我们的敌人,谁是我们的朋友"这样一个根本问题。总之,与充满了自语式傲慢话语的古典精英主义不同,现代精英民主理论只关注那些确实地发挥着影响的因素,其安身立命的基础之一就是它坚持在政治学研究中引入并推崇科学主义的方法,而排斥一切人为制造的意识形态神话。但在柏拉图等人对贤人优越性的论证那里,恰恰是许多经不起实证方法检验的神话

---

① 比如邓金艳:《精英政治与民主政治》,《法制与社会》,2007年第12期;金贻顺:《当代精英民主理论对经典民主理论的挑战》,《政治学研究》,1999年第2期等文章中都没有明确将两者区分开来。

② 在多数情况下,古典精英主义是完全被作为民主主义的对立面而提出的。即使在一个最不严格的意义上将精英民主理论认定为一种"具有反民主品质"的理论,人们恐怕也不得不承认其为一种"讲究策略"的反动理论,与古典精英主义鲁莽地排斥一切涉及民主字眼的事物不同,精英民主理论至少是在进行一种"打着红旗反红旗"的异化民主的劳动。

③ 〔美〕莱斯利·里普森:《政治学的重大问题——政治学导论》(第10版),刘晓等译,华夏出版社,2001年,第75~95页。

构成了其立论的基础。

(二)对精英统治①现实性的认识

在古典精英主义者的话语体系中,"贤人政治"是一种人类社会政治生活的应然状态。换而言之,在柏拉图、亚里士多德等人那里,真正的"好的"精英统治都还处于尚待实现(甚至可能根本无法实现)的将来时态。在他们对现实政治的描绘中,民主的暴政对贤人政治理想的破坏往往是最常被提及的话题。从某种意义上讲,古典精英主义并不总是与现实世界的精英统治保持和谐关系的,相反,其精英统治的理想更多情况下被构筑在了理想的彼岸。与古典精英主义不同,绝大多数现代精英民主理论家恰恰把精英政治看作了一种人类政治生活的常态。如同前文所述,这种精英统治的铁律超越了时间与空间的局限,主导着人类政治生活的现实进程。

精英统治的现实性是毋庸置疑的,而精英统治之所以被摆上研究者的桌面,只是因为它是一种"实实在在的存在"。在《寡头统治铁律》一书的前言部分,早期精英主义的代表人物米歇尔斯就已经将精英民主理论研究的基本立场阐释得十分充分了:"科学的首要目标并不在于创建某种体系,而是增进人们对问题的理解。既然个人和社会群体所面临的种种问题根本没有'答案'可言,那么社会学的任务并不在于发现或重新发现这些问题的'答案',而是将问题'暴露出来'。社会学家应该摆脱个人情感上的好恶,揭示社会发展过程中的各种推动或阻挠某一趋势的各种力量。正面的与反面的。概而言之,即社会生活的基础。因为准确地诊断是提出任何可能的救治方案必不可少的逻辑前提。"②类似的对价值中立的政治科学研究范式的倡导及对

---

① 此处比较的主要是古典精英主义与现代精英民主理论对精英统治正常形态(主要是一种贵族共和的形态)的看法而不是泛指前者认定的一切少数人的统治。

② [德]罗伯特·米歇尔斯:《寡头统治铁律——现代民主制度中的政党社会学》,任军锋等译,天津人民出版社,2003年,第2页。

由此得出的理论原则的推崇也曾反复出现在莫斯卡、韦伯等人的著作中。从这个意义上讲，与那些毫无例外的，并且更多的是出于天性的对非精英政治感到厌恶和恐惧的古典精英主义者不同，现代的精英民主理论家们未必对所谓贤人政治抱有多少特殊感情。当精英统治的原则已经被定义为一条冷冰冰的"公理"和"通则"时，以往那些附着在精英统治身上的理想主义色彩的消退也就成为再自然不过的事了。

（三）对精英统治的运行状态与对其制约因素的认识

与对精英统治的应然认识紧密联系，古典精英主义者那里的精英统治体系理论中并没有多少动态色彩。对于大多数古典精英主义者而言，统治精英是一个封闭性的集团。从本质上讲，它是同一种被视为政治通则的等级制原则联系在一起的。在其理论体系中，无论是主张独裁统治的专制主义者，还是倡导贵族统治的共和主义者，都不能容忍将下层阶级吸收进对精英统治权力的制约体系中。而在现代精英民主理论那里，情况就大为不同了，在对理想的精英统治形态的描述中，精英民主理论家至少对古典精英主义理论构成了这样四个反动：

首先，精英民主理论肯定民主原则的引入给现代精英统治带来的积极变化。从莫斯卡开始的精英民主理论家都曾在不同程度上论证民主社会中的统治精英比他们在专制时代的前辈具有更多的理性和活力，相对的，他们对坚持独裁制精英统治的影响并不看好，并且认为其与现代社会的现实条件是格格不入的。[1]

其次，精英民主理论家们大都主张精英集团应该保持充分的开放性与竞争性，也就是说，民主社会中的统治精英作为一个整体可以继续主导政治

---

[1] 参见[意]加塔诺·莫斯卡：《统治阶级（〈政治科学原理〉）》，贾鹤鹏译，译林出版社，2002年，第十五章。

权力，但这不等于精英们可以放任世袭倾向的发展和完全堵死下层阶级提升政治地位的通道。

再次，与古典精英主义者多讳言精英循环不同，现代精英民主理论家不但看到了精英不断循环更替的规律，而且还对这种现象大加赞赏，认为这种更替的常态化形式——通过民主选举来选择统治精英既使精英获得了足够的合法性支持，也有利于防止僵化的精英集团最终将自己与整个政治体系共同葬送。

最后，现代精英民主理论是从一个与古典精英主义者根本不同的角度①来看待民主因素对精英统治权力的制约的，即他们从原则上并不否定这种制约的必要性，但却用大量实证研究指出，在现实中这种民主制约的力量的实际效果值得怀疑，它常常根本无法抵消精英（寡头）专断的影响。②即便如此，大多数精英民主理论家还是认为这种民主制约因素的引入毕竟能起到聊胜于无的作用。③

总之，作为一个理论体系的精英民主理论从古典精英主义那里继承的，更多的是一些具有保守主义功用的观点和思维。正如上文所述，现代保守主义的敌人并不是现代西方民主，相反，它却吸纳了很多来自自由民主的基本理念，精英民主理论也是如此。从思想史研究的角度出发，正如今天的大多数人已经不再把现代西方民主看成是其古代民主形式的直接延伸那样，将精英民主理论简单视为古典精英主义理论的现代翻版显然也是有失公允的。正如思想史上所有的具体理论一样，精英民主理论体系包含了强调实质

---

①　后者对以民主制约精英是颇不以为然的，他们对制衡统治者有限的肯定也是以不将人民大众纳入这个权力制衡体系为先决条件的。

②　参见［德］罗伯特·米歇尔斯：《寡头统治铁律——现代民主制度中的政党社会学》，任军锋等译，天津人民出版社，2003年，第五章。

③　不同程度地肯定了精英民主中参与要素存在的精英民主理论家，如利普赛特、萨托利、拉斯韦尔、戴伊等人多持这一观点。

的思想本体和借用形式的思想载体两个部分。从本质上看,只要肯定了精英民主理论的思想本体是支持民主的,那么我们就可以很容易地将作为其部分思想载体的古典精英主义内容同其本体区分开来。

三、精英民主理论与法西斯主义关系的辨析

对民主的研究从来都不是一个纯粹的理论层面上的问题,在很多情况下,无论理论家们主观意愿如何,他们的理论的命运都与现实政治紧密地联系在一起。不幸的是,20世纪法西斯主义给全世界人们留下的教训是如此惨痛,以至于在战后相当一段时期内,精英民主理论,尤其是其早期形态,都因被视为法西斯主义在思想界的帮凶而处于被边缘化的境地。这种情况直到精英民主理论实现了向主流民主学说的回归后才得以根本改观,但其批评者动辄将法西斯主义帮凶的"桂冠"授予自己的行为仍让许多精英民主理论家感到如芒在背。对此,笔者认为,对于精英民主理论与法西斯主义的理论联系还是应该一分为二地看待,更重要的是,我们判断一种意识形态本质的依据,应是其理论主流的实质,而不能用一些支流的具体观点和特征来以偏概全。

首先,我们应该承认,不论是从法西斯主义时代某些精英民主理论家的个人表现看[①],还是从法西斯主义政权对精英民主理论个别观点的推崇利用看,精英主义都难以撇清与法西斯主义之间千丝万缕的联系。在早期的精英主义理论家那里,这一问题表现得尤为突出。众所周知,"三剑客"当中的两人最终都走向了民主政治的反面,成为意大利法西斯主义的理论旗手。他们的某些论断,如帕累托对精英优越性的赞扬、对大众民主特别是社会主义民主的反感,以及对统治阶级应该运用强力手段"恢复秩序"和"捍卫欧洲文

---

① 此处主要指的是米歇尔斯、帕累托、勒庞等人,米氏和帕氏都对意大利的法西斯主义表示了坚定的支持,甚至成为所谓御用的社会理论家。

明"等观点,都颇得法西斯主义理论家和实践者的推崇。①而米歇尔斯对政党政治中寡头铁律的论述也往往被法西斯分子利用，作为攻击民主政党虚伪性质和论证"毫不矫饰"的寡头统治合理性的有力武器。当然,由早期精英主义理论家②所提出的用强力统治矫正"软弱的代议制民主"的弊病的观点,更是大受崇尚强力统治原则的法西斯分子的追捧，虽然两者的目标指向是完全不同的。这种法西斯主义对早期精英主义某些观点的夸大、曲解和利用,在群体心理学派的精英主义理论家那里达到了极致，其原因也就在于两者都将大众看成了应该被精英统治之物。③

　　诚如本书前几篇章所述的那样，上述这些具体观点尽管十分吸引其利用者和反对者的眼球,但却并非精英民主理论的核心内容。从整体上看,这些散见于个别理论家非系统论述中的零散结论④至多只构成了精英民主理论的一部分支流,它们并不影响精英民主理论主流的出发点仍然是要巩固西方民主制度。在一系列根本原则问题上,后者也确实同法西斯主义保持了相当的距离,并没有完全走向民主的反面,一个典型的例子就是在对待种族问题的态度上。20世纪初,恰恰是精英民主理论首先对种族主义的合理性进行了系统的否定。莫斯卡、帕累托等人都通过对种族主义理论基础(包括进化论、血统论等)的否定,特别是通过列举历史上的大量实证反例,充分论证了种族并非决定政治文明发展程度的主要因素。他们认为,从实证意义上说,所谓种族优劣问题是一个不折不扣的伪问题。而这样深刻的论述,其至是同

---

　　①　如墨索里尼和希特勒都曾公开称赞帕累托的思想。

　　②　这里其实也包括了韦伯的某些主张,如依据韦伯加强总统制及使其对立于代议制体制之外的理论和实践都为德国法西斯逐步攫取政权扫除了许多障碍。

　　③　比如,勒庞就有意无意地透露出他恐惧大众的真实原因:"群体的这种易变性使它们难以统治,当公共权力落到它们手里时尤其由此。"参见[法]古斯塔夫·勒庞:《乌合之众——大众心理研究》,冯克利译,中央编译出版社,2004年,第22页。

　　④　有些观点甚至也非其提出者深思熟虑的结果,就学理而言,它们往往表现为论证与结论位置的本末倒置,甚至是根本就缺乏必要的论证。

时期的传统自由民主理论所不能，或至少是不愿完成的工作。①因此，在认识精英民主理论与法西斯主义的关系时，我们既要发现两者观点上的共通之处(如极端推崇统治秩序、强调少数精英对多数大众的绝对优势等)，又应该慎重对待二者在价值立场方面的根本区别，避免使精英民主理论承担不应负的那部分政治责任。具体而言，两者间的分歧与差异主要表现在以下三个方面：

其一，核心理论基础不同。20世纪典型的法西斯主义理论和实践，都无一例外地选择了诸如种族、血统②这类"民族性神话"(national myth)作为整合民众的思想基础。"种族优越性"在这种理论体系中往往是出现频率最高的词汇。但在严肃的精英民主理论家看来，即使这种神话在20世纪某一阶段确实表现出超越以往诸如基督教、民主或社会主义那样的"普世性神话"(universal myth)的威力，它也不过是诸多意识形态神话中的一种罢了，其实质的非科学性与曾经盛行的自然地理决定论、社会组织决定论、机械进化论③等并无区别。相对而言，精英民主理论更重视的是不同历史时期、不同社会条件下的精英阶层如何实现和巩固自己统治的多样化手段，以及在严谨的社会科学研究中尽可能精确地区分出一个社会的统治精英的方法等属于政治科学研究范畴的问题。④正如前文在现代精英民主理论同古典精英主义的区别里提到的那样，只有那些可以用实际的社会资源衡量的标准才被认为是真实和重要的，而法西斯主义的意识形态基础与精英民主理论所倡导的政

---

① 与精英民主理论家运用理性主义的实证工具明确否定种族优劣论的荒谬不同，此时的一些自由主义者对待种族问题的态度则显得暧昧得多。参见[意]萨尔沃·马斯泰罗内：《欧洲民主史——从孟德斯鸠到凯尔森》，黄华光译，社会科学文献出版社，2001年，捍卫民权与社会权利的民主(1917—1944年)章节内容。

② 在很多情况下这两者实际上是被混而为一的。

③ 莫斯卡在他的《统治阶级(〈政治科学原理〉)》一书的第一章和第三章中系统地证伪了上述几种谬论，并且也明确地指出，这几种谬论都指向了种族或血统决定论。参见[意]加塔诺·莫斯卡：《统治阶级(〈政治科学原理〉)》，贾鹤鹏译，译林出版社，2002年，第45~86、138~154页。

④ 从这个意义上说，精英主义理论中以勒庞等为代表的群体心理学、革命心理学研究的一派多少背离了精英民主理论的方法论主流原则，因而其倒是与法西斯主义有着更为紧密的理论联系。

治科学原则之间的分歧显然是无法弥合的。同时，法西斯主义对于权力、国家、领袖等也表现出了无条件的崇拜，而精英民主理论对于上述对象则无一例外地表现出了质疑的态度，大多数的精英民主理论家都不是严格意义上的国家主义者，相反，他们的笔端时常流露出对于日益强大的国家和其中的官僚制权力的不信任与忧虑。[①]从这个意义上讲，精英民主理论体现出的是一般保守主义的特质：一方面反对理性化的过度发展——其对象既包括大众民主，也包括官僚制和寡头政治；另一方面相对于法西斯主义而言又不算是一种反智主义的学说。

其二，理论特质有着显著差异。法西斯主义是作为垄断资产阶级应对大众民主压力的产物而生的，这就决定了法西斯主义者更注重实践而不是理论。在很多场合下，他们并不希望被任何一以贯之的理论原则束缚住手脚。[②]有学者甚至根本就质疑法西斯主义是否具备完整的逻辑体系和核心理论，认为其不过是一些从其他理论那里盗用来的只言片语和应时的口号等思想杂烩。[③]即使退一步说，如果承认法西斯主义具有一定的基本观念特征，如反理性主义、社会达尔文主义、民族主义、国家主义等，[④]那么其作为一个系统理论的严谨性也都是远不及精英民主理论的。作为为观察和分析现实民主问题提供一种新理论视角的民主理论，精英民主理论所强调的是首先应从历史事实本身而不是经过意识形态人为加工的材料，来发现政治科学的某些规律性内容。与法西斯主义不同，精英民主理论并不认为其理论结论是不证自明的。相反，他们在实证研究领域投入了大量精力，而且也从根本上否定那种为了迎合某种实践运动的需要而刻意塑造神话，却又常常缺乏坚持

---

① 在莫斯卡、米歇尔斯和韦伯等人对民主困境的解读中都不难找到这样的论述。
② 希特勒和墨索里尼都曾公开声称纲领和原则是非决定性的"无用之物"。
③ 参见[英]约翰·麦克里兰：《西方政治思想史》，彭淮栋译，海南出版社，2003年，第九部第30章。
④ 转引自吴春华主编：《西方政治思想史——19世纪至二战》（第四卷），天津人民出版社，2005年，第687页。

原则品性的纯粹"行动着的理论"。大多数的精英民主理论家都保持了某种真正的民主主义者的理论品质：一方面他们坚信自己基于"科学研究"基础上结论的重要性，很少跟风式地转变立场；另一方面他们又否认绝对真理的存在，能够在一定程度上平等接受或回应来自其他理论的批评意见。相较而言，那些经常性地做着"思想体操"而又不允许任何批评意见的法西斯主义者只不过是一些高级的政治掮客而已。

其三，反民主内容在各自理论体系中地位不同。根据上文的解释，精英民主理论的主流是并不拒斥民主原则的，而其出发点也是为了修正而不是颠覆西方代议制民主，这一点无疑是与法西斯主义根本不同的。从某种意义上说，精英民主理论和法西斯主义理论确实都具有反民主的一面，但如果仅仅把思维禁锢在上述简单结论的层次上，那么就有可能会在回答以下问题时遇到障碍：①法西斯主义与现代精英民主理论的理论基础是否一致。②为什么现代精英民主理论在法西斯政权崩塌后还能继续存在，甚至对西方主流意识形态产生相当的影响。③为什么二战后的法西斯主义没有发生融入主流的转型。很显然，如果把两者视为同一种思潮——专制主义的能人统治思想在 20 世纪的理论衍生物，而没有很好地区分两者的根本分歧的话，那么上述问题都将是无解的。而如果我们沿着二者对西方民主的态度是根本不同的思路去思考，情况就完全不同了。

在整个西方民主理论的阵营中，持有类似于精英民主理论中反民主的观点——能人统治的必要性、限制大众民主的发展等——的派别也并非精英民主理论一家，甚至在主流的自由主义理论中也时常流露出对上述原则的赞同。追溯法西斯主义的发展史，人们不难发现，它的产生发端于自由主义的瘫痪，它的壮大背后有自由主义放任的推手（目标当然是借力反对社会主义），它的烜赫一时也与某些声称信奉自由主义原则的政权有着千丝万缕的暧昧联系。真实的历史并不像某些自由主义者描述的那样，是那些自由主义捍卫者同法西斯主义的战争。①恰恰相反,正是为当时所有西方主流民主理论认定为民主最大敌人的社会主义,在与法西斯主义的斗争中始终保持了坚定的立场。因此,即使站在为西方民主理论的主流"正名"的出发点上,也没有必要因为某些反民主因素的存在而否定整个理论与民主原则的必然联系。

时至今日,特别是在面对转型回归后的精英民主理论时,将其与法西斯主义联系起来的观点已经鲜被提及了,但就国内的研究现状而言,对于两种理论间的比较和区分还是远远不够的,这直接导致了一些有失偏颇的评价的产生。因此,唯有通过更多研究者不带先见的研究,才可能消除某些误读的消极影响,使我们能够从一个更客观的视角上去全面地认识和理解精英民主理论。

第二节　精英民主理论演变规律的基本特征

根据上文中简述的精英民主理论受到的主要批评及其回应,以及精英民主理论与其他主要西方民主理论之间的关系,我们不难看出,精英民主理论从本质上说是特定时代政治发展条件和经济社会基础上的必然产物,其基本政治立场、民主观的内容和基本观点体系等,都始终处在不断变化调适的过程当中。在整个精英民主理论的发展演变过程中,起决定性作用的并不是一两个思想家的灵光乍现,而是更宏大、更生动的社会历史发展规律,而后者的复杂性也决定了对精英民主理论的评价不是用一两句断语就可以盖棺定论的简单工作。马克思主义唯物史观的重要原则就在于,它尊重个性化的史实而又不拘泥于烦琐的个案,在必要的时候完全可以超越于个案之上来得出更本质的结论,同时它又是将考察对象作为一个生动变化的主体加

---

①　具有讽刺意味的是,某些被认为是自由主义的代表思想家,如米瑟斯、哈耶克师徒等,都曾在不同程度上表示过对法西斯主义理论和实践的赞许与同情。

以把握的。根据这样的思路,笔者在此简单地梳理精英民主理论演变规律的几个主要特征,以此为下文对其作出较为客观的评价作好铺垫。

一、整体政治立场的变化

在精英民主理论发展演变的历程中,其与西方主流自由主义民主理论和社会主义民主理论间关系的演变正是这一变化的最典型体现。以二战结束直至冷战开始的一段时间为分水岭,精英民主理论对待上述两种民主理论的基本态度出现了重大调整。如上文所述,早期精英主义理论诞生之初直接针对的对象就是正处于危机瘫痪状态的自由主义代议制民主,这决定了虽然在其理论体系中仍保留着一些对自由主义理念和制度①的有限认同,但就对待自由主义民主理论的总体态度而言,依然是以批判为主的。此时大部分精英民主理论家对于当时的自由主义民主能否在内外交困的状态下继续生存下去,似乎都不抱什么乐观态度。与此同时,他们也明确地意识到,当时蓬勃兴起的社会主义民主思潮及其运动不仅是对自由主义民主的重大挑战,同时也意味着对所有以前以大众政治时代为基础的西方民主体系的颠覆。然而大约是为了避免遭到"逆历史潮流而动"的指责,此时的精英主义理论家们大多数情况下都没有正面地指责或是批判社会主义民主,他们反对社会主义民主的主要理由尚局限在社会主义民主是不能实现的人民直接统治的乌托邦和对社会主义民主的放任可能导致西方文明传统遭到破坏这两点上。因此,总的来看,早期的精英主义理论似乎是秉持着一种既不要无能的自由主义,也不要激进的社会主义的"第三条道路"②的立场。

但在自由主义度过 20 世纪前叶的危机并成功实现转型发展后,精英民主

---

① 主要是经济领域和涉及政治自由价值的内容,参见帕累托、莫斯卡等人的相关著作。

② 此处仅是借用"第三条道路"这一概念,其旨义与其原意并不相同。

理论与上述两种民主理论的关系则为之一变。二战后,精英民主理论曾一度面临极为尴尬的境地,在法西斯主义给全世界造成的危害仍历历在目的情况下,精英民主理论家如果再像他们的前辈那样高举批判自由民主的旗帜,那么就很难从为法西斯主义张目的反民主理论的阴影中走出来。同时,在席卷而来的所谓"第三波民主化浪潮"中,西方民主理论界对批判性理论的需要下降了,而对解释、建构、重塑西方民主理论实践体系,争夺与社会主义民主的话语权的需要则同步上升了。在此情况下,显然不可能成为社会主义民主盟友的精英民主理论就必然走向与主流的自由主义民主联合的道路,这不仅表现在其对保守的自由主义价值理念的全盘接受和论证上,而且在这一时期精英民主理论家们对社会主义民主毫无保留的攻击和抹黑①中也可见一斑。

在当代西方民主理论界的思想版图中,自由主义与保守主义之间的边界随着时间的推移变得逐渐模糊起来。相对的,自由主义与广义的社会主义民主思想之间的分歧则呈现日益扩大的趋势,这与西方民主政治现实形势的变化无疑是息息相关的。从整体上看,精英民主理论作为西方理论界保守主义阵营一员的身份是确定无疑的,但具体分析两个时期里其政治态度的变化,仍然可以发现两个阶段上精英民主理论"右倾"的性质和指向还是存在微妙差别的。这就提醒我们,在对精英民主理论的具体观点作出评价前,务必要考虑到这一观点是在什么样的政治大环境下提出的,②唯其如此,才能保证肯定或批判评价的尽量公允。

---

①　二战后的大部分精英民主理论家都把社会主义民主的实践作为与法西斯主义同类的极权主义的形式之一加以严厉批判,尤其是在萨托利和雷蒙·阿隆(当然也包括归属不明的阿伦特)等人笔下,对以苏联为首的社会主义阵营的民主理论和实践的攻击已经达到了无以复加的激烈程度。

②　当然,还有一个为人们所忽略的普遍规律限制了精英民主理论的改进,那就是作为普通人的精英民主理论家,他们中能做到"闻过则喜""从善如流"者实在是凤毛麟角。更多情况下,他们可能会像我们一样拒绝修改自己的意见,而其出发点并不见得是为了捍卫什么对自己理论正确性的确信。从本质上说,思想家本人的思想同其信仰不同,对于思想者本人而言,它不应该是一个被无条件接受的先验真理,而应该是一个容许来自内外的批判与修正力量的体系。遗憾的是,对于绝大多数理论家而言,始终保持思想的开放性而拒绝一切人性中自我保护意识的诱惑,显然是一个过于苛刻的要求。

二、理论特质的改变

根据前文的分期,人们也可以很容易发现,精英民主理论的理论特质也表现为由应时的批判理论向适用于更广范围的解释和建构理论的逐渐过渡。对于大多数早期精英主义理论家而言,他们并不具有多少为捍卫特定民主价值体系而创造理论的主观能动性。①与之相较,他们认为自身理论的最大价值体现在为与那些将要到来的西方文明的敌人的战斗准备武器,同时为尽快度过西方民主的危机状态建言献策。无论是对代议制软弱性的批判也好,还是对社会主义运动"本质""铁律"的揭示也罢,都是围绕着应付当时西方民主危机的迫切需要而进行的主动防御。这使早期的精英主义理论在短期内给人耳目一新的感觉,似乎也唤醒了人们反思民主的热情,但此时的理论家们尚未意识到,或者说根本无意于解释"民主是什么"的问题,他们所关注的仅仅是解决"民主不是什么"的问题。作为民主理论而言,对这两个问题的解决是缺一不可的。因此,这一时期的精英民主理论在理论完整性和系统性上存在很大的欠缺。二战后重构精英民主理论的理论家(如熊彼特等人)显然意识到了解决"民主是什么"问题的重要性,他们把握准了二战后西方主流自由主义民主理论沿着保守倾向复兴的脉搏,适时地提出从竞争领导权的角度来定义和理解民主的新民主理论,这可以说是精英民主理论对于二战后西方自由主义民主理论巩固主流话语权所做的最为重大的贡献之一。它不仅深刻地改变了前者的理论特质和发展轨迹,抑制和控制了其批判性的强度和作用方向,而且也为后者在全世界范围内推广一种具有普适性的民主政治模式提供了有力支持。

---

① 即使是被认为明显倾向代议制民主的莫斯卡,他对经典意义上的自由主义民主的认同态度也是有所保留的。

　　具体而言,适时地调整或重新诠释理论中不合时宜的成分,一直都是当代精英民主理论的一项重要工作,这在对诸如寡头统治铁律之类的核心要件的理解中体现得尤为明显。与其理论原创者米歇尔斯不同,大多数当代精英民主理论家只需要在对付他们的社会主义敌人时偶尔使用一下这柄利器,①更多的情况下,他们又并不希望其受众会动摇对于西方现实民主政治的信心。为此,就必须从米歇尔斯所占的位置②向后退几步,止步于对大众民主形式和人民直接统治理想的批判,同时肯定这种不充分的民主仍然是唯一现实的选择——如萨托利就指出,正是在立足于选举民主和代议制的当代西方民主架构内,无组织的多数可以扮演有组织多数竞争的仲裁者和从中渔利者的角色,进而"从竞争者之间的决定权是在人民手中这一显豁的事实中仍然产生了全面的巨型民主"③。从西方民主理论界在 20 世纪的总体发展规律上看,精英民主理论理论特质的转变在某种程度上也恰是其前期偏重批判和反思,后期注重论证和建构特点的一个缩影。

三、研究范式的微调

　　作为一种以倡导科学实证研究范式为己任的理论,精英民主理论对西方民主理论界发展的重大贡献也体现在其创新发展出的一系列对民主问题的实证研究范式当中。众所周知,精英民主理论自创立之初就明确地反对那种从纯粹规范层面或政治哲学意义上来理解民主甚至是指导民主实践的思

---

　　①　几乎所有偏向保守主义的思想家,如萨托利、雷蒙·阿隆、阿伦特等都并不光明正大地利用了寡头统治铁律的批判武器。一方面,他们对于自由主义政党颇多偏袒,而另一方面却对社会主义政党无理苛责,指斥后者为"不折不扣的寡头犯罪集团""最坏的官僚统治",表现出十足的严于律人、宽于律己的意识形态霸权品性。

　　②　正如前文所述,米歇尔斯本人对于选举民主的有效性并不看好,这也成为他对整个西方民主政治彻底失望的直接诱因。

　　③　[美]乔·萨托利:《民主新论》,冯克利、阎克文译,东方出版社,1998 年,第 170 页。

路。早期的精英主义理论家将政治学的研究,当然也包括对民主问题的研究看成一种科学研究。为此,他们认为有必要大量引入实证研究、历史研究和量化研究等方法,而不是将目光局限在空对空的政治哲学和文献研究领域内。因此,在早期精英主义理论家的研究中,我们不难找到他们主动探索新的政治科学研究方法的尝试痕迹。比如,莫斯卡和帕累托都十分重视时空跨度极大的历史研究,并把寻找人类历史发展的普遍性规律作为其要务,而米歇尔斯对政党政治的研究也可以被看作是在政治学研究中引入实证案例分析的一个早期经典范例。此外,群体心理学派的理论家还大量引入了政治社会学和心理学的研究方法。

在 20 世纪初的西方政治学界,精英民主理论家的努力体现了当时政治学研究范式革新的风尚,同时也对一些民主之外问题的研究产生了积极影响。①但随着政治学界的整体进步,到了 20 世纪后半期,早期精英主义实证研究范式引入其他自然科学研究法的思路较窄、系统的方法论内容欠缺、实证研究不够规范严谨的缺陷也开始日渐暴露出来。对此,新一代偏向实证研究的精英民主理论家也针对这些问题进行了积极调整。整理二战后精英民主理论实证研究范式的实例,我们就会发现,二战后从事实证研究的精英民主理论家已经很少像其前辈那样把精力投入到描绘气势恢宏的精英政治历史长卷中去,相对而言,他们的兴趣更多地体现在解释和解决民主运行的具体制度问题,特别是作为度量衡的选举民主和参与民主的问题上。与此同时,他们的研究更加细化、规范和严谨,鉴于米歇尔斯式的单一案例与宏观结论结合常为人诟病的教训,二战后精英民主理论家实证案例的研究大多是在明确其解释适用范围的前提下展开,同时在研究过程中也更注意选择案例的典型性和思考问题的全面性,而大量引入的统计学分析和系统研究

---

① 在古德诺对政治体系的理解中我们就可以发现这样的影响印记。参见[美]F.J.古德诺:《政治与行政》,王元译,华夏出版社,1987 年。

方法也有助于强化其结论的可信度。

在研究对象方面，后来的精英民主理论家们也打破了前辈们主要关注政治领域内权力分配和运行结构的视野局限，将诸如精英统治的模型、寡头统治铁律等研究工具更广泛地运用到对经济、社会、文化和体制外精英政治的分析中去，这实际上也大大拓展了精英民主理论开创的政治科学研究范式的作用平台。当然，就政治科学研究规范化、系统化的总体发展趋势看，精英民主理论在研究范式上的微调也是势在必行之事。

总而言之，精英民主理论发展演变的过程，其实就是一个人们深化对民主的理解和研究的过程。在早期精英主义阶段，民主概念本身都是不够明确的，由于距民主成为一个"好东西"的时间并不算太长，①这就决定了精英民主理论的主要功能是批判性的，而且在其思考的问题中还残存着关于"要不要民主"的争论。随着民主实践的发展（亨廷顿把它称之为"第三波民主化浪潮"），"要不要民主"已经不成其为问题了，与此同时，西方民主制度也基本度过了民主失败的瘫痪期。那么对于精英民主理论而言，要想继续保持对现实的解释力，就必须作出相应的调整，这也就是在晚近时期的精英民主理论中，批判性的因素显著下降，而建构性的成分大大增加的根本原因。因此，从根本上推动精英民主理论变革转型的，仍然是现实民主政治的发展演变，而绝不是少数思想家在书斋里面对枯灯的冥想与在沙龙中高谈阔论火花的碰撞。从这个意义上说，对精英民主理论所有的评价，都不能是抽象的或纯粹就事论事的，而是必须要结合理论和实践界宏观的历史背景和具体思想家的个性因素，从而分清哪些是精英民主理论确实存在的理论问题或该由其承担的历史责任，哪些问题出在整个西方民主体系上，哪些责任应该归咎于自由主义者。唯其如此，我们对精英民主理论的研究才不会流于对表象的过

---

① 萨托利、达尔都指出，民主成为一个褒义词的起始时间不会早于18世纪，而国内的某些学者如王绍光等，则认为这一时限应划至19世纪末。

度解读和零散的观点评析,而无法实现对其批判和超越的最终目标。

第三节　精英民主理论的价值与缺陷

民主究竟是什么,长久以来都是困扰着众多政治学者的一个难以回避的关键问题。近代以来,围绕着对民主含义和功能的不同解读,西方民主理论出现了百家争鸣的局面,而民主化浪潮的连续来临更是为本已令人感到眼花缭乱的民主理论平添了几分混乱,以至于有人感叹:"在公共事务的世界里,民主大概是最为混杂最让人困惑的词汇。"①但从另一个侧面看,这种民主观混乱状态的根源也并不完全在于认识民主主体的信仰危机,而是应该被视为原先单一的自由主义民主观在民主政治现实发展面前解释力和适应力下降的必然结果。换而言之,无论西方主流民主理论家们的主观意愿如何,传统自由主义垄断民主解释话语权局面被打破都是大势所趋,并不值得更多的人为之黯然神伤。相反,正是在自由主义的绝对话语霸权受到质疑和挑战的前提下,我们才可能打破对于自由主义单一路径乃至于对民主本身的盲信与依赖,也正是在这个意义上讲,精英民主理论的出现对于20世纪的人们从一些新的视角来重新思考"发现民主"具有不可替代的积极价值。

一、精英民主理论的主要价值

20世纪西方民主理论界的斗争首先就表现为不同民主观的竞争,而精英民主理论的重大价值之一就在于启发了许多曾经接受了正统自由主义思

---

① 伯纳德·克里克语,转引自[英]安德鲁·海伍德:《政治学》(第二版),张立鹏译,欧阳景根校,中国人民大学出版社,2006年,第84页。

维定式的人们,对于那种"唯一正确"的民主观开始产生质疑。无论从理论观点体系还是从方法论层面，它的诞生和发展在一段时期里所带来的都是一种西方民主理论史上革命性的变革。

(一)理性的有限民主观

就其本质而言,精英民主理论所持的是一种典型的理性民主观。在此需要加以解释的是,精英民主理论主张"理性"地看待民主政治同理性主义的民主观是存在着根本分歧的。后者意味着对人类的理性保持充分的乐观,肯定那种在精确计算、精心规划的基础上"创造历史"的可能性。而作为保守主义的一员,精英民主理论却从来也不认为人类理性的发展是没有边界的,与那种希图通过发展对于政治现象的规范认识而规划一种未来民主政治确定性的看法不同,精英民主理论明确指出,民主政治是在那些已知的、已被历史充分检验的、可遵循的政治传统的基础上生根发芽的:"我们社会的政治是一个过去、现在与未来都在其中有声音的对话。"[1]

20 世纪初,面对大众政治时代席卷而来的热潮,西方保守主义阵营内弥漫着一种恐惧而绝望的情绪，随处可见的大多是那种在咒骂大众民主之余却束手无策的悲观论者。然而就是在这股深刻地塑造了 20 世纪政治基本形态的大众政治浪潮中,精英民主理论家们却用他们冷峻的目光注视着看似盲动的大众背后的主导力量,在拨开层层迷雾之后,他们的最终结论是,人类历史并没有进入一个完全和传统对立的时代,再华丽的民主外衣也掩盖不住精英统治的实质。这就意味着,那些无意与大众分享民主果实的民主主义者虽然不得不接受民主政治建立在大众政治基础上这一事实，但却可能

---

[1] 转引自[英]迈克尔·欧克肖特:《政治中的理性主义》,张汝伦译,上海译文出版社,2003 年,第 109 页。需要指出的是,欧克肖特紧接着又指出:"虽然它们(过去、现在与未来)的一个或另一个优势可能实际占上风,没有一个一直占支配地位,因此我们是自由的。"这与精英民主理论整体上倾向肯定传统的观点还是有所差异的。

塑造出一种在最大限度上有利于自己的民主政治形态。对于西方民主理论的发展而言，精英民主理论提出的这一论断可谓功莫大焉。从某种意义上讲，也正是因为资产阶级对自己完全具备应对和掌控大众民主浪潮的能力确立了充分的自信，才使西方民主理论的主流不至于滑向极端的、赤裸裸的保守主义。尽管这可能并非精英民主理论家(特别是一些早期精英主义理论家)的初衷，但从其客观后果来看，资产阶级统治集团对民主政治不致感到彻底绝望也确实保证了经历自由主义危机的西方民主从一个至少是略高于谷底的水平上复苏重生。

从本质上说，精英民主理论对理性主义民主观的反对并不意味着它们要用非理性与不可知论来完全取代理性主义的地位。它们所批评的，其实是一种对理性主义的滥用。在精英民主理论家们看来，西方自由主义代议制民主会在19世纪末20世纪初遭遇那样一场全面的危机，其根本原因就在于19世纪以前的传统自由主义者并没有给予人们一种理性的民主观：他们只告诉人们民主政治是一个好东西，却没有告诉人们"民主泛滥"的危险；他们只告诉人们民主政治能带来什么好处，却没有告诉人们民主不能承担哪些职能。最为严重的是，他们忽略了民主实现可能性的局限，从而直接导致了为"不断革命"理性动员起来的大众在推动民主"跨越式发展"的过程中冲击了现代文明的传统根基。而精英民主理论所要做的，就是作为"自由主义启蒙思想的一种全面的反潮流"①，重塑一种理性的有限民主观。

当然，对于时下关心民主问题的人们而言，传统自由主义过度理性主义的缺憾已经不成其为一个现实的问题了，但在理性主义民主观泛滥的时代，曾以反潮流者面目出现的精英民主理论的许多看法，仍然对于今人确立一种更客观、理性的民主观不无启示意义。具体而言，这些启示主要包括：

其一，应当把民主政治视为人类政治发展史的一个有机组成部分。毋庸

①　[德]卡尔·曼海姆：《保守主义》，李朝晖、牟健君译，译林出版社，2002年，第101页。

讳言，民主政治的兴起从权力结构和价值理念方面都意味着对传统政治形式的反动，但片面地夸大这两种政治形式之间的落差只会导致人们对自身创造历史的理性产生一种不切实际的自信。与人们通常的印象不同，在绝大多数精英民主理论家那里，①其实从来都没有否定过民主政治相对于传统政治的进步性，但比起将民主作为一种全新的政治形式，他们更愿意将其视为一种人类政治自然"进化"的结果。西方民主政治一波三折的发展史无时不在告诫着人们，试图完全割裂现实民主与传统政治的联系所带来的，只可能是传统势力在短暂的民主浪潮过后的更强回潮，而人为造成的传统与现实的剧烈碰撞往往只能塑造出一种现实与传统扭曲交错的政治形态。因此，民主就不仅仅意味着破坏和创造，还不乏传承与改良的内容。

　　一部精英民主理论的发展演变史，其实也就是一部在理想价值的民主与作为现实实践的民主、规范性民主与经验性民主、实质性民主与程序性民主、古典民主与现代民主，以及民主价值体系中各因素之间不断寻找平衡点的历史。②客观地说，在民主政治的草创年代，这种以推崇平衡原则、注重现实与传统必然联系的学说是不可能占据主流的，无论是西方国家还是广大后发现代化国家，民主政治发展的进程往往都走过了一条激情过后的冷静反思之路，但这并不意味着这种在"不可能学习的历史中"的学习就是毫无意义的。恰恰相反，当民主政治的根基基本稳固以后，如果能尽快地实现从打碎一个旧世界的亢奋状态到利用好每一块废墟上的可用之材建设一个新世界状态的转换，对于确保民主政治本身的健康发展也将是不无裨益的。

---

　　①　在极少数精英主义理论家，如勒庞等人那里，也确实出现了用渲染民主时代的悲剧来事实抹杀民主政治进步性的观点，但这毕竟不是精英民主理论的主流。

　　②　国内有学者指出，精英民主理论的实质就是："不管给出多少的条件或前提，都指向这样的一个关键性的问题：寻找民主的理想、价值与民主的实际运作、民主、自由与权威、精英的有效治理与大众的参与等之间的平衡。"参见郎友兴：《精英与民主——西方精英民主理论述评》，《浙江学刊》，2003 年第 6 期。

其二，应当将民主视为具有动态性的体系。单就理论层面的民主而言，以精英民主理论为代表的民主阵营内反对派的出现，无意中证明了西方民主并不是可以简单的由一个理论、一个模式所能指代的，整个西方民主理论始终都在伴随政治实践的发展和理论家思想的演进而处于一个动态性的发展过程中。对于试图从西方民主理论中寻找某些可供借鉴经验的人们来说，没有充分估计到这一体系的复杂性和动态性，而只是截取特定思想家特定时期的只言片语来获得支撑其民主信仰的知识是毫不足取的。因为这既是一种无视历史真实性和全面性的思想惰性的流露，也是对所有尽力维护民主一词严肃意义思想家劳动的不尊重。更严重的是，这种确信唯一正确的民主观将复制出一批根据教条盲动的伪民主主义者，从而将现实中的民主政治发展引入渐行渐窄的绝路。就此而言，以精英民主理论这样的批判之镜还原出西方民主理论作为一个庞杂多变而又充满着内在矛盾的真实存在，对于我们本着尽可能客观的态度从西方民主理论的完整体系中吸取营养是十分必要的。

其三，应当关注具体民主政体内部的权力配置结构。精英民主理论研究的一个重要特点就是绝不停留在纯粹的价值领域抽象地讨论民主。比照对民主应然状态的研究，精英民主理论家们显然对于民主政治的实然状态更感兴趣，而这种兴趣就集中反映在对民主政治中政治权力结构和政治过程实质的关注上。正如上文概括的那样，精英民主理论家们认为，决定民主实质的并不是夸夸其谈的意识形态宣传，也不是一般性的民主制度，而是在具体的民主政治体中由哪些阶层中的哪些成员控制了多大的政治权力。在研究中，他们总结出了现实民主政治中的两个关键词，一是"精英"，二是"组织"，而这两个概念都是在围绕着政治权力分配的互动中展现其动态性的。理所当然的，根据这两个关键词所引导的研究也只能是对现实民主政治的一种批判性研究。通过大量的实证性批判，精英民主理论家发现，时下可供人们选择的几种民主政治形态都是存在缺陷的：

①古典民主。其实质不过是小规模政治共同体中极少数精英（就当时而言是指公民）享有相对平等的政治权利，[①]对于不得不应对政治共同体内所有成员民主诉求的现代民主政治而言，这种权利配置结构并无多少借鉴意义。

②自由主义代议制民主。在精英民主理论发展的早期阶段，代议制民主的虚伪性和矛盾性一度成为精英民主理论家们重点揭批的内容，尽管他们并没有作出代议制民主就是一种民主"伪钞"的论断，但至少表明代议制民主政体内的政治权力结构配置并不总是符合民主原则的。

③大众民主。就其实质而言，对大众民主的反对才是精英民主理论立论的根本目的所在。如同前文所述，一代代理论家曾不吝笔墨地描绘出盲动的大众民主经由参与泛滥的冲动到成为寡头集团玩物的自我毁灭图卷。很显然，他们对于一味强调大众直接参与和人民直接统治的民主形式也是缺乏足够认同的。

在解析了上述三种民主形式缺陷的基础上，精英民主理论提出了一种经由人民同意授权的、合法的精英统治的民主设想，其背后的潜台词可以被理解为：民主政治其实只能在一个由精英实际支配的状态下才可能缓慢地成长。这一结论即使对于并不准备接受竞争性选举民主这种单一民主模式的人们而言也不是毫无意义的。通过精英民主理论对现实民主政治的解析，我们至少可以发现这样一条规律，即民主发展的现实过程是充满矛盾和自我否定的过程，在许多情况下，"民主的原则必须在不那么'民主'的基础上产生"[②]，这固然是一种民主政治的悖论，却也可能是人们改进、发展民主政治的唯一现实之路。

其四，不应忽略民主政治内部滋生的反民主因素。精英民主理论相对于

---

①　熊彼特、萨托利和达尔等人都对古典民主的实质有所论述。参见［美］乔·萨托利：《民主新论》，冯克利、阎克文译，东方出版社，1998 年，第一卷第四章。

②　陈晓律：《从古典民主到大众民主——兼评理查德·伯拉米的〈重新思考自由主义〉》，《南京大学学报》（哲学社会科学版），2004 年第 2 期。

古典精英理论的一个重大超越就在于，它不是简单地论证精英统治的应然性，而是在看似与其截然对立的民主政治的体系内发现精英政治的生长空间。①诚然，精英民主理论家们并不是怀着那么单纯的动机来揭露精英统治原则、寡头统治铁律等以民主的名义反对民主因素的存在的，但对于信仰民主主义的人们而言，它所造成的两面效果却同当年马基雅维利政治思想的影响有着异曲同工之妙：尽管后者有关"狐狸与狮子"的学说颇得一部分热衷权术的专制君主的青睐，但他为了"教育"君主而让那些本不足为外人道的阴谋诡计暴露在人民的视野中，却也在无形中剥下了笼罩在君主权力之外的最后一层神圣外衣。如此一来，尽管马基雅维利主观上期待的是一位强有力的专制君主复兴意大利，但事实上却是那些既受到其爱国主义情绪鼓舞，又对专制君主本性有着深刻了解的共和主义者②和普通民众最终实现了他统一国家、振兴民族的宏愿。因此，理论界将马基雅维利称之为"共和主义者的导师"丝毫也不为过。

同理，精英民主理论家们批判陷入瘫痪的西方代议制民主缺陷的目的并不是指向给予大众更多的民主，然而他们对自由主义民主虚伪性的种种揭露，以及对大众民主形式中可能出现的背离民主原则倾向的关注，都提醒了那些致力于让更多人享有更多民主的斗争者们对资产阶级统治集团和自身组织内部的寡头倾向时时保持警惕，而这样做的必然结果就是给予了民主政治在现实世界不断创新完善的不竭动力。从这个意义上讲，原本无意于发展大众民主的理论家们也可以算得上是"失之东隅，收之桑榆"了。

其五，精英民主理论对于民主前景的看法也不无启示意义。在对民主前景的认识上，精英民主理论所呈现的是一种与对民主发展充满激情的时代氛围格格不入的态度。在精英民主理论家们浩瀚的理论论述中，大概没有一

---

① 在本书前几章内容中对此问题已有详细论述，在此就不再重复一些具体论断。

② 如意大利的烧炭党人和意大利青年党人。

段更简洁的论述，可以比米歇尔斯以下的一段文字更能反映出精英民主理论对于民主政治理想复杂纠结的情感：

> 民主的历史潮流滚滚向前。它总是在同一浅滩中断，但总能得到更新。这种艰难跋涉的场景既让人鼓舞，同时却又令人沮丧。当民主发展到某一阶段，它便逐步发生转变，具有了某种贵族气质，甚至在许多情况下采取了贵族统治形式，而后者正是民主制所极力反对的。如今，新的控诉者站出来揭露背叛者；在经历了一场壮烈的斗争和与阴险的统治者斗争之后，他们最终与旧的统治阶级同流合污；于是，又该轮到他们自己遭受同样打着民主旗号的对手的攻击，也许这种残酷的游戏永远不会有个完结。[①]

很显然，精英民主理论家们在此郑重地提出了一个民主可能失败的问题，而这一问题恰恰是许多民主主义者所未能意识到的。实践证明，对于民主失败的可能性缺乏估计的民主主义者往往会经常地受到来自民主对立面和自我否定意识的双重压力，而如果能预先充分估计到现实民主政治建设的极度复杂性，则将显著增强民主主义者在应对民主发展中可能出现的反复情况和其他挑战时的承受力。

与此同时，民主失败问题的提出也直接对整个西方民主理论体系的丰富完善产生了积极影响，推动了民主理论其他学派的进一步发展。如上所述，精英主义政治理论的出现不啻在传统民主理论高歌猛进的道路上泼出的一盆冷水，使一部分推崇西方民主价值的学者开始从盲目的乐观和自信情绪中冷静下来。人们发现，其实传统民主理论的发展远未达到完善的程

---

① ［德］罗伯特·米歇尔斯：《寡头统治铁律——现代民主制度中的政党社会学》，任军锋等译，天津人民出版社，2003年，第358页。

度,那种近代以来形成的,主要依靠自由主义政治哲学论证的民主理论在实践中的合理性和有效性都面临着来自非民主政治现实原则的巨大挑战。如果不能对理想民主与现实民主之间的落差作出合理的解释,那么民主政治的发展前景无疑将是岌岌可危的。于是,在精英主义民主理论的示警下,一些学者及时调整了民主理论研究的方向,开始更关注那些运用政治科学方法的实证问题,并在不同程度上或是吸收借鉴,或是批评反驳精英民主理论的体系和观点。可以说,精英民主理论在引导后来的民主研究步入适应时代潮流正轨的过程中是功不可没的。

其六,对于后发现代化国家民主建设的启示。对于直接跨入大众民主政治时代的广大发展中国家而言,民主建设中如何处理好精英与大众的关系,如何尽量减少民主发展的成本,以至于如何避免民主失败问题等,都不仅关系到民主政治的生存与巩固,而且影响到这些国家长期的政治发展。比如,精英民主理论注意到了民主政治时代里政治秩序和政治共同体剧烈变迁的可能性。这主要是源于特定精英的统治是有可能被颠覆替代的。尽管在精英民主理论理想的政治体系中,合格的精英应该具备对自身合法性的坚定信仰,政治现实主义与理想主义的完美结合,坚决果断行动的品质,实现意识形态与政治组织资源的高度整合以作为其合法性的坚实基础,但这只不过是一种理想状态。在现实中,由于原有统治阶级能力下降和资源丧失,完全有可能出现统治秩序改变的情况。而且由于统治阶级自身的组织缺陷,使得每一个政治组织都不可避免地蕴含了统治阶级兴衰更替的必然法则。

针对这些问题,精英民主理论家的主要建议是:统治阶级必须始终保持自身的精英特性,并随时对来自其他阶层的价值观和行为模式对自身特质的侵蚀保持足够的警觉。他们还更进一步指出,精英兴衰循环规律的一个重要内容,就在于政治体内统治阶级所奉行的政治原则、价值观等与社会主流政治原则、价值观之间的落差,往往可以被作为衡量该政治体稳定程度的一条重要标准。考察这一标准，就可以对特定统治集团的命运作出预测。[①]精英民主理论对于精英在政治发展和政治变革中作用的推崇提醒了那些正处于政治变革和后发现代化国家的人们，在促进民主政治发展的过程中，没有必要也没有可能将精英同大众对立起来，而是应该正视精英不可替代的重要作用，在培养一个较好地认同民主原则的精英阶层的同时，探索制约其寡头化的蜕变倾向的方法。与此同时，精英民主理论家们对剧烈变革的警惕态度也提示我们，在民主进步的过程中，也应该很好地考虑民主发展成本的问题。特别是当面临着推进民主发展的舆论压力[②]同现阶段政治系统和社会资源所能提供的条件之间存在较大落差时，掌握重大政治事务决定权的集团和个人就更有必要始终保持清醒的头脑，最大限度地防止一种始于掌权集团的衰弱与瘫痪，终于其同民主政治的理想同归于尽的悲剧的发生。

其七，防止泛政治化、泛民主化现象的出现。这实际上与上述第二个启示，即民主的动态性问题紧密相关，因为就民主的实践动态性而言，它表现为民主功能的边界和民主赖以生存的具体政治模式基础不是僵化不变的。抛开后一个问题不谈，[③]精英民主理论家虽然没有直接讨论民主功能的边界问题，但他们的某些具体理论仍然可以启示我们思考这一问题。比如，从另一个角度来理解精英民主理论对大众民主的排斥以及对公共领域和私人领

---

① 国内外都有大量直接采用了精英民主理论的民主化问题研究实例。其中，自 20 世纪 70 年代对所谓威权主义政体转型的预测后，又出现了大量对苏联(俄罗斯)、印度和中国"民主化"前景的预测。然而由于精英民主理论的主要功能在于解释而非预测，因此那些直接套用了精英民主理论及其衍生理论的一些既有模型，用以对一些发展中国家民主化前景的预测往往是不够准确的。

② 此处之所以使用推进民主的舆论压力这一提法，是为了说明在许多后发现代化国家中，所谓"民主化运动"不是自然而然发生的，而是被某些群体出于特定的目的制造出来的，受其推动主体主观意愿的引导，这些被民主化进程的最终指向往往并不是真正的民主政治。

③ 因为当代的主流精英民主理论其实已经基本上背离了质疑单一民主模式的原则。

域分野的强调，^①去除其贬低大众理性能力和恐惧大众参与的陈词滥调，这其实也是在客观上提醒人们，放任泛政治化、泛民主化现象的蔓延是不利于民主的健康发展的。现代化给所有国家政权提出的挑战本身是客观存在的，后者对自身的不断调适也是一个客观的过程，而泛政治化和泛民主化的出现则可能打断这一渐进进程。在那种局面下，所有的经济社会问题都被无限放大并上纲上线，"体制"或"制度"的根本缺陷成为唯一的解释，不但大大增加了政府和社会两方面的维稳成本，而且也丝毫无助于解决任何现实问题。因为用一个笼统答案回答一切具体问题的解释实际上等于放弃作出负责的解释，不分青红皂白地将所有责任归咎于某一政治主体、某一意识形态或某一政治制度的做法，同我们曾经出现过的那种用"阶级敌人的破坏"来解释一切具体问题的做法并无任何本质区别。

泛政治化和泛民主化的社会往往会成为玩忽职守者的避风港和反体制阴谋家的乐园，而且一旦塑造出相应的政治文化环境，要改造和摆脱其消极影响的过程又将是极为漫长和艰难的。事实上，这种乱政也确实在二战后许多被西方民主化了的后发现代化国家中日益成为一种消极的常态。从民主政治的长远发展看，这不仅背离了民主政治保障大众权益的初衷，而且也严重地损害了民主一词的严肃性及声誉，其结果当然是有百弊而无一利的。因此，从否定和应对泛政治化的层面来理解和运用精英民主理论的思想对于民主政治的稳定发展是十分有意义的。

总而言之，精英民主理论产生、发展和演变的历程正是民主理论研究的现代转型的一个缩影，无论是在体现政治哲学向政治科学研究思路与方法的转变的意义上，还是在挑战传统自由民主理论的垄断地位，启发对于民主

---

① 与并非精英主义者的阿伦特类似，包括萨托利、雷蒙·阿隆等在内的许多理论家也提出了去除现代化对民主政治的异化，复兴公共领域生活的主张。与此同时，他们又在几乎同等重要的意义上强调了对私人领域中某些自由原则加强保障的意义。

多元化思考的意义上，精英民主理论作为一个新时代标志的地位和价值都是不容抹杀的。自精英民主理论诞生以来，作为自由主义政治哲学支撑的选举民主的重要性下降，而政策民主的研究空间则得到了相应的拓展。同时，精英民主理论还在西方民主理论发展史上起到了不可替代的承前启后的作用。具体表现在：通过对其与其他民主理论关系问题的探讨，不难发现，无论是遭到精英民主理论强烈质疑与挑战的自由民主理论，还是后来新兴的其他民主理论，其时下的发展形态中都有意无意地隐含了对精英民主理论基本命题的正面或负面回应的内容。

对当下的民主问题研究者而言，精英民主理论所涉及的基本判断、所提出的基本问题恐怕都是难以回避的。这也意味着，精英主义在构成对传统民主理论的挑战与冲击的同时，也为在一个新的基础上重建对民主价值的信心创造了条件。与之相关，精英民主理论还启发了对于政治学领域内一系列相关问题的研究，如行政管理与政策科学研究、政治文化研究、政治发展问题研究等，并产生了一系列以之为观点或方法论前提的具体理论成果（如威权主义理论等），从而极大地丰富了政治学学科体系的内容。当然，从一个更长的历史周期上看，精英民主理论也仅仅是起到了丰富西方民主理论体系的作用，在多数情况下它并不能完全替代包括自由主义、社会主义、多元主义在内的其他视角。理论上的祛魅始于知识分子本身，但其最终落脚点却在那些不掌握话语权的普通大众那里。对于后者而言，如何既充分利用知识界的多元成果来扩展自己的视野，而又不成为特定观点的俘虏，才是决定民主政治是否能有一个崭新未来的关键所在。

（二）引入实证研究范式

从某种意义上讲，精英民主理论体系中最有价值的部分并非其具体观点，而在于它尝试开创出一种观察、分析和解释民主的科学实证的研究范式。然而遗憾的是,在精英民主理论的发展中,随着批判性的弱化和逐渐演变成一种为保守主义现实解释辩护的学说,人们更多地关注了它作为西方主流民主学说支柱的偏理论方面的意义,却无形中忽视了运用和发展精英民主理论提出的实证方法来开拓民主问题研究新思路的价值。对于那些并不打算全盘接受精英民主理论民主观的人们而言,除了吸取精英民主理论具体观念体系的营养之外,重新发现精英民主理论的关键点还在于它所带来的民主问题研究范式的变革。具体地说,在运用精英民主理论工具对民主问题的研究中,贯穿始终的是一种对实践理性的推崇和追求政治学研究科学化的努力,而这对于希望尽可能把握民主政治全貌的人们来说都是不可或缺的理论品质。

正如前文所述,精英民主理论的历史观并不是一种完全僵化、反对进步的历史观。就绝大多数精英民主理论家而言,他们所秉持的其实是一种历史在缓慢渐进的进化中自我完善的观点,这就决定了在精英民主理论的体系中看不到多少是古非今或者是简单循环的历史观的痕迹,与一些过分沉迷于非实证的政治哲学中无法自拔的学者相比,这种历史观无疑是进步的。同时,不少精英民主理论家又试图驱除纷繁复杂的历史迷雾,在引证大量史实的基础上,致力于发现贯穿整个人类政治史的核心问题,从而揭示一种带有普遍性的规律。就精英民主理论自身而言,这个规律的核心问题最终落脚于大众时代民主的政治组织基础问题,进而具体化为统治阶级内部组织结构的问题。在这个核心引导下,精英民主理论得以将整个人类政治发展史都纳入到围绕旧统治阶级衰落和新统治阶级兴起的解释框架中。从某种意义上讲,尽管与马克思主义存在着事实上的对立关系,但精英民主理论超越一般政治现象的表征去探索一以贯之的宏观层面规律性内容的努力仍然是值得肯定的。此外,精英民主理论历史观的动态性还表现在,较之机械的系统论(其重大弊端之一就是不能很好地解释看似坚如磐石的政治系统如何走向瓦解崩溃），它所具有的解释精英循环更替的理论内容显然增强了其理论的全面性和说服力。

在对民主问题的实证研究中，精英民主理论家们十分注重现实社会政治条件对于发展民主的可能影响。从本质上看，这也就是一种代表了科学化和现实主义取向的研究范式。在精英民主理论的解释体系中，无论是对于政治历史的分析，还是对于政治制度和政治现象的具体解释，都是建立在对相应的时代政治、社会条件的解析基础上的。

这种注重现实社会政治条件的研究法，首先就自然地反映在了精英民主理论对统治精英存在必要性的论证中。在探索统治阶级进行统治的内部机制时，一些精英民主理论家认为，每一个时代统治阶级道德水平的应然状态都取决于特定的社会条件，不能低于也不可能超过社会平均水平太多。[①]统治阶级所奉行的统治方法，也必须建立在同时代的主流政治价值取向的前提下。对于精英民主理论而言，首要价值取向的前提就是民主制度的普遍扩张。这也就意味着，无论一个政治体内寡头政治倾向的程度如何，其统治阶级都不能公开地对抗民主价值观，赤裸裸地将实践中的统治原则大白于天下。并且从更客观一些的角度看，不管这种对民主的拥护是出自真心还是假意，它都意味着统治阶级在统治方法上或多或少地吸收了民主的原则。值得肯定的是，这种在精英统治与民主政治间架设联系桥梁的做法，并不完全是出于理论家的主观设计，而是有着深厚的历史和实证研究作坚实基础的。

与此同时，一些精英民主理论家也明确提出了要依靠历史学、统计学和经济学等材料来实证地研究政治现象。这在很大程度上符合了19世纪末20世纪初以社会学兴起为代表的社会科学科学化、系统化的发展方向。在从传统的偏重政治哲学的研究向重视政治科学的研究的转向中，以莫斯卡、帕累

---

① 参见［意］加塔诺·莫斯卡：《统治阶级（〈政治科学原理〉）》，贾鹤鹏译，译林出版社，2002年，第一章。

托、米歇尔斯等人为代表的精英主义政治学者们做出了应有的贡献这一点是不可否认的。当然,同时需要注意的是,他们所重视的现实条件往往偏重于政治组织方面,相对而言,经济因素在影响政治变迁因素的重要性序列中并不居于靠前的位置。在多数精英民主理论家那里,对马克思主义唯物史观的理解是相当片面的,他们往往毫不掩饰对马克思主义强调经济动因的强烈反感(尽管他们也声称自己并不打算否定经济因素的作用),相对的,他们不仅更重视政治领域中权力结构配置的问题,而且也经常强调诸如意识形态、政治文化等方面因素可能发挥的重大影响。

相对于传统自由主义,精英民主理论研究范式在对研究者立场的认识上也形成了一些独到见解。在莫斯卡、韦伯等人看来,每一个政治科学的研究者都应该做到尽量客观地解读历史,最大限度地降低研究者的个人因素(尤其是情感因素)对解读过程的误导。从根本上说,他们认为,与政治科学配套的应该是一种告别了传统道德感和鲜明价值取向的政治哲学,这从一个侧面也反映了政治学研究者由纯粹"思想家的思想"的研究者向政治观察家和研究者身份的转变。

当然,精英民主理论运用实证研究方法的最成功之处还不仅限于对现实民主政治的批判性解构,而是更多地体现在对陷入困境的民主决策模型的解救方面。经二战后从事实证研究的一批精英民主理论家之手,精英决策模型的现实性开始逐渐得到确证。大量实证分析证明,在排除了人民直接统治和决定一切事务选项的前提下,民主社会的政治决策仍然无法回避精英对于政策过程产生的重要影响。如此,政策问题的重心就不再纠缠于民众是否具备直接处理大部分事务的能力,而是转移到如何建立一种足够开放和充分认同民主政治原则的精英体系,以及有效地监督制约这一体系力量的方面上来。

从某种程度上说,精英民主理论的政治观首先就是一种以管理和统治为核心的政治观,其核心的政治原理可以用一句话来简单概括,那就是少数人统治,多数人被管理。精英民主理论自诞生以来之所以备受争议,很大一部分原因就在于无论如何修饰弥合,上述铁律与民主政治的本质原则之间总是难以完全磨合。但如果我们换一个思路,将精英民主理论的这套思路放在社会管理领域内加以应用,就会发现其同管理学的通则是大致吻合的。与确立了民主价值观的政治过程相比,现代管理过程中的民主因素的加入并不能动摇少数人管理的基本原则,因此精英民主理论在政策领域中做出贡献也就是顺理成章之事了。

总而言之,精英民主理论所推崇的实证地分析民主问题的研究范式顺应了整个社会科学研究方法变迁的潮流。从后果来看,研究方法趋于客观、理性、系统、科学(当然这可能只是一个无限接近的进程),使得对民主问题的讨论得以在比较近似的话语平台上展开,而精英民主理论所归纳的政治科学的研究方法在这一点上所做出的贡献无疑也是具有开创性的。

二、精英民主理论的主要缺陷

在西方民主理论的完整谱系中,精英民主理论在不同时期分别扮演了自由主义民主的批判者、盟友和辩护者的角色,同现代自由主义、多元主义、参与民主、协商民主、激进民主等其他多元化时代的西方民主理论一道,促进了西方民主理论在 20 世纪的重大转型。无论是其拥护者还是反对者,恐怕都不得不在 20 世纪西方民主史的卷册中为精英民主理论留下一笔。然而同所有其他西方民主理论一样,精英民主理论的产生、发展与演变既是作为整体的西方民主理论内在逻辑发展规律的必然结果,又是特定历史时代和社会经济条件下的产物,既契合了政治科学研究范式的发展,又时时体现出其理论家鲜明的价值取向。更为重要的是,在西方民主阵营中,精英民主理论经历了从批判者到建构者的角色转化过程。从结果上看，上述这种内在的双重理论特质使得精英民主理论的优点和缺点显得同样突出。

(一)保守的政治立场

毫无疑问，就整体而言精英民主理论应该被划入保守主义的思想阵营。虽然如前文所述，这种主张反思进步的保守主义并不总是意味着对自由主义或其他西方民主理论的反动，在特定情况和某种程度上它甚至也可能成为一种维持政治稳定和平衡、制约激进主义副作用的健康因素，但依据功过两不相抵的客观原则，我们也没有必要夸大作为保守主义一员的精英民主理论的积极影响。

如前文所述，一方面，就其理论来源而言，精英民主理论主要脱胎于传统自由主义和保守主义这西方政治思想体系中的两大传统。尽管它试图标榜自己为一种有别于以往任何传统理论的独特价值，但在其讨论、坚持政治哲学的基本价值问题和其所能设想出的制度设计方案这两个核心领域里，创造性的一点灵光仍然始终笼罩在西方传统民主思想的阴影之下。客观地说，受其价值立场和研究目的的双重束缚，精英民主理论在相当程度上只是成了自由主义民主理论的一种补充，它还远未发展到迈出超越甚至替代后者传统的坚实一步。另一方面，在精英民主理论家们所描绘的人类民主政治史图景中，人类的民主政治发展进程总是表现出进一步退两步，或至少是逡巡不前的趋势。这固然是由他们过分夸大了现代民主制中存在的寡头倾向的影响所带来的一种悲观主义世界观所致，但更重要的原因还应该追溯到其政治立场方面的局限性上。

显而易见，精英民主理论始终是站在成为西方民主政治既得利益者的那部分资产阶级精英的一边的。根据这一前提所提供的线索，关于精英民主理论家们为什么始终对群众的理性抱有一种深刻的不信任态度，为什么要不遗余力地攻击大众民主的理论和实践，以及为什么要否定民主的多样性和更大的发展可能性等问题，就都可以得到非常合理的解释了。同理，保守主义的天然思想惰性大约也只能作为精英民主理论恐惧和排斥新事物、新制度的一个表面原因，站在旁观立场上的研究者们，还应该更进一步地剖析一些纯粹的学术领域之外的深层问题。

在其理论体系中，其实随处可见精英民主理论这种为既得利益者立言的痕迹。正像早期精英主义者们所主张的那样，当自由主义代议制民主遭遇瘫痪危机和大众民主的压力时，资产阶级统治精英绝不应当放弃捍卫自己核心价值体系的坚定决心，也绝不应当在吸食诸如人道主义这类精神鸦片的过程中，将自己在意识形态方面的优越地位拱手让给其社会主义敌人。相反，为了捍卫资产阶级私有制①及其相应的政治统治地位，精英集团们必须振作斗志，利用国家机器给予对手坚决的打击，甚至暂时撕下自由和人权的温情面纱也在所不惜。就此而言，精英民主理论对资产阶级统治的忠诚显然是不容置疑的。从某种意义上讲，也正是由于其冒着被指斥为反民主意识形态的危险，说出了资产阶级统治精英想说而不敢说、不能说的政治主张，才使得资产阶级民主度过了 20 世纪初的那场危机。尽管在此过程中，经由这种保守主义立场的极端发展而最终释放出的法西斯主义——这一资产阶级利益的终极捍卫者——所带来的政治代价实在是太过巨大了，以至于在危机过后的相当一段时期内，精英民主理论需要单独地为资产阶级统治精英的整体反动背负起替罪的十字架。

这种政治立场的局限性也同样反映在精英民主理论关于一些具体问题的论述过程中。比如，在各个时期的观点体系中，对反体制精英的精彩评析历来都是精英民主理论最引人注目的理论特色之一。但受到时代和政治立

---

① 当然，精英主义者们很聪明地在私有制后加上了个人自由的内容，尽管结合其反大众民主的具体政治主张来看，他们对处理这方面事务始终是抱着一种半心半意的暧昧态度。

场方面的局限性影响，精英民主理论家在论述这一问题时更多地把批判的矛头指向了社会主义立场的反体制者，而对那些打着自由民主旗号的反体制精英不无偏袒。比如，同样是涉及知识分子问题，以萨托利、雷蒙·阿隆为代表的保守主义取向的理论家对所谓"左派"知识分子的苛责远远大于对右派知识分子的批评，这显然是有悖于一种批判性理论的公允性的。这种双重标准的问题随着精英民主理论向主流的回归和冷战的结束而变得越发突出。不止一次的，融入主流的精英民主理论的拥护者们在西方世界推广普世民主的过程中扮演了助长颠覆与破坏后发现代化国家政治发展进程的不光彩角色。曾被作为反代议制民主得力工具的理论，如今却在推广和建立西方代议制民主的实践领域中如鱼得水，这不能不说是民主理论发展史上的一个绝妙讽刺。

又如，其实早在早期精英主义理论家们那里，就已经在理论上系统地提出了反对运用种族、血缘、地理等非主导型因素进行研究的主张。但在实践中，每一代理论家仍然会或多或少地违背自己设定的客观理性地分析问题的原则，使学术的科学性成为自身固有的政治立场的牺牲品。比如，特别是在早期精英主义政治学者的论述中，仍然自觉不自觉地流露出一些已被自己摒弃的研究工具——如种族主义、机械进化论等的影响。一个突出反映就是这些学者们多数都体现出了强烈的欧洲中心主义价值观，对亚洲、东方世界的认识失之简单化。同时，在运用政治社会学的思维考察现实社会政治条件对于政治进程的影响时，他们又往往过于强调政治原则、宗教信仰等这些纯粹的政治因素对于人类历史进程的影响，相应的对经济因素等则重视不够。因此，精英民主理论的政治科学研究方法应该说还是一种不够全面、不够彻底的政治科学研究法。

再如，在多数暴政的问题上，精英民主理论实际上始终无法摆脱内在逻辑矛盾的阴影。根据精英统治渗透到一切政治形态中、导致一切组织和统治权最终都掌握在精英手中的原理，可以认为是根本不存在所谓的多数暴政的,不少精英民主理论家也不惜笔墨地用大量实证案例证明,以大众的名义进行的斗争和审判等，本质上都可以归之于少数精英盗用大众之名来反对另一部分精英。也就是说，多数暴政充其量不过是少数暴政的表现形式之一,后者才是唯一的真实。但另一方面,所有持保守主义观点的精英民主理论家又都认为，应该防止大众滥用他们的权力来发展一种可能危及少数人自由①的暴政形态。值得注意的是,在精英民主理论体系中,对这种多数人暴政危害的论证并不像对精英统治原理的论证那样始终依赖于实证研究的坚强支持。那些空洞地照搬自由主义陈词滥调的言论自不必言,即使是有限的列举多数暴政"血淋淋事实"的材料也完全可以用精英民主理论所创造出的少数暴政的模型来解释。也就是说,至少在方法论的意义上,精英民主理论无意间出现了用两种彼此矛盾的模型解释同一事物的漏洞，这种现象集中出现在转型后的精英民主理论体系中，也说明了一种民主理论在经历从边缘到主流的回归过程中,不得不吸收原本与自己原则不相容的观念内容,很可能导致在其理论体系内部出现核心原则与一般原则、理论演绎与实证方法之间的断裂和冲突。

当然，造成这种断裂和冲突的最根本原因还在于精英民主理论必须站在资产阶级统治精英集团的立场上来看待问题，这种立场不仅妨碍了其修补理论体系内在矛盾的努力，而且也不可能导向一种真正及时关注现实政治动态的研究。比如,在清醒地看到保守的寡头传统不但十分顽固,而且有可能得到大众政治时代新工具的有力支持的同时,精英民主理论却在相当程度上忽略了现代社会里制约寡头政治的力量也在同步增长。没能恰当地把握精英政治与大众政治同步发展、博弈均衡的特点，也显然限制了它对 20 世纪民主政治的发展完善做出更多建构性的贡献。当然，从一个侧面看，这也反

---

① 当然,一些精英民主理论家认为其最终的结果是大众彻底成为自身暴政的奴隶。

映出精英民主理论对其政治立场的坚定态度。为了维护根本原则,精英民主理论家们在必要的情况下完全可以毫不顾忌地将曾被自己奉为政治学研究不二法则的科学精神弃若敝屣。

不过,与萨托利某些情境下近于无理狡辩的表述不同,精英民主理论家(尤其是当代主流的精英民主理论家)并不会愚蠢到以直白地表述"精英的主要作用是扯群众的后腿,阻止他们受到至善论的诱惑和陷入煽动家的圈套"、群众是"堕落的"、"选举的目的不是加强民主"以及"正确的做法不在于教育选民,努力向他们反复灌输有利于选举更有资格的领袖的更高标准……"①这样的观点来宣示其捍卫资产阶级既得利益统治精英的立场,但就其客观影响范围和后果来看,精英民主理论确实向它的受众(不管是精英还是大众)传达了一种推崇精英和蔑视大众的民主观。这是一种积极防御的民主观,它的主要防御手法之一,就是在对手还没有建立其系统理论和聚集现实力量将理想付诸实践之前,就向所有人宣布对手目标的愚不可及及其必然失败的最终命运。因此,尽管笔者并不认为精英民主理论具有多少反民主性质,但同时也必须指出,它所捍卫和倡导的民主只不过是当代西方自由主义民主中一种最为保守的形态,一种将民主探索和创新可能性局限在最小范围内的形态。这种由过分保守的政治立场所造成的理论局限性,也决定了当代的精英民主理论必然实现对日益保守的主流自由主义传统的回归。当然,如同前文所述,这首先要归因于西方自由主义民主理论整体上的趋向保守反动,而精英民主理论政治立场本质的逐渐鲜明只不过是这一宏观时代背景的一个小小缩影罢了。

当然,以过于偏执的政治立场为出发点的民主理论终究难以逃过实践检验法则的惩罚。事实上,精英民主理论,特别是早期精英主义政治理论在其实践运用过程中,在明确宣示自身政治立场的同时,也使自身理论的科学

---

① 参见[美]乔·萨托利:《民主新论》,冯克利、阎克文译,东方出版社,1998年,第181页。

性成了保守主义政治立场的牺牲品。在精英主义学者们普遍推崇有序政治统治秩序的价值的大前提下，反对无政府主义是自然而然的结果；同样的，他们也普遍地反对马克思主义和社会民主主义，并认为这两者是对现行政治社会秩序的巨大威胁。于是，在他们所期望的统治阶级的应然素质中，就出现了坚定对自身价值的信仰，并果断地抵抗和镇压社会主义思潮的内容。应该说，精英主义政治学者们对西方民主在 20 世纪里将面临的前所未有的挑战近乎先知先觉。然而敏锐地预见问题还不是关键所在，早期精英主义理论的悲剧就在于它虽然预见了问题，但在寻找问题症结的环节上却"差之毫厘，失之千里"。令莫斯卡等人始料未及的是，当某些国家的统治阶级真的开始表现出他们完全能够胜任这种秩序维护者角色的时候，一个怪物——20世纪里代议制民主的真正敌人——法西斯主义也就随之应运而生了，学者们所设想的较好的统治阶级固然在短期内带来了他们理想的政治秩序，但紧接着却并未出现那种统治阶级与大众和谐共存的情况。那些足够称职的统治阶级马上以国家的、而不是阶级的名义从根本上动摇了代议制民主的基础，显示出他们完全能在突出统治阶级特性的方面上比任何人所预期的走得更远。同样具有讽刺意味的是，他们所念念不忘的"社会主义敌人"不但成了对抗法西斯主义的盟友，而且还通过在某些国家的实践给陷入危机和僵化的西方民主制度带来了竞争的压力，促使西方民主不断改进完善。时至今日，那些本着尊重历史客观态度的人们，恐怕都不会无视精英民主理论家政治立场局限性导致的误判曾给民主政治的发展带来的巨大损失。

在此还需要特别强调的一点是，尽管精英民主理论也推崇一种渐进改革的社会进步观，但它同我们当下所进行的渐进式发展社会主义民主的理念还是存在着天壤之别的。许多精英民主理论家对于民主政治在走到了自由主义民主阶段之后还能继续前进多少都持保留态度。有学者（如萨托利等）指出，现存的自由主义民主还蕴藏着许多尚未被人们充分开发的宝藏，在充分挖掘出这些宝藏之前，任何尝试新事物的努力都可能是邯郸学步的愚蠢之举，因此在其理论中也自然不会有多少对后自由主义时代的民主政治的规划。在这些理论家看来，至少在人类理性迄今所能达致的边界，还看不到有任何必要来讨论自由主义的终结这样一件遥遥无期之事。相对而言，从事社会主义民主实践的理论家和实践家们从来也没有将历史上出现过的和现存的民主形态看作是一个目力所及的终点，而是始终将其作为将民主发展推向下一阶段，直至最终在一个无阶级、无政治的社会中使其失去存在必要的征程的新起点。之所以我们需要倡导渐进稳健地推进民主的方式，归根到底只不过是在考虑到现实民主建设的条件和成本之后的一种具体发展模式的选择，这同当代精英民主理论家们画地为牢的做法显然也是不可同日而语的。

(二)竞争性选举民主理论的缺陷

如前文所述，以竞争领导权为核心的选举民主理论是精英民主理论自诞生以来对西方自由主义民主理论做出的最具实用价值的贡献之一，并且它也确实成了当代精英民主理论的主流观点。但这种矫枉过正的民主理论其实也不过是将对民主的认识推向了另一个简单机械的极端，就其时下影响而言，它难免为一部分人虚化民主作为一种政治价值的意义、夸大民主实现困难的言行提供了理论依据。而考虑到其长期后果，精英民主理论培养起来的对新教条的盲目崇拜也将为民主理论与实践的进一步发展设置新的障碍。从其内在逻辑上看，精英民主理论始终难以回避两个根本矛盾，即精英民主理论一方面极力将民主政治简化为竞争选举式的制度程序，另一方面又发现选举完全可能沦为精英利用大众控制社会的工具。同理，精英民主理论在观察分析选举以外领域中的民主时也面临类似的矛盾。以下，笔者还是准备以对熊彼特竞争领导权式民主理论的质疑为切入点，分析当代精英民主理论新民主观的缺陷。

根据前文所论述的竞争领导权式民主理论的主要内容，我们至少可以提出这样几个质疑：

其一，共同福利与人民意志的问题。众所周知，熊彼特对共同福利和人民意志的批判历来被认为是精英民主理论对古典民主理论的一次"釜底抽薪式的沉重打击"。但如果仔细地分析一下他的批评意见，仍然可以发现熊氏的批判本身也并非无懈可击。他本人也承认："民主政治成功的第二个条件是，政治决定的有效范围不应扩展太远。"①这也就意味着，在其理想的民主政治形态中，共同福利并不是维系民主合法性的唯一支柱。如果非集体行动带来的福利②也是公民权益的重要组成部分的话，那么即使真正证伪了共同福利的存在，也只不过是否定了古典民主在部分政治事务中③的合理性基础，还远远达不到彻底击垮古典民主哲学支柱的程度。

其二，对人民统治技术可能性的质疑。在"人民是否可能进行统治"这个技术性问题上，熊彼特的观点主要遭受的是来自于参与民主理论的攻击。与之相关的是，在熊彼特勾勒的民主政治图景中，我们所看到的仍然只是有组织的精英与无组织的"乌合之众"之间胜负立判的博弈。一些对熊彼特理论持批评意见的学者已经指出，他有意无意地"很少注意社区联合会……这类广泛存在于人民生活中，并且以复杂的方式把人民的生活与形形色色的制度联系起来的'中介'团体"④，而正如前文所述，我们之所以认为大众政治时代与乌合之众或者群氓时代之间并不能画上等号，就在于精英民主理论所

① ［美］约瑟夫·熊彼特：《资本主义、社会主义与民主》，吴良健译，商务印书馆，1999年，第424页。

② 熊彼特在此采用的是政治事务与国家事务的区分，后者指向那些与政治决定和集体行动无关的事务。参见［美］约瑟夫·熊彼特：《资本主义、社会主义与民主》，吴良健译，商务印书馆，1999年，第425~426页。

③ 在熊彼特看来，大量带有强烈技术性特征的事务实际上是被排除在作出政治决定类型的政治事务之外的。参见［美］约瑟夫·熊彼特：《资本主义、社会主义与民主》，吴良健译，商务印书馆，1999年，第424页。

④ ［英］戴维·赫尔德：《民主的模式》，燕继荣等译，王浦劬校，中央编译出版社，2004年，第254页。

确立的有组织的精英与无组织的大众的先入之见不无偏颇之处。因此,仅就忽略了现代民主政治中多元集团的力量与可能性这一点,熊彼特对于人民统治可能性的简单否定就不免有失之轻率之处。

其三,维持竞争领导权式民主所需的条件难以成立。作为一个逻辑严谨的思想家,在构建其新民主理论的过程中,熊彼特没有忘记提及这种民主方式获得成功的条件,他将其归结为以下四个条件:人的政治素质、政治决定有效范围的有限性、负责且有能力的官僚机构以及民主自制。[①]然而遗憾的是,这些条件完全是作为实现理想的民主政治的先决基础提出的,在此,熊彼特没有阐发民主政治的发展能够反作用于这些条件的观点,或者至少他认为已经具备了这些条件的国家或地区能够更早、更快、更容易地建立一种良好的民主政治。诚然,熊彼特这样的表述是有着其独特用意的。[②]但无论其出发点为何,随之而来的都是一个理论实践价值方面的重大问题。因此,尽管熊彼特建立在对古典民主理论批判基础上的精英民主理论去除了长期笼罩在民主头上的乌托邦光环,还了民主以实践和制度选择的本来面目,凸显了选举领导人作为现代民主制度最根本条件的意义,由此也有助于在民众中树立起对民主的现实态度和对自身权利范围的明确认识,但熊彼特的民主理论仍然由于种种原因而存在着一些致命的局限。

其四,熊彼特的民主定义存在问题,由于他对民主采取的是一种在最小限度内进行描述的方法,所以把民主的其他一些形式忽略掉了。实际上,在保证自由选举的基础上,民主有多种制度体现形式,而且在许多情况下,选

---

① [美]约瑟夫·熊彼特:《资本主义、社会主义与民主》,吴良健译,商务印书馆,1999年,第421~430页。

② 熊彼特在此的逻辑是,首先罗列现代民主所需的条件,继而论证某些国家(如他认为英国较为符合这些条件)的实践表明资本主义与现代民主之间的必然联系,进而指出时下资产阶级民主与国家理想结合后的不适应性,最后再提出他对于社会主义必然性的理解。当然,他也不忘强调,可能成为一种新趋势的民主并不会更接近于古典民主的理想。参见[美]约瑟夫·熊彼特:《资本主义、社会主义与民主》,吴良健译,商务印书馆,1999年,第二十三章。

举并不是民主最后的实现形式,在实践中,人们完全可能探索出其他的补充形式。去除人们对民主的一些不切实际的幻想固然是必要的,但这并不意味着最大限度地压缩民主的作用空间。

其五,以竞争性选举民主理论为基础对经验层面的民主和规范层面的民主的认识不无偏颇之处。从民主理论和实践发展史上看,除了民主精神是永恒不变的外,民主实践是多层次和多形式的,竞争性选举民主理论尽管使人们注意到了古典民主理论在实践中可能遇到的问题,从而使民主走下了神坛;但同时其内含的那种过分的现实主义态度又会导致对民主的理解走向另一个极端。在其影响下,很自然地可以推导出:民主不是人民的统治,而不过是政治精英的统治;民主政治中的精英是通过竞争的合法途径,通过获得人民的选票来获取权力的,民主仅仅意味着把政府的权力交给那些获得选票的政治精英。由于这种民主理论在很大程度上剔除了民主的内在价值,而把民主的工具价值提到了民主价值的首位,因此也就背离了民主的规范层面的内涵。这种强调民主作为制度和程序的经验描述,很容易会把对民主的认识引向价值虚无主义,发展成为把民主作为一种工具和手段的实用主义,最终将影响到人们充分认识民主有限工具之外的价值。

事实上,古典民主理论、精英民主理论与多元民主理论都只不过是展示了民主有限的一面,民主理论既不是完全经验的,也不是仅仅停留在规范层面的,而应该是有着特定的规范要求和取向的现实安排。一方面,必须承认任何民主制度都是政治实践中的经验产物,不存在绝对的按照理性设计建立起来的有效的民主制度。另一方面,如果一个社会的理想耗竭,只满足于形式上的民主,脱离对民主规范和价值的追求,也会失去对现实政治的批判和反思能力,从而制约民主的发展。因此,必须注意到规范层面的民主同经验层面的民主建设是一个难分彼此的同步过程,可能在不同历史时期,因条件和任务不同会出现侧重点的不同,但这并不会导致两者彼此替代的情况。

其六，熊彼特竞争性选举民主理论的缺陷也是精英民主理论的共同缺陷，就是过分夸大了民主实际运作过程中可能出现的非民主因素的消极影响。而与注重实证研究的早期精英主义理论家不同的是，熊彼特及其之后的萨托利等人对竞争性民主理论的追捧及其对大众参与性民主理论的无情批判都是主要立足于逻辑层面的演绎推理，而不是具有说服力的实证研究的基础上的，这不仅使得竞争性选举民主理论的优越性成为一个既无法被充分证明，也不可能被绝对证伪的抽象命题，而且人们大约也不能指望持此立场的理论家们对于克制民主政治中的反民主因素的消极影响拿出除了最窄化民主空间之外的更具建设性的方案。

值得注意的是，在精英民主理论的体系内部，其实也不乏对于竞争性选举民主理论的异见。比如，寡头统治铁律与民主作为一种选举程序的理论之间就始终存在着某种内在矛盾。早在米歇尔斯那里，他就曾经指出，由于否定了少数代表与集体意志一致的人民代表制理论，选举程序保障民主的功能就变得极为有限了："事实上，选举一旦结束，作为选民的普通大众对当选者的控制便告结束。"①这当然是由组织中理所当然地将要发展出来的寡头政治的倾向决定的，根据这一原理，只强调选举程序的代议制是不足以为大众民主权利提供足够保障的。同理，保持精英集团的开放性的实际效果也是值得怀疑的，因为精英政治从本质上反映出一种封闭化、垄断集团化的发展趋势，这一观点在当代偏向实证研究的精英民主理论家那里也得到了诸多事实材料的支撑。②从上述视角出发，我们所得出的对于选举民主的看法可

---

① ［德］罗伯特·米歇尔斯：《寡头统治铁律——现代民主制度中的政党社会学》，任军锋等译，天津人民出版社，2003年，第35页。

② 如按照米尔斯和戴伊的实证研究，美国的精英统治体制尽管大致符合那种开放性的精英体制，但实际上它为具有不同社会背景的人通向统治精英阶层提供的机会仍是极不均等的。参见［美］查尔斯·赖特·米尔斯：《权力精英》，王崑、许荣译，南京大学出版社，2004年，第十二章；［美］托马斯·戴伊：《谁掌管美国——卡特年代》（第二版），梅士、王殿宸译，世界知识出版社，1980年，第七章。

能就会与熊彼特的观点大有不同。这种分歧的出现并非偶然现象,而是由两种截然不同的民主观决定的。在前一类理论家那里,他们尽管对西方民主的现实颇多微词,但仍然有意无意地体现出他们将民主视为一种理想和一种目的的观点。以熊彼特为代表的这批理论家则完全不同,在后者眼中,民主最大的价值仅在于为现代社会的精英政治提供了一套遴选人才和授予合法性的程序机制,从这个意义上讲,民主更像是一种工具,而不是目的。①

回到上文所述的精英民主理论政治立场的局限,这种工具化民主观的出现是与当代主流精英民主理论的转变脱不开关系的。回归自由主义主流的精英民主理论之所以选择竞争性民主作为其重要的理论和制度支点,一个很重要的,但是却为大多数理论家刻意隐讳的原因就是,竞争性选举民主是最容易为精英操控的民主机制。成为自由主义阵营一员的精英民主理论家不惜抛弃早期精英主义理论家坦率的批判精神,在大肆攻击其他民主机制缺陷的同时,却轻描淡写甚至绝口不提选举民主的可能问题,力图将其作为唯一可行的民主政治的选项交给民众。

在这些理论家那里,民主的问题已经被简化到如此地步,以至于只可能得到两种答案:其一,接受选举民主等于民主的理念,那么持此观点者就将有幸成为光荣的民主主义阵营中的一员;其二,不接受上述理念,那么非常遗憾,作出这样选择的人只能被划到"智力低下"的特殊群体或是居心叵测的民主之敌的阵营里。此外,还有一层原因也导致了精英民主理论对民主含义的极度窄化。那就是沿着精英民主理论的分析思路,我们还可以进一步推演出一个令所有精英民主理论者都了然于胸却又彼此心照不宣的结论,即存在着这样一个民主的悖论:从民主理想的设计、愿景的布道、需求的汇集,

---

① 当然,有人可能要引用萨托利的例子,在他的著作中似乎不乏为民主理想价值辩护的材料。但当涉及提出对现实民主的改进意见时,我们就很容易发现,在高扬"捍卫自由价值"的理论背后,隐藏的其实是一种不折不扣的民主工具论的观点。

到反专制的密谋等,都不是从民主的主体——人民大众中自然产生的,而是少数精英运作的结果。这当然也就意味着在现实世界里为原初意义上的民主所预留的生存空间已经相当狭小了。

从现实政治过程来看,将选举民主(假设是在选举民主本身较为真实和完善的基础上)等同于民主政治的另一个严重恶果就在于,它导致所有的政治系统内的交流压力都集中在决定政治领导权的狭窄领域内。在此前提下,无论精英与大众的关系表现为何种状况,其结果都不容乐观。比如,在假设"竞争—反馈"式的条件完全具备,亦即假设精英集团的开放性和竞争性都得到充分保证时,选民权力的休眠期就将为竞争中的精英无休止地滥用公共资源争权夺利提供空间,而竞争性民主理论的支持者并没有提供任何确保精英间的竞争不会以过分牺牲整个政治共同体及其多数普通成员利益为代价的有效约束机制。与之相较,在假设精英间并非充分竞争,而是采取理性的"轮流坐庄"方式主导政治过程的情况下,压力强度则可能下降到足够提供政治系统内循环动力的水平下,这显然也不是什么好现象。总之,在选举民主成为民主政治的唯一支柱时,无论其具体制度朝哪个方向改革,都可能面临两难的困境。

当大众的民主权利被限定于选举民主这一唯一区间内时,从纵向上看,所有具体的行政管理、公共政策等问题,从横向上看,所有的经济、社会、文化等问题都可能被以政治性问题的形式提出,并且被以竞争和压力的政治性手段寻求解决,而政治系统功能的局限性①则使其在完成问题性质转化后却往往将具体实际问题的解决本身搁置起来。一方面,这造成了选举民主系统的超负荷运行,其最终结果就是整个民主政治的彻底瘫痪;另一方面,对非政治性实际问题的性质置换又会使普通大众的具体权益被同步虚化。事

---

① 按照竞争性选举民主理论的看法,选举政治的唯一功能就是提供民主的精英统治的合法性。换而言之,持此观点者也并不认为选举政治能够解决合法性授权之外的任何实际问题。

实上,在所有照搬竞争性选举民主模式的后发现代化国家中,这两种情况都不同程度地存在着。西方民主理论(无论是自由主义民主还是精英民主理论)改革的最初目的是防止因民主的虚化与僵化导致的民主瘫痪危机,但其最终的理论成果却反过来在遵循新模式的国家重新上演了一幕幕民主失败的活剧,这不能不令那些试图照搬西方先进民主模式的人们驻足反思。

正如前文中自由主义者对精英民主理论的批评中所指出的那样,一个仅以选举民主作为其唯一内容的民主政治是不完整的。它的天生残缺性不仅在于这种民主所能解决的实际问题有限,更在于它在运作方面的致命缺陷。自竞争领导权式的民主理论诞生的半个多世纪以来,它在建立和完善现实民主政治方面的成绩也确实乏善可陈。对于西方发达国家而言,以选举民主为支点的民主政治本身并没有直接导致精英统治水平的提高,而对于后发现代化国家而言,这种民主理论的实践更是让所有对其寄予厚望的人们大跌眼镜。

综上所述,竞争领导权式民主理论的致命缺陷并不在于选举民主本身重要与否,而是将其摆到了一个不恰当的责任位置上。在民主政治的完整体系中,选举民主只是其中不可或缺的一个运作机制,它与诸如参与民主、协商民主等其他民主机制并不表现为一种彼此对立甚至是相互替代的关系。恰恰相反,有意于完善民主政治的人们所需要做的,只不过是让这几种机制在各自的职能领域内保持一种充分和良性的运行状态,而不是去人为地制造民主政治体系的内在分裂。如果我们一开始就将选举民主视为同参与民主、协商民主等同等的民主政治的有机组成部分,而不是试图用它来指代整个民主政治,那么选举民主和民主政治两者可能都不会遭遇今天的尴尬境地。

(三)改进民主方案的局限性

与自由主义和多元主义民主理论不同,精英民主理论是一种偏重解释性的民主理论,在多数情况下,它并没有提出一个独立于自由主义民主制度安排之外的改进民主的方案,而在极少数涉及提出具体改进意见的场合,以建构者身份出现的精英民主理论家也远远发挥不出其充当批判者角色时的理论水平。

1.竞争性选举民主方案的局限性

在对民主含义的理解上,回归主流之后的精英民主理论的最大局限性就体现在它完全把民主工具化和形式化,[①]这样做的必然结果就是将竞争性选举民主模式作为改良修正一切偏离了主流自由主义正确航道的民主实践的万能法宝。然而如果全世界民主的信仰者都从唯一的竞争选举模式的视角来理解民主,那么民主一词留给人们的发挥空间就相当有限了。更何况,精英民主理论在此还可能陷入一个逻辑上的陷阱,即按照精英民主理论的逻辑,排斥那种大众参与或统治式民主理论的最大理由就在于它是现实的,其最终归宿都将是寡头的统治,而同样的演绎推理也完全可以发生在精英民主理论所选择的那种民主模式身上。

实际上,在选举民主中所暴露的寡头政治倾向较之参与民主往往是有过之而无不及,而且其割裂社会、瓦解共识、侵蚀健康政治文化、阻碍公民社会发展等恶果也显得更加严重。在精英民主理论家的设计中,对这些弊端并没有给出系统有效的应对方案。当然,萨托利的确提出了一种"竞争—反馈"式的民主理论,但这种备受推崇的学说充其量只不过具有为现有模式提供解释论证的功效,其核心内容不过是对选举民主固有特质的一种更精妙的理论确证而已,并没有为增强选举民主制约精英滥权的能力充实进更多实质性内容。[②]建构实质性民主方案匮乏的结果之一就是导致对选举民主的证

---

① 尽管熊彼特学说的信徒,如萨托利等也试图为这种民主观充实进更多的价值内容,但并没有从总体上改变其过于偏重民主的特定程序而忽视其他的弊端。

② 这里仅就萨托利对选举民主本身的有限改进发表意见。在萨托利的民主理论体系中,自由主义宪政也是不可或缺的内容,而他对寡头的制约(当然首先还是针对大众的)主要体现在宪政制度设计中。

伪可能直接导致对民主本身的证伪。总而言之，打倒了参与民主等其他民主支柱的精英民主理论希望止步于最后一根支柱，但其批判的惯性却可能冲垮整座民主大厦。沿着主流化的精英民主理论的逻辑，我们所能得到的至多是一种只靠选举程序单一基石支撑的民主危楼，一种典型的瘸腿民主政治，它的基础是如此不稳，以至于人们要随时担心由这最后一块基石的崩塌所带来的严重后果。

2.改造代议制民主方案的局限性

相对于在批评早期代议制民主的缺陷方面所取得的巨大成就，精英主义政治理论在提出改造现实的可行方案方面就显得乏善可陈了。在整个精英主义理论的发展进程中，基本上没有出现一套系统完整的重塑大众政治时代代议制民主政治体系的政策建议。还是以莫斯卡为例，其改革代议制的方案并不具备多少现实可行性，比如在代议制度中更多地引入各种政治势力的精英分子的主张，不但与大众政治时代里已经不可逆转的权利与社会身份平等的原则相悖，更重要的是，这种做法事实上削弱了各类精英与自身群众群体的必然联系，因而必将导致精英能力的下降。表面上看来，这种吸收不同政治力量精英进入政治体制的做法，与古德诺将不具有法定地位而发挥实际功能的政党引入合法政治制度的主张不无相似之处，但实际上二者却是同途殊归的。因为后者要吸收的是完整的政治组织和政治力量，从而避免了产生那种将精英与大众之间鸿沟表面化的问题的可能性。同样的，米歇尔斯尽管看到了政党政治的局限性，但他也没有提出一个有效地制约寡头统治铁律发挥作用的可行性方案。至于后来的拉斯韦尔、米尔斯等人的理论也不同程度地出现了这一问题。

3.在应对现代化所带来的官僚制问题方面的缺陷

总体而言，精英民主理论只是在一般意义上指出了官僚制可能对参与民主理想的异化效应，但却没能解释选举民主是否能有效克制官僚制的消极影响。而同时,由于精英民主理论对官僚制与精英政治之间存在某种必然联系的判断,使得应对官僚制的问题变得更为复杂化了。这种内在的矛盾性在现代官僚政治研究的创始人韦伯身上就得到了很好的体现。一方面,韦伯清醒地认识到,作为现代理性过度泛滥的产物,官僚制在将社会机器化、个人原子化的过程中不断孕育着反民主的因素;但另一方面,韦伯又认为,在一个已经实现祛魅,文明已成碎片的时代里,人们已经很难再依靠官僚制之外的因素来制约官僚制本身。出于这种矛盾态度和德国人天生的一种对于精妙机械近乎偏执的热爱,尽管对官僚制始终保持警惕,但韦伯却还是在相当程度上将制约统治阶级的独断妄为倾向的希望放在了自己精心设计出来的现代官僚政治系统中内生的监督制衡机制上。

然而令人倍感遗憾的是,这套看似逻辑严密、环环相扣的现代统治金字塔同韦伯提出的宪政的结合并未如其推崇者所愿,成为现代民主的最后堡垒。魏玛宪法奠定的统治秩序诞生后仅仅 14 年,正是在其原生地德国,从官僚系统的胆瓶中孕育出的法西斯恶魔终于冲破了理性主义的封印,20 世纪民主政治的最大敌人随后开始在全世界播撒战火,而原先被人们寄予厚望的官僚系统非但没能在最后时刻保持其作为民主"防波堤"的尊严,反而在反民主的旗帜下高效运转起来,成为了法西斯主义最主要的得力帮凶之一,其影响甚至直至二战后还在困扰着一代民主问题研究者。就此而言,官僚政治归根到底只不过是政治统治和政治管理发展到现代社会的一种必然产物,其上并不附着特定的意识形态和价值标签。在民主政治运转良好的情况下,它的确可以有效地改善前现代管理秩序下混乱无序的状况,服务于民主社会的经济社会发展,但在出现民主失败危险的情况下,奢望官僚政治和官僚系统发挥出超乎其功能限度的作用也显然是不现实的。

4.对后发现代化国家发展民主建议的缺陷

事实上,不论其主观意愿如何,回归自由主义主流的精英民主理论在所谓的"第三波民主化浪潮"中已经开始沦为了西方资产阶级统治集团破坏后发现代化国家正常的政治发展进程、进而推行新殖民主义的得力工具。在现实世界各种民主理论和实践交流碰撞的过程中，当代依附主流自由主义的精英民主理论无疑扮演了一个极不光彩的马前卒角色。①在那些偏向保守的当代精英民主理论家那里，同样是对待大众政治时代的民主问题，给西方国家和后发现代化国家所开出的药方却是完全不同的。对于前者，他们所强调的是民主的建构功能，是用选举民主对抗参与民主，推崇的是稳定的价值。而当面对后者时，秩序的稳定者则摇身一变成为首倡变革的革命者，在此，民主化的后续效果如何已经不是民主主义者们关心的话题，有如其某些无政府主义前辈一样，他们认为"运动就是一切"，当然，更确切地说，也可以表述为"形式（选举）就是一切（民主）"。事实上，现实政治的动态性往往更多地表现在那些活生生的政策过程领域，在这些领域中涉及最多的并不是政治权力结构和合法性授权的问题，而是十分具体的公民各项权利和利益的保障问题，止步于论证选举民主及其后效的当代精英民主理论充其量不过是找到了一个药引，它甚至连一份无法确保疗效的完整药方都算不上。当我们纵览整部精英民主理论的发展史后，只能对这种现象作出如下解释，即与那些在偏执中透着一丝坦率气息的前辈们——他们曾被其自由主义对手贴上过"反民主主义者"的标签——相比，当代某些精英民主理论家似乎已经不太看重保持自身言论始终如一性②的价值了。

（四）研究范式的局限性

　　正如许多批评精英民主理论的学者们所指出的那样，精英民主理论在

---

　　①　在早期精英主义理论的时代，后发现代化国家所谓民主化的问题在很大程度上还没有成为一个足够吸引理论家注意力的现实问题，加之竞争性民主理论在此时并没有在精英民主理论体系内获得完全的优势支配地位，因此这一时期理论家的真实想法我们已经不得而知了。

　　②　当然就更无所谓言行一致的问题了。

对民主问题研究范式的创新运用方面也并非达到了无可挑剔的科学性标准。除了上文提到的自由主义和多元主义对精英民主理论研究范式的一些中肯的批评意见之外，精英民主理论研究范式的最大缺陷集中反映在其将政治学研究，特别是政治过程和民主政治的核心唯一地锁定在了精英身上。作为一种看待和研究现实政治问题的视角，选择精英政治作为切入点本可以起到开阔视野的积极作用，但令人遗憾的是，精英民主理论家并不满足于将精英视角作为一种补充性的模型，而是一直试图将其绝对化，使其上升为一种替代性的思维和研究方法。事实上，在现实政治过程中，政治制度、政治组织、政治文化等因素并不是完全被动地处于精英的主导之下的，在许多情况下，它们甚至可能反作用于精英政治的前提，在一定问题领域内发挥制约和平衡精英政治原则的影响。从单纯的逻辑推演的角度看，将精英作为贯穿整个政治过程的重要因素来考量本无可厚非，但将精英原则上升到一切领域内的绝对主导原则的高度就未免有矫枉过正之嫌了。毫无疑问，这与绝大多数精英民主理论家都持有一种自觉不自觉的精英史观是不无关系的，虽然从研究者的个人角度出发，他们可能未必对那些精英有多少好感，但从客观效果上来看，简单用一个精英政治的原则来贯通整部人类政治史仍难免有失之轻率之嫌。精英民主理论家们在打破一个关于大众神话的同时，却又塑造出了一个新的关于精英的神话，这不仅有悖于其批判和质疑一切意识形态神话的理论原则，也不能给那些希望以一种更全面的视角认识政治现象的人们以更多的帮助。

客观地说，精英政治的现象确实存在于迄今为止的整部人类政治发展史当中，但在一个较长的历史周期内，精英政治无论是从权力结构、价值体系，还是具体的社会组织条件方面都发生了翻天覆地的变化。换而言之，找出一条贯穿于人类政治史的线索本身意义重大，但试图用其来解释一切、统领一切的尝试却既无可能也无必要。站在精英民主理论之外的立场上，我们可以比其拥护者更清醒地认识到精英政治解释模型的不足：

其一，即使承认精英在某些方面和某些领域内具有超出大众的素质，也不意味着我们就已经走到了问题长廊的尽头。其实不管是无条件地推崇，还是有保留地肯定，精英民主理论家们所指出的精英素质的优越性充其量不过是一种现象描述。在精英民主理论的逻辑体系中，对于精英为什么优于大众问题的解释基本上大致可以概括为现代政治专业化、复杂化的必然需要和特定阶层身份先天或后天的素质这两大方面，但其实这两个解释都没有解决一个精英民主理论逻辑方面的根本悖论，即如果可以从实证角度证明精英具有相对于大众管理政治事务的优越性，那么就必须抛弃大众政治实际上是一种变相的精英政治的基本结论。这就意味着，在不否定精英政治原则作为一条贯穿于人类一切政治组织中的铁律的前提下，精英民主理论并不能运用其引以为傲的经验的、实证的分析工具来证明大众参与政治事务能力的低下。

其二，精英民主理论对统治精英的阶级性完全避而不谈使其对具体精英集团的研究失之教条。在绝大部分精英民主理论家那里，都明确地表示了对使用马克思阶级概念的排斥，相对而言，他们更愿意用一种阶层身份(侧重先天因素)或实际掌握政治资源或施加影响的能力(侧重现实效果)的标准来认识精英集团的结构。这就直接导致了他们在研究中有意无意地用一个较为教条的精英概念来类比分析不同政治制度和社会环境中的精英群体。在对西方国家精英的研究中，精英民主理论的分析模型并不能很好地解释现代民主政治中存在精英统治与大众民主之间永恒张力的本质原因，而在对广大后发现代化国家精英集团的分析中，这种对精英集团阶级本质避而不谈的做法的缺陷则更为明显。分析者们往往过于依赖他们此前研究西方国家精英的既定结论，其研究即使对后发现代化国家精英的某些特质(如民族主义和更注重政治绩效等)有所涉及也只是浅尝辄止，并没有影响到他们将这些国家精英集团兴起和确立合法的民主权威的过程视为西方早先历程的一个第三世界翻版。①比如，在运用了精英民主理论研究视角的亨廷顿等人的研究中，所使用的基本上还是一些研究西方精英统治的既有分析框架和结论，如中产阶级力量发展的影响、精英对民主原则的认同及通过不同精英集团的博弈和协商来建立新统治等。因此，从某种意义上说，他们研究的创新之处更多的还是体现在对后发现代化国家政治变革（不一定是政治发展）过程和后果的描述上，而不是对其原因和特殊性的解释方面。

总而言之，我们应该对于在精英民主理论解释模型中始终贯穿着的以精英为核心的研究才是可控研究的理念作出一个尽可能客观全面的评价。一方面，就纠正 20 世纪初以来那种全盘否定英雄史观研究思路的偏颇倾向而言，这当然不是毫无进步意义的。然而从另一个方面看，这种观念又多少难免有矫枉过正之嫌。单纯聚焦于精英的研究视角显得过于狭窄，以至于它只能为我们提供民主化过程中的一份精英变迁备忘录（而且其可靠性是难以得到保证的），但诚如所有对人类政治史感兴趣的人们所切身感受到的那样，我们真正缺乏的并不是那些帝王将相的实录（先不论其可靠与否），而是在解释那些精英之外的历史动力时经常性地遭遇资料匮乏的困扰。大众民主浪潮冲击下的精英民主理论家，在强调科学地研究政治学的过程中，因为某种偏执而在无意中与真正的政治科学原则渐行渐远，这不啻于给所有那些对某些特定解释模型抱有过分偏爱的研究者们敲响了警钟。

很显然，任何思想史研究都是以还原历史为原点，而以服务现实为最终皈依之所。精英民主理论也不例外。在历史的投影与现实镜像的比对分析中，人们沿着借古讽今、是古非今、是今非古等迥异的道路延伸他们对于现

---

① 参见［美］亨廷顿：《第三波——20 世纪后期民主化浪潮》，刘军宁译，上海三联书店，1998年；［美］塞缪尔·亨廷顿、琼·纳尔逊：《难以抉择——发展中国家的政治参与》，汪晓寿、吴志华、项继权译，华夏出版社，1988 年等。

实政治的思考,寄托对现实政治的观感。对精英民主理论进行研究的主要意义当然并不在于将其作为一个绝对管用的理论分析工具直接引入对中国政治的分析当中。正如人们看到的那样,这种对特定理论模型或分析工具抱有不切实际期望的分析者最后无一例外地都收获了失望。这固然是由精英民主理论自身的缺陷所致,却也提醒有志于研究当代中国政治问题的人们:在做好对一种舶来的理论的来龙去脉和优劣价值彻底掌握的基础性工作之前,贸然引入一种分析模型只可能限制我们研究的自主性,从而影响到最终结论的客观性和准确性。毕竟从本质上说,研究者们不需要前人代替他们思考。

综上所述,在如何评价精英民主理论的问题上,首先应该肯定,精英民主理论最大的贡献,就是在对民主问题的研究中广泛引入了以社会学思维和方法为代表的系统研究范式,从而顺应了政治学科学化的发展趋势。正是在这种新研究范式的指导下,精英民主理论开辟了一个认识政治社会、反思民主实践的独特视角。也正是由于它在相当程度上贯彻了相对客观、理性的研究原则,才使得精英民主理论观点体系中不乏对于人类政治历史与现实的真知灼见。更为重要的是,精英民主理论的新视角、新方法给传统民主理论带来了近于颠覆性的冲击,它所引发的巨大争议不啻在自由主义民主理论安享主流地位的死水里惊起一层微澜。就西方民主理论体系内部而言,这种不同民主理论之间的斗争是十分有益的,它为民主理论的发展常新注入了紧跟时代步伐的活力,而对于那些试图了解和借鉴西方民主理论的人们而言,这种理论争鸣也提醒我们不应一叶障目,过度执着于某一种民主传统,而要客观理性地看待西方民主理论的完整图景。就上述意义而言,精英民主理论对于西方民主理论在 20 世纪的存续和保持活力可谓功莫大焉。但与此同时,我们也应该看到,与其理论贡献相比,迄今为止的精英民主理论研究的缺陷也同样明显,其中最主要的问题就是其在提出改进现行制度的可行性方案方面乏善可陈，尽管理论家们都强调自身理论在巩固现行政治秩序方面的作用，但从实际后果看，其理论最有价值的部分往往体现在解构现实，而不是建构现实的方面。因此，就一个完整的理论体系来看，精英民主理论建构价值的缺失无疑是一个难以弥补的重大缺憾。

余 论

　　或许自由主义者真的可以把 20 世纪称之为他们胜利的年代,因为它的主要敌人——据说也就是"民主的敌人"已经成了历史,就连本书所研究的精英民主理论这样的体制内批评者,也早已收敛锋芒,扮演起忠实辩护士的角色。但笔者也不禁要问,一个自由到只剩下自由主义者,一个把对自由主义民主的理解当作民主常识的时代,就真是民主的永恒港湾吗?

　　笔者并不打算一般性地批判和反对自由主义民主(那些具有批判精神的精英民主理论家也是不屑于此的),而是要对那种僵化的、成为一种唯一正确教条的自由主义发出声讨。在整个西方民主理论的发展历史上,自由主义自有其存在和发展的价值,它所有曾经的成就、困境和反思中变革的记忆,都是它的对手所无法夺走的,而唯一有可能彻底葬送其前程的,并不是那些民主的批评者们,而是那些愿意为成为一种纯粹象征之物的自由主义充当十字军的忠实拥趸们。

　　自由主义民主自诞生以来就始终处在变动不居的状态,其实就其本身而言也并不存在绝对的好坏善恶问题,关键在于是什么人出于什么样的目的来解释和运用自由主义。当代自由主义者的可憎之处就在于,他们完全背离了自由主义作为一个开放性思想体系的初衷,将原本具有鲜活生命的自由主义思想体系变成了一具任由少数人操纵利用的玩偶和僵尸。正如帕累托在其精英循环理论中描述的那样，当代自由主义精英表现出集贪婪、蛮横、伪善、色厉内荏于一身的特质。与拯救"专制下呻吟的苍生"的高尚口号相比，当代的自由主义者在现实中的所作所为只能给人以强烈的反讽之感。沿着这样的道路继续前行，自由主义者所葬送的将不只是自由主义理想本身。

有意无意地将自由主义民主渲染为关于民主的唯一常识，这不仅是民主主义者自身思想惰性的反映，而且对于促进包括自由主义民主在内的民主理论的自我完善和发展也是有百弊而无一利的。对于一种民主理论的发展而言，出现批评者和反对者并不可怕，可怕的是这种理论日渐丧失了一种接受批评和进行自我批评的勇气与活力。当代西方自由主义民主的最大痼疾在于，作为一个理论和实践体系，它已经日益失去自我批判的精神和改进完善的动力。当然，有人可能会引用不少自由主义者对自由含义的精妙逻辑解释来回应这种看似不公允的批评，但对于更多的生活在书斋、象牙塔和学术沙龙外的普通大众来说，自由主义者（尤其是学者）对其理论作何解释并不重要，重要的是当代西方自由主义一旦进入实践领域，它的保守性和排他性就暴露无遗，它不但傲慢地拒绝一切质疑的声音，并无一例外为它的反对者贴上"反民主"的可怖标签，而且自大地希望扫除一切异己政治体系和文明，并为此不惜暂时地牺牲掉所有自身价值原则的纯洁性。①所以说，我们生

---

① 在这方面表现最为突出的，就是在所谓的"第三波民主化浪潮"中，宣称崇奉自由主义的反体制精英在促使政治文化向更加积极健康方向转化的工作中，整体上表现为破坏作用远大于其建构性。在多数情况下，人们咨询精英的目的是想从"专家"那里得到解决或改进现实问题的可行性方案，但如果"专家"的意见是："由于你所在的体制是邪恶的，因此你提出的所有问题从根本上都是无解的。"那么留给不同领域的大众们的就只有两种选择：其一，干脆放弃改进现状的希望，继续在浑浑噩噩中生活下去；其二，如果真心迫切希望一种改变，那么请先推翻现存的体制，至于嗣后的问题，反体制精英这里一般不会给出建设性的药方，即使有，他们也往往会在事前郑重申明自己并不打算对药效承担任何责任。

活的时代其实是一个充满了绝妙讽刺的时代，一边是自诩为拥有对民主唯一的解释权和监护权的自由主义者及其附庸不断地编织关于自由主义的美妙神话，另一边却是自由民主理论和实践之间的鸿沟日益扩大，它对现实的解释力更多地只能在极少数所谓"群氓时代仅存的社会良知"的高谈阔论中得以体现。而与其相伴生的一个令人遗憾的结果就是，精英民主理论这个西方民主理论界曾经的"异类"，其主体力量已经自甘于将自身独特的价值日益消解在"主流民主学说"论说的语境里。如果这就是自由主义者所谓的意识形态(历史)的终结，那么"终结历史者"终结自己的日子大概也就不会太遥远了。

那些自认为西方自由主义民主已经穷尽了人类民主所有的可能选项，因而成为一条唯一通往民主路径的人们，①事实上已经宣布了作为一个鲜活生命体的民主的死亡。在现实世界中，民主发展的车轮一刻也没有停止过转动，而理论界的"先知"们似乎也未曾放弃过领跑在车轮前哪怕一步的位置。然而与现实的生动相比，理论的世界时常表现出一种令人失望的黯淡颜色。终于，在无数次的碰壁中，一些"先知"突然"顿悟"过来：问题的根源并不在于自己的努力不够，而是设定的目标从一开始就出现了问题。于是，他们回到历史车辙碾过的堡垒废墟中，痛惜于失去的美好时光，并希望将奔驰而去的列车拉回到一个起点。这幅图景，正是整个西方民主理论界20世纪以来所走过的历程的真实写照，作为其体系中的有机组成，本书所评析的精英民主理论的发展演变历程，也正是西方民主由积极进取到故步自封的历史活剧的一幕缩影。

归根到底，对于民主本身而言最大的悲剧就在于，它被人为地赋予了许多原本与它无关的附属物，以致民主政治特别是它的某种特定存在形式成

---

① 对这种看似"理性"的观点的最著名表述就是丘吉尔所谓"民主是一种坏政体，但它确实是我们所能得到的最不坏的政体"。

了江湖术士们四处兜售的万能药。在许多场合下，所谓民主的拥护者，只不过是在肆意曲解对手旨义以及滥发反民主之敌的高帽，对着可能根本不存在的假想敌发表空对空的宏论来贩售其一元化的伪民主模式。在笔者看来，属于民主的理想未来应该是使民主成为一个像国家、政府那样的概念，即它首先被承认为一种普遍客观的存在，并且这种定义并不受到民主的具体形式影响。更进一步说，无论是喜爱还是厌恶，绝大多数人在绝大多数情况下都不会选择在一种没有民主的状态下生活，就如同他们不会选择无国家，或者无政府的生活方式一样。当然，这样的民主可能会像其他所有阶级社会中的类似概念一样，表现出某些远远称不上完美的地方。比如，它的功能是有限的，人们不能指望民主解决政治生活中的所有问题。再如，它也始终存在理想载体和现实载体之间的落差。而这种看似留有诸多缺憾，其实却可能是民主本来面目的状态，也只有在人们彻底排除了由那些动机不纯，试图把民主一词变成夹带他们不可告人私货的"正确"的民主观说教的基础上才可能实现。

近代以来，成为政治学王冠上最耀眼的宝石固然令民主身价倍增，但与此同时，这也为少数人为一己私利迫使民主承担起许多分外的职能大开了方便之门。其实，现代政治的主题远非民主一词所能涵盖，在那些超出了其适用范围的领域，再完美的民主理论和制度也要出丑。从最本质的意义上讲，作为万能药的民主模式并不存在，这首先是因为民主本身就不是一个万能药，它既不是一个好东西，也不是什么坏东西，在一个更长的历史向度上，它只不过是人类历史发展到特定阶段的一种客观存在。历史雄辩地证明，这类客观存在从来也不能超越支撑它生存的时间和空间的范畴，民主自然也不例外。所谓民主是个好东西的结论可能根本就是个不折不扣的伪命题，我们之所以会为某些政治概念加上好的或坏的前缀，只是因为人们对其现实形态的评价不同，对于那些真心希望发展民主的人们而言，将其拖入一个在好坏之物的评价中永恒轮回的境地并不见得是一个明智的选择。相对而言，如同我们无法回避的许多现实政治概念一样，生活在不同历史环境下的人们可以对民主有不同的理解，并且可以用自己最希望的标尺来衡量一个现实的民主制度是否令人满意，他们并不需要某些自称比他们站得高、看得远的人来教育他们什么是民主以及何时应该和如何推动民主化。从一个更积极的意义上讲，历史上那些真正符合所在具体时代和环境发展需求的民主理论家和实践者都是同样值得尊敬的。这当然也意味着，那种殚精竭虑地为民主下一个标准定义的做法可能从一开始就是不明智的，而那种为民主化设定规范路线图的做法背后更是历来包藏着少数阴谋家的祸心。在波诡云谲的民主政治发展历程中，用夸饰煽情的辞藻渲染一种超越时空界限的正确民主观存在的做法，除了让少数精英分子得以炫耀自己在道德和智识方面的优越性之外，别无更多价值。

因此，从将民主视为一种具体客观的现实存在物的观点出发，对于所有希望巩固和发展民主政治的国家来说，单单解决民主是什么的问题是远远不够的，更为重要的，恰恰也是为许多西方自由民主理论家刻意贬低和轻视的问题在于——民主究竟能为我们带来什么。事实上，进入大众民主时代的民主理论在构建民主政治合法性权威基础的过程中，是不应该忽略向大众（当然首先是向自己）解释清楚民主政治的功用与边界的。否则，在可以预见的未来，民主成为不再给人们带来困惑的寻常之物的日子仍将遥遥无期。当然，在正统的民主卫道士看来，这个问题的提出不无将民主庸俗化之嫌，但如果民主理论家们不能给出一个令大多数人感到满意的解释，那么民主的现实权威基础就随时可能处于岌岌可危的境地。正如雷蒙·阿隆指出的那样："只凭其意识形态，而不是根据它们给人类造成的境遇来评判社会，这样做是错误的。"①遗憾的是,近几十年来西方主流自由民主理论在向大众解释民主功用方面并没有投入足够的精力。从某种程度上说,自由主义民主理论大有回到 20 世纪初那种不健康的自信和自语状态之势,这种情绪也不可避免地被传递给了致力于重归西方主流民主学说阵营的主要精英民主理论派别。就精英民主理论的几个发展阶段而言,早期的精英主义理论家曾经试图将民主的功用定义在秩序与效率方面,他们的论证尽管远称不上严谨,但其敏锐的问题意识仍然是值得肯定的。而到了回归主流自由民主的发展阶段,精英民主理论的主流却开始转而强调要更多地从价值而不是事实的层面上理解民主,用看似摆脱了"劣等现实主义"的辩护词称颂自由民主。相较于同时期的多元民主、协商民主等理论,变得更愿意奢谈自由哲学的精英民主理论开始逐渐失去其冷峻而又雄辩的理论光芒。②看来,就民主政治的现实发展以及民主理论的发展演变而言,精英民主理论在 20 世纪发展之路上的确留下了太多值得旁观者深思的问题。

---

① [法]雷蒙·阿隆:《知识分子的鸦片》,吕一民、顾杭译,译林出版社,2005 年,第 122 页。

② 著名的精英民主理论家萨托利曾经写下过这样的文字:"自由主义民主的危机,更不用说它的失常,其根本原因就在于我们受着'物欲'的损害与支配,并且满怀恐惧……我们关心的并不是自由,我们根本就不再欣赏那种自由了。我们并不看重真正的民主,我们看重的是那个分配利益、满足需要的国家。"参见[美]乔·萨托利:《民主新论》,冯克利、阎克文译,东方出版社,1998 年,第 561 页。我们大概不难想象到写出这样文字的人的生活状态,那种为"物欲"所引导的生活对于他来说是如此的遥远,以至于那种普通大众从精英那里分享一部分现代化成果的景象也触动了他高贵的道德底线,或许这位学者的确自由胜于生命,视凡人俗事如同粪土,这本也没有什么大碍。但遗憾的是,他们那可敬的民主对于一个普通人而言实在太过奢侈了,以至于笔者只能从推销这种民主万能药的嘶喊中感觉到一丝残酷的气息。

参考文献

一、国内著作

1.本书编委会:《中国大百科全书》(政治学卷),中国大百科全书出版社,1992年。

2.顾肃、张凤阳:《西方现代社会思潮史》,山东教育出版社,2004年。

3.黄基泉:《西方宪政思想史略》,山东人民出版社,2004年。

4.匡萃坚:《当代西方政治思潮》,社会科学文献出版社,2005年。

5.马德普主编:《西方政治思想史——二战以来》(第五卷),天津人民出版社,2005年。

6.彭怀恩:《精英民主理论评介》,正中书局,1989年。

7.王绍光:《民主四讲》,生活·读书·新知三联书店,2008年。

8.王绍光:《祛魅与超越》,中信出版社,2010年。

9.王亚南:《中国官僚政治研究》,中国社会科学出版社,1981年。

10.王长江:《现代政党执政规律研究》,人民出版社,2002年。

11.吴春华主编:《当代西方自由主义》,中国社会科学出版社,2004年。

12.吴春华主编:《西方政治思想史——19世纪至二战》(第四卷),天津人民出版社,2005年。

13.徐大同主编:《当代西方政治思潮——20世纪70年代以来》,天津人民出版社,2001年。

14.徐鸿武、郑曙村、宋世明:《当代西方民主思潮评析》,北京师范大学出版社,2000年。

15.徐育苗主编:《当代西方政治思潮评析》,武汉出版社,1992年。

16.应克复、金太军、胡传胜:《西方民主史》,中国社会科学出版社,1997年。

二、中文译著

1.[德]卡尔·曼海姆:《保守主义》,李朝晖、牟健君译,译林出版社,2002年。

2.[德]罗伯特·米歇尔斯:《寡头统治铁律——现代民主制度中的政党社会学》,任军锋等译,天津人民出版社,2003年。

3.[德]马克斯·韦伯:《经济与社会》,林荣远译,商务印书馆,1998年。

4.[德]马克斯·韦伯:《民族国家与经济政策》,甘阳译,生活·读书·新知三联书店,1997年。

5.[德]马克斯·韦伯:《韦伯文集》,韩水法编,中国广播电视出版社,2000年。

6.[德]玛丽安妮·韦伯:《马克斯·韦伯传》,阎克文等译,江苏人民出版社,2002年。

7.[法]古斯塔夫·勒庞:《革命心理学》,刘训练、佟德志译,吉林人民出版社,2004年。

8.[法]古斯塔夫·勒庞:《乌合之众——大众心理研究》,冯克利译,中央编译出版社,2005年。

9.[法]雷蒙·阿隆:《雷蒙·阿隆回忆录——五十年的政治思考》,刘燕清等译,生活·读书·新知三联书店,1992年。

10.[法]雷蒙·阿隆:《维护政治理性》,陈喜贵译,中央编译出版社,2004年。

11.[法]雷蒙·阿隆:《知识分子的鸦片》,吕一民、顾杭译,译林出版社,2005年。

12.[法]米歇尔·克罗齐、[美]塞缪尔·P.亨廷顿、[日]绵贯让治:《民主的危机——就民主国家的统治能力写给三边委员会的报告》,马殿军、黄素娟、邓梅译,求实出版社,1989年。

13.[法]塞奇·莫斯科维奇:《群氓的时代》,许列民、薛丹云、李继红译,江苏人民出版社,2003年。

14.[法]托克维尔:《旧制度与大革命》,冯棠译,桂裕芳、张芝联校,商务印书馆,1992年。

15.[加拿大]A.布来顿等:《理解民主——经济的与政治的视角》,毛丹等译,学林出版社,2001年。

16.[美]F.J.古德诺:《政治与行政》,王元译,华夏出版社,1987年。

17.[美]本杰明·巴伯:《强势民主》,彭明等译,吉林人民出版社,2006年。

18.[美]查尔斯·赖特·米尔斯:《权力精英》,王崑、许荣译,南京大学出版社,2004年。

19.[美]达尔:《民主理论的前言》,顾昕、朱丹译,生活·读书·新知三联书店,1999年。

20.[美]大卫·科兹、弗雷德·威尔:《来自上层的革命——苏联体制的终结》,曹荣湘、孟鸣歧等译,中国人民大学出版社,2002年。

21.[美]戴维·杜鲁门:《政治过程——政治利益与公共舆论》,陈尧译,胡伟校,天津人民出版社,2005年。

22.[美]戴维·伊斯顿:《政治生活的系统分析》,王浦劬译,华夏出版社,

1999年。

23.[美]丹尼尔·贝尔:《意识形态的终结》,张国清译,江苏人民出版社,2001年。

24.[美]哈罗德·D.拉斯韦尔:《政治学——谁得到什么?何时和如何得到?》,杨昌裕译,商务印书馆,1992年。

25.[美]加布里埃尔·A.阿尔蒙德、西德尼·维巴:《公民文化——五个国家的政治态度和民主制》,徐湘林等译,东方出版社,2008年。

26.[美]卡尔·兰道尔:《欧洲社会主义思想与运动史》,刘山译,商务印书馆,1994年。

27.[美]卡罗尔·佩特曼:《参与和民主理论》,陈尧译,上海世纪出版集团,2006年。

28.[美]科恩:《论民主》,聂崇信、朱秀贤译,商务印书馆,1988年。

29.[美]莱斯利·里普森:《政治学的重大问题——政治学导论》(第10版),刘晓等译,华夏出版社,2001年。

30.[美]劳伦斯·迈耶、约翰·伯内特、苏珊·奥格登:《比较政治学——变化世界中的国家和理论》,罗飞等译,华夏出版社,2001年。

31.[美]利普塞特:《政治人——政治的社会基础》,刘钢敏、聂蓉译,聂崇信校,商务印书馆,1993年。

32.[美]罗伯特·达尔:《多头政体:参与和反对》,谭君久、刘惠荣译,谭君久校,商务印书馆,2003年。

33.[美]罗伯特·达尔:《多元主义民主的困境:自治与控制》,周军华译,吉林人民出版社,2006年。

34.[美]罗伯特·达尔:《论民主》,李柏光、林猛译,冯克利校,商务印书馆,1999年。

35.[美]罗伯特·达尔:《民主及其批评者》,曹海军,佟德志译,吉林人民出版社,2006年。

36.[美]罗伯特·达尔:《现代政治分析》,王沪宁、陈峰译,上海译文出版社,1987年。

37.[美]迈克尔·罗斯金等:《政治学》(第六版),林震等译,宁骚校,华夏出版社,2002年。

38.[美]米尔顿·弗里德曼:《资本主义与自由》,张瑞玉译,商务印书馆,2004年。

39.[美]乔·萨托利:《民主新论》,冯克利、阎克文译,东方出版社,1998年。

40.[美]乔治·霍兰·萨拜因:《政治学说史》,[美]托马斯·兰敦·索尔森修订,盛葵阳、崔妙因译,南木校,商务印书馆,1986年。

41.[美]塞缪尔·P.亨廷顿:《变化社会中的政治秩序》,王冠华、刘为译,上海世纪出版集团,2008年。

42.[美]塞缪尔·亨廷顿、琼·纳尔逊:《难以抉择——发展中国家的政治参与》,汪晓寿、吴志华、项继权译,华夏出版社,1989年。

43.[美]塞缪尔·亨廷顿:《第三波——20世纪后期民主化浪潮》,刘军宁译,上海三联书店,1998年。

44.[美]托马斯·R.戴伊:《自上而下的政策制定》,鞠方安、吴忧译,中国人民大学出版社,2002年。

45.[美]托马斯·戴伊、哈蒙·齐格勒:《民主的嘲讽》,孙占平等译,世界知识出版社,1991年。

46.[美]托马斯·戴伊:《谁掌管美国——卡特年代》(第二版),梅士、王殿宸译,世界知识出版社,1980年。

47.[美]托马斯·戴伊:《谁掌管美国——里根年代》,张维、吴继淦、刘觉侉译,世界知识出版社,1985年。

48.[美]威廉·亨利:《为精英主义辩护》,胡利平译,译林出版社,2000年。

49.[美]西摩·马丁·李普塞特:《一致与冲突》,张华青等译,上海人民出版社,1995年。

50.[美]约翰·杜威:《人的问题》,傅统先、邱椿译,上海人民出版社,1965年。

51.[美]约瑟夫·熊彼特:《资本主义、社会主义与民主》,吴良健译,商务印书馆,1999年。

52.[美]詹姆斯·博曼:《公共协商:多元主义、复杂性和民主》,黄相怀译,中央编译出版社,2006年。

53.[西]奥尔特加·加塞特:《大众的反叛》,刘训练、佟德志译,吉林人民出版社,2004年。

54.[意]V.帕累托:《普通社会学纲要》,田时纲译,生活·读书·新知三联书店,2001年。

55.[意]安东尼奥·葛兰西:《现代君主论》,陈越译,上海世纪出版集团,2006年。

56.[意]圭多·德·拉吉罗:《欧洲自由主义史》,[英]R.G.科林伍德英译,杨军译,张晓辉校,吉林人民出版社,2001年。

57.[意]加塔诺·莫斯卡:《统治阶级(〈政治科学原理〉)》,贾鹤鹏译,译林出版社,2002年。

58.[意]萨尔沃·马斯泰罗内:《欧洲民主史——从孟德斯鸠到凯尔森》,黄华光译,社会科学文献出版社,1998年。

59.[意]萨尔沃·马斯泰罗内主编:《当代欧洲政治思想(1945—1989)》,黄华光译,社会科学文献出版社,2001年。

60.[意]维尔弗雷多·帕累托:《精英的兴衰》,刘北成译,上海人民出版社,2001年。

61.[英]安德鲁·海伍德:《政治学》(第二版),张立鹏译,中国人民大学出版社,2006年。

62.[英]安德鲁·海伍德:《政治学核心概念》,吴勇译,天津人民出版社,2008年。

63.[英]巴特摩尔:《平等还是精英》,尤卫军译,斐池校,辽宁教育出版社,1998年。

64.[英]边沁:《道德与立法原理导论》,时殷弘译,商务印书馆,2000年。

65.[英]戴维·比瑟姆:《马克斯·韦伯与现代政治理论》,徐鸿宾等译,浙江人民出版社,1989年。

66.[英]戴维·赫尔德:《民主的模式》,燕继荣等译,王浦劬校,中央编译出版社,2004年。

67.[英]厄内斯特·盖尔纳:《民族与民族主义》,韩红译,中央编译出版社,2002年。

68.[英]哈耶克:《个人主义与经济秩序》,贾湛、文跃然等译,施炜校,北京经济学院出版社,1989年。

69.[英]哈耶克:《自由秩序原理》,邓正来译,生活·读书·新知三联书店,1997年。

70.[英]霍布豪斯:《自由主义》,朱曾汶译,商务印书馆,1996年。

71.[英]理查德·贝拉米:《重新思考自由主义》,王萍、傅广生、周春鹏译,陈晓律校,江苏人民出版社,2005年。

72.[英]迈克尔·欧克肖特:《政治中的理性主义》,张汝伦译,上海译文出版社,2003年。

73.[英]帕特里克·敦利威:《民主、官僚制与公共选择——政治科学中的经济学阐释》,张庆东译,徐湘林校,中国青年出版社,2004年。

74.[英]唐纳德·萨松:《欧洲社会主义百年史》,姜辉、于海青、庞晓明译,社会科学文献出版社,2008年。

75.[英]约翰·格雷:《自由主义的两张面孔》,顾爱彬、李瑞华译,江苏人民出版社,2002年。

　　76.[英]约翰·麦克里兰:《西方政治思想史》,彭淮栋译,海南出版社,2003年。

三、外文著作

　　1.Raymond Aron,*Democracy and Totalitarianism:A Theory of Political Systems*,the University of Michigan press,1990.

　　2.Raymond Aron,*Power,Modernity and Sociology:Selected Sociological Writings*,edited by Dominique Schnaper,Edward Elgar Publishing,1988.

　　3.Moshe M.Czudnowski(ed.),*Dose Who Governs Matter? Elite Circulation in Contemporary Societies*,Nothern Illinois University Press,1982.

　　4.Murray Edleman,*The Symbolic Uses of Power*,University of Illinois Press,1964.

　　5.Giovanni Sartori,*Comparative Constitutional Engineering:An Inquiry into Structures,Incentives and Outcomes*,New York University Press,1994.

　　6.Paul Edward Gottfried,*After Libertism——Mass Democracy in the Managerial State*,Princeton University Press,1999.

　　7.Heinrich Best,John Higley(eds),*Democratic Elitism:New Theoretical and Comparative Perspective*,Koninklijke Brill NV,2010.

　　8.Charles E.Lindbom,*The Intelligence of Democracy:Decision Making througuh Mutual Adjustment*,Free Press,1965.

　　9.G. Lowell Field,John Higley(eds),*Elitism*,Routledge and Kegan Paul,1980.

　　10.Karl Mannheim,*Eaasys on the Sociology and Culture*,Routledge & Kegan Paul,2003.

11.Guillermo O'donnell,Philippe C. Schmitter & Laurence Whitehead,*Transitions from Authoritarian Rule*,The Johns Hopkins University Press,1986.

四、报纸期刊

1.[俄]库泽科·季塔连科著,庞大鹏编译:《俄罗斯学者对中国政治的权威主义与民主问题的认识与思考》,《当代世界社会主义问题》,2007年第2期。

2.[美]伍德罗·威尔逊:《行政学研究》,《国外政治学》,1987年第6期。

3.包英春、刘晓峰、刘佳丽:《马克斯·韦伯官僚制精英民主模式的"民主"论——精英民主模式的发展趋势研究》,《前沿》,2006年第11期。

4.蔡定剑:《重论民主或为民主辩护——对当前反民主理论的回答》,《中外法学》,2007年第3期。

5.曾丽红:《威权主义政权合法性危机探析》,《理论观察》,2007年第6期。

6.曾琼:《精英主义与多元主义——政治社会学两种基本理论模式述评》,《新疆教育学院学报》,2004年第2期。

7.柴德让:《威权主义与民主转型——基于东南亚国家的视角分析》,《北京工业大学学报》(社会科学版),2009年第3期。

8.常征:《新加坡:权威主义,还是精英民主?》,《东南亚研究》,2005年第4期。

9.陈峰君:《威权主义概念与成因》,《东南亚研究》,2000年第4期。

10.陈伟:《精英主义的逻辑》,《中国图书商报》,2003年6月20日。

11.陈晓律:《从古典民主到大众民主——兼评理查德·伯拉米的〈重新思考自由主义〉》,《南京大学学报》(哲学社会科学版),2004年第2期。

12.成婧:《精英主义对民主决策的"解救"——从民主决策到精英决策》,《甘肃理论学刊》,2008年第5期。

13.程赟、钱捷:《从人民统治到人民选择统治者——西方精英民主理论的发展与困境》,《南京林业大学学报》(人文社会科学版),2003年第1期。

14.崔树民、韩虎龙:《对发展与改革之路的再探讨——本刊"新权威主义座谈会"观点摘要》,《理论探索》,1989年第3期。

15.邓金艳:《精英政治与民主政治》,《法制与社会》,2007年第12期。

16.杜汝楫:《对"新权威主义"的反思——为纪念五四运动七十周年而作》,《政治学研究》,1989年第3期。

17.范莉:《浅论中国的权威主义的演变》,《法制与社会》,2009年第24期。

18.耿传明:《精英主义话语的出现及其对"西方"的想象》,《南开学报》,2001年第3期。

19.弓计来、郑继臣:《"精英政治"梦幻的彻底破产——驳"让一部分人先民主起来"的谬论》,《南京政治学院学报》,1992年第2期。

20.郭为桂:《现代性与大众民主的逻辑——马克斯·韦伯的政治社会学分析》,《东南学术》,2007年第3期。

21.何家栋:《中国问题语境下的主义之争——就"中国民族主义"与王小东商榷》,《战略与管理》,2000年第6期。

22.黄守勇:《评"新权威主义"》,《社会主义研究》,1989年第4期。

23.金太军:《政治精英理论》,《中国人民大学书报资料中心复印报刊资料》,1990年第10期。

24.金贻顺:《当代精英民主理论对经典民主理论的挑战》,《政治学研究》,1999年第2期。

25.景跃进:《比较视野中的多元主义、精英主义和法团主义—— 一种在分歧中寻找逻辑结构的尝试》,《江苏行政学院学报》,2003年第4期。

26.郎友兴:《精英与民主:西方精英民主理论述评》,《浙江学刊》,2003年第6期。

27.李济时:《二战后东亚的权威主义政体评析》,《山东大学学报》(哲学社会科学版）, 2004年第6期。

28.李建设:《精英主义评析》,《国外理论动态》, 2008年第7期。

29.刘启云:《精英民主与多元民主》,《学习时报》, 2008年11月3日。

30.刘天会:《民主政体、威权主义政体与欠发达国家的发展》,《国际论坛》, 1999年第6期。

31.刘作翔:《民主乎? 集权乎? 理论界关于"新权威主义"的论争》,《理论导刊》, 1989年第4期。

32.陆扬:《萨义德与文化批评:警惕精英主义文化中的帝国主义》,《河北学刊》, 2004年第3期。

33.吕鹏:《"权力精英"五十年:缘起、争论及再出发——兼论"权力精英"的中国叙事》,《开放时代》, 2006年第3期。

34.马欢欢:《罗伯特.米歇尔斯及其"寡头统治铁律"的探讨》,《法制与社会》, 2009年第15期。

35.聂露:《精英民主理论的简单谱系》,《中国社会科学院研究生院学报》, 2004年第2期。

36.乔贵平:《熊彼特对古典民主理论的批评及其建构》,《河南师范大学学报》（哲学社会科学版）, 2009年第4期。

37.邵宇、高小兰:《论当代西方精英主义与多元主义的分歧与融合》,《前沿》, 2009年第6期。

38.时晓红、陈茂来:《经济增长与威权主义国家精英政治的合法性》,《山东师范大学学报》（人文社会科学版）, 2009年第3期。

39.苏文:《不要民粹主义,但能要精英主义吗?》,《读书》, 1997年第10期。

40.孙代尧:《现代化进程中的威权政治——政治社会学研究范式述评》,《华东理工大学学报》（社科版）, 2002年第3期。

41.王冠群:《孙中山的精英主义思想与中国近代政治的变迁》,《成都理工大学学报》(社会科学版),2005年第4期。

42.王焱:《精英选拔机制与早期精英主义》,《天津社会科学》,2007年第5期。

43.萧功秦、朱伟:《新权威主义:痛苦的两难选择》,《文汇报》,1989年1月17日。

44.萧功秦:《新加坡的"选举权威主义"及其启示——兼论中国民主发展的基本路径》,《战略与管理》,2003年第1期。

45.徐小龙:《帕累托的精英理论评析》,《理论观察》,2007年第5期。

46.许开轶:《东亚威权主义体制下的政治权力谱系》,《理论导刊》,2009年第10期。

47.严捷、于海:《民主与权威的实质:权利界定与自由选择——兼评空想社会主义与新权威主义》,《探索与争鸣》,1989年第4期。

48.燕继荣:《论民主及其限度》,《社会科学战线》,1996年第4期。

49.杨旭:《科层管理与精英民主的矛盾紧张——韦伯政治社会学思想述评》,《南京社会科学》,1998年第11期。

50.于建嵘:《精英政治的困惑》,《博览群书》,2005年第3期。

51.俞可平:《对民主政治的幻灭——政治精英主义述评》,《天津社会科学》,1990年第1期。

52.俞可平:《论权威主义——兼谈"新权威主义"》,《经济社会体制比较》,1989年第3期。

53.张爱军、孙贵勇:《精英民主分析的多维视角——熊彼特、达尔、萨托利民主观比较》,《渤海大学学报》,2008年第4期。

54.张立伟:《社会公正与精英民主:一位中央党校教授的理解》,《财经时报》,2003年11月8日。

55.赵国阳、叶晟婷:《当代中国社会权力精英关系探析》,《消费导刊》,2009年第5期。

56.赵黎青:《论民主权威主义——兼析新权威主义有关论点》,《社会主义研究》,1989年第4期。

57.周萍:《多元价值背景下理想民主的现实构建——〈民主及其批评者〉解读》,《天津行政学院学报》,2010年第2期。

58.朱瑜:《驳精英民主论》,《甘肃理论学刊》,1990年第5期。

59.左高山:《论拉斯韦尔的精英理论》,《中南大学学报》(社会科学版),2004年第5期。

五、学位论文

1.常静:《米歇尔斯寡头统治思想研究》,天津师范大学,2009年硕士研究生毕业论文。

2.陈霏:《拉克劳和墨菲的激进多元民主理论》,山西大学,2008年硕士研究生毕业论文。

3.郭兆祥:《达尔多元主义民主理论述评》,吉林大学,2007年硕士研究生毕业论文。

4.李慧敏:《走出民主的误区——托克维尔民主思想研究》,西南政法大学,2009年硕士研究生毕业论文。

5.王毅:《西方精英民主论探析》,湖南师范大学,2008年硕士研究生毕业论文。

6.王增益:《熊彼特精英民主理论研究》,华南师范大学,2007年硕士研究生毕业论文。

7.徐风:《本杰明·巴伯的强势民主理论研究》,天津师范大学,2009年硕士研究生毕业论文。

8.钟彬:《达尔的多元主义民主理论研究》,南开大学,2009年博士研究生毕业论文。